"十二五"职业教育国家规划教材

经全国职业教育教材审定委员会审定

酒店业质量管理

（第二版）

邱 萍 等 编著

科学出版社

北 京

内 容 简 介

本书框架结构严谨、逻辑主线明晰、内容丰富充实，在全面、系统地阐述质量管理、服务及服务质量相关理论的基础上，介绍了酒店业质量管理的基本理论、酒店业质量管理体系的建立、酒店业质量管理的方法、酒店服务质量管理实务与酒店业质量管理的发展趋势等，着重介绍了现代酒店业质量控制的关键点、质量管理的评价体系、第三方评价标准及客户关系管理。本书不强调复杂的质量管理理论、方法和技术，而侧重于对质量管理理论、方法和技术的实际应用。

本书既可作为应用型本科或高职高专旅游管理类和酒店业管理类专业教材，也可作为酒店从业人员行业培训和自学教材，以及酒店经营管理人员的参考用书。

图书在版编目（CIP）数据

酒店业质量管理 / 邱萍等编著. —2 版. —北京：科学出版社，2017.1
（"十二五"职业教育国家规划教材）
ISBN 978-7-03-050919-2

Ⅰ. ①酒… Ⅱ. ①邱… Ⅲ. ①饭店-质量管理-职业教育-教材 Ⅳ.
①

中国版本图书馆 CIP 数据核字（2016）第 291138 号

责任编辑：沈力匀 / 责任校对：刘玉靖
责任印制：吕春珉 / 封面设计：耕者设计工作室

科 学 出 版 社 出版
北京东黄城根北街 16 号
邮政编码：100717
http://www.sciencep.com

三河市铭浩彩色印装有限公司印刷

科学出版社发行 各地新华书店经销

＊

2009 年 9 月第一版 开本：787×1092 1/16
2017 年 1 月第二版 印张：15 1/2
2017 年 1 月第五次印刷 字数：360 000

定价：36.00 元
（如有印装质量问题，我社负责调换〈骏杰〉）
销售部电话 010-62136230 编辑部电话 010-62135235（HP04）

《酒店业质量管理》
编写工作组

邱　萍　李三山　赵预西　马卓亚

第二版前言

本书是全国高等学校饭店（酒店）管理专业主干课程教材之一，同时也是职业教育"十二五"国家级规划教材，高等教育"十一五"规划教材。本书是在第一版的基础上修订而成的。

自 2009 年第一版面世以来，使用本书的学校和任课教师对本书提出了许多意见和建议，这些意见和建议是我们这次修改的重要依据之一。根据《国家中长期教育改革和发展规划纲要(2010-2020 年)》对高等职业教育提出的新要求，"十二五"普通高等教育本科教材建设的目标和任务要求，以及 2012 年教育部普通高校专业目录调整，"酒店管理"独立成为本科招生专业等高等教育的变革。随着中国经济的日渐强大，酒店行业在迅猛发展中逐步融入世界酒店业的体系。行业从理念到形式都在进行着全方位的变革，资本运营；互联网冲击；中央相关政策；非标准住宿为代表的新崛起的业态；传统与非传统的较量等都深刻地影响着住宿业的未来。鉴于上述情况，我们在修订本书的时候，力争能够反映社会和酒店业的最新变化，给本书输入尽量多的时代的新元素。

假日酒店公司创始人凯蒙斯·威尔逊说过："优质服务是构成最终胜利的因素。"国际酒店业巨子拉马达公司总裁杰里·马尼昂也曾说："向客人提供卓越的服务是拉马达公司未来成功的关键所在。"酒店业质量管理是一门综合了服务质量管理和酒店运营管理的课程。本书是笔者在多年参与酒店行业优质服务标准的实践指导与服务质量管理研究与教学的基础上诞生、发展并延续的。本书的特点在于以下几个方面：

第一，具有系统性和前瞻性。全书框架清晰、语言简洁，力求将复杂的酒店业质量管理理论、技术和方法系统、清晰、简洁地介绍给读者。在系统地阐述质量管理、服务及服务质量相关理论的基础上，按照酒店质量管理基本理论—质量管理体系的建立—酒店质量管理的方法—酒店质量管理实务—酒店质量管理的发展趋势这一主线展开。在酒店业质量管理方法中增加了 7S 质量管理，全书更新了 11 处案例，增加了 17 条知识链接。并对酒店业质量控制规律和趋势做了科学的分析，具有前瞻性。

第二，具有鲜明的特色。应用性、拓展性与前沿性相融是本书的重要特色。全书在内容安排上结合职业教育教学特点，不过分强调复杂的质量管理理论、方法和技术，而侧重于对这些质量管理理论、方法和技术的实际应用。为帮助学生理解，每章都以"案例导入"开始，同时穿插富有启发性的，可帮助学生更深入理解的补充案例阅读资料，增强学生对所学内容的了解。每章结束有对该章内容的简明扼要地总结，有利于学生更准确把握教学内容。"与工作任务相关的作业"将工作场景中可能遇到的质量问题展现给学生，引发思考。同时，在介绍质量管理专业内容之外，本书还立足培养学生的质量意识和职业素质养成，这也是现代酒店企业的对从业人员的基本要求。

第三，理论联系实际。酒店质量管理是一门实践性很强的应用学科。本书重视联系酒店的实际，书中的许多理论观点直接来源于对实践规律的总结和升华。我们在书出版的同时配套案例集，多媒体课件，电子版教材，强化教学的实践性和可操作性。

本书适用于应用型本科与高职教育的旅游管理和酒店业管理类专业学生教材使用，也可供酒店从业人员参考阅读。依据 2012 年"酒店管理"专业目录的调整，修订时采用了"酒店"的称谓，书中涉及国家相关法律条文，国家、行业标准则遵循其原有"饭店"的称谓。在此说明。

全书共分九章，第一、四、五、九章由邱萍撰写，第二、三、六章由李三山撰写，第八章由赵豫西撰写并完成部分章节的知识链接，第七章由马卓亚撰写并完成PPT 课件制作。全书统稿全部由邱萍完成。

由于科学出版社的积极策划和组织，本书才能顺利地出版。尤其感谢沈力匀社长在书的编辑、付印过程中所倾注的心血。同时，我们对所有关心和支持本书出版的朋友表示由衷的感谢。

因编写时间仓促，书中疏漏之处，敬请读者指正。

邱萍

2016 年 11 月

于成都龙泉驿桃花故里

第一版前言

21 世纪是质量的世纪，质量是饭店的生命线。质量是饭店赢得顾客满意和忠诚的法宝。对于即将奔赴工作岗位的每一个饭店管理或相关专业的高职高专学生，都应当树立牢固的质量意识，了解饭店是如何获得良好的质量的。

饭店质量管理是一门综合了质量管理和饭店管理的课程。然而很长一段时间，在我国并没有一本面向高职高专学生的教材。本书正是笔者在多年从事饭店质量管理教学的基础上诞生的。

全书框架清晰。力求将复杂的饭店质量管理理论、技术和方法系统、清晰、简洁地介绍给读者。在系统阐述质量管理、服务及服务质量相关理论的基础上，按照饭店质量管理基本理论—质量管理体系的建立—饭店质量管理的方法—饭店质量管理实务—饭店质量管理的发展趋势这一主线展开。在质量管理体系建立中侧重介绍了饭店质量管理的评价体系以及第三方评价标准，而顾客关系管理作为现代饭店质量管理的重心，也给予了着重介绍。

本书在内容安排上力求结合高职高专教学特点，不过分强调复杂的质量管理理论、方法和技术，而侧重于对这些质量管理理论、方法和技术的实际应用。为帮助学生理解，每章都以"案例导入"开始，同时穿插富有启发性的，可帮助学生更深入理解的补充案例阅读资料，增强学生对所学内容的了解。每章结束都有对该章内容的简明扼要地总结，有利于学生更准确把握教学内容。"与工作任务相关的作业"将工作场景中可能遇到的质量问题展现给学生，引发思考。同时，在介绍质量管理专业内容之外，本书还力主培养学生的质量意识和素质，这也是现代人的最重要的基本素质。全书的主要内容和结构如下：

（1）饭店质量管理的基本概念、特点、研究对象与内容（本书的第一章）。

（2）饭店质量管理的基础理论，包括管理学基础理论、质量管理基础理论和服务质量管理基础理论（本书的第二章）。

（3）饭店质量管理体系，包括饭店质量体系的内涵、体系的构建，质量与其他管理工作的关系、全面质量管理（本书的第三章）。

（4）饭店质量管理评价体系，包括饭店质量的构成要素和评价要素、评价主体（本书的第四章）。

（5）饭店质量管理的第三方评价，包括星级评定、绿色饭店评定、ISO9001 质量管理体系认证、主题饭店评价，等等（本书的第五章）。

（6）饭店质量管理的方法，包括 5S 活动（五常法）、6σ方法、质量管理的七种工具（本书的第六章）。

（7）顾客关系管理，包括顾客价值、顾客满意和员工满意、顾客忠诚（本书的第七章）。

（8）饭店质量管理实务，分部门介绍饭店质量的管理工作（本书的第八章）。

（9）饭店质量管理的发展趋势（本书的第九章）。

本书可作为高职优专旅游管理和饭店管理类专业学生教材使用，也可供饭店从业人员参考阅读。

全书共分九章，第一、四、五、八、九章由邱萍撰写，第二、三、六、七章由李三山撰写，全书统稿全部由邱萍完成。本书的编写历时四年，收集了大量的资料。由于最初的蓝本来自于授课讲义，其中某些资料的准确性来源确实已经难发考证。在此，向这些案例及资料的原作才表示衷心的感谢。特别感谢华侨大学的郑向敏教授对本书的大力支持。

由于时间较紧，加之编者水平有限，错误和不妥之处在所难免，恳请读者指正。

目　录

第一章　酒店业质量管理概述

（1）深刻理解质量概念，掌握酒店业质量的内涵和特点。
（2）了解质量管理的历史沿革。
（3）熟悉酒店业质量管理研究的对象和内容。

酒店业质量管理
概述

不加蒜的蒜泥白肉

有一位顾客到餐厅用餐时点了一份蒜泥白肉，他对服务员吩咐道："不要加蒜。"服务员一愣，不过仍然点头复述"不要加蒜"，同时认真地记录下来。点菜单送到后厨后，厨师一看说："哪里有蒜泥白肉不加蒜的！"于是厨师没有理会顾客的要求，仍然按标准做法完成了这道菜。

当这道"标准的"蒜泥白肉送到顾客面前时，顾客生气了……

必备的理论知识

酒店管理概论。

第一节　酒店业质量管理的相关概念

一、质量

（一）质量概念

质量管理专家菲利普·克罗斯比（Philip Crosby）从生产者的角度出发，将质量定义为产品符合规定要求的程度；约瑟夫·朱兰（Joseph Juran）博士从用户的使用角度出发，将质量定义为产品的"适用性"（fitness for use）；国际标准化组织（International Organization for Standardization，ISO）颁布的 ISO 9000：2000《质量管理和质量保证——术语》中，从适用性和符合性两个方面，把质量定义为"一组固有特性满足要求的程度"。其中"固有特性"指在某事或某物中本来就有的特征，"要求"包括三层含义：明示的、通常隐含的、必须履行的。

ISO 9000：2000 对于质量的定义是非常准确的，朱兰、克罗斯比等质量管理大师也从不同的角度阐述了质量的内涵。作为酒店业质量管理中最基本的概念，质量的定义首先应当是准确的，还应该是使人容易理解的，因此将质量定义为：质量是产品、服务或工作的特性满足要求的程度。例如，一件衣服的质量指的是这件衣服的颜色、面料、款式、做工等特性满足要求的程度。这里的"要求"同样包括三层含义：明示的、通常隐含的、必须履行的。

充分理解这一定义应当从以下几个角度进行思考：

（1）不仅产品和服务有质量要求，任何一项工作也有质量要求。质量管理起源于人们对于实物产品的要求，随着人们物质、精神生活水平的提高，对质量的要求已不仅限于实物产品的质量，不仅对实物产品、服务有质量的要求，而且对不直接产生任何最终产品或服务的中间过程的任何一种工作，都有质量的要求。质量问题是一个深入工作的每一个环节，深入一言一行中的问题，我们做的任何工作都应当有质量的保证。

（2）质量是与顾客要求密切相关的概念。质量的定义不是"好"或"不好"。"好"或"不好"很难有一个统一的标准，酒店及其员工认为的"好"未必是顾客心目中的"好"。因此，质量是与顾客要求紧密联系的概念，只有满足顾客需求的，才是"好"的产品、服务或工作。

（3）"要求"可以是明示的、通常隐含的或必须履行的。"明示的要求"往往由顾客明确提出，顾客提出明确的"入住单间或标准间"的要求。"通常隐含的要求"是指无须顾客提出，酒店也应该满足的要求，如顾客入住酒店后的安全问题。对于国家法律法规的遵守则是酒店"必须履行的要求"。

（二）由质量概念引出的思考

准确地把握并深刻理解质量这一概念是做好酒店业质量管理工作的前提。深刻理解质量这一概念后，我们已经可以对如何做好酒店业质量管理工作有一个初步的思考。

由于质量是一个涉及产品、服务或工作的特性与顾客要求相关的概念，因此，一个好的质量应当从顾客要求和提供产品、服务或工作的特性这两个方面来思考。

首先，从"要求"方面来说，"要求"是指明示的、通常隐含的或必须履行的需求或期望。为此，我们应当做到以下几点：

（1）了解顾客的真正要求。顾客的要求是明示的或潜在的，要满足顾客的要求就要充分体会尤其把握顾客的潜在需求。

（2）顾客的要求千差万别，因此需要通过酒店定位（包括星级定位）选择酒店服务的顾客群体，满足某一类顾客的需求。

（3）对顾客需要进行管理，如购买引导、进行实事求是的广告宣传等。

其次，从所提供的服务的"特性"的角度来看，"特性"是指可以区分的特征，如物理方面的特性、感官方面的特性、行为方面的特性、功能方面的特性等。要保证产品具有独特的"特性"，需要做到以下两点：

① 提供标准化服务满足大量的重复性要求。尽管顾客的要求千差万别，但其中大多数要求是重复出现的。例如，几乎每个客人都会要求服务快捷、入住客房整洁等。

对这些大量重复性要求，可以总结经验，得出满足这类要求的程序、方法，将其标准化，用标准化的服务满足客人的重复性要求。

② 提供个性化服务满足个性化要求。对客人的个性化要求的满足，很难找出统一的、固定的模式，需要服务人员创新性地为顾客提供服务。

由此，我们可以深刻地理解以下问题：为什么酒店要设立行为标准？为什么员工要做好服务就应当遵守这些服务标准？为什么要提供优秀的服务仅执行这些标准是不够的？为什么优质服务＝标准化服务＋个性服务？

 案例 1-1

标准化确保服务品质

酒店服务品质是衡量酒店管理水平的标准。中国酒店协会于 2007 年开展了"酒店品质年"活动，以此引导酒店注重服务品质，加强经营管理，倡导酒店之间进行良性竞争，提高酒店行业的社会声誉。如何能确保酒店服务品质？到过国外的人都说，国外许多酒店的硬件还不如国内的好。诚然，随着中国酒店业的快速发展，酒店硬件的豪华程度不断攀升。但有一个突出的现象是，绝大多数国内管理的酒店会受软件质量不稳定的困扰，尽管这些酒店会设立质检部或配备专职的质检员来负责质量管理。杭州有一家成立不足一年的酒店管理公司发展极快，至今已输出管理了近 10 家高星级酒店，公司的董事长却说："输出管理的步伐必须放慢甚至暂停，当务之急是健全标准化，统一 CI。没有标准化，发展速度越快，牌子也就砸掉得越快。"所以标准化程度低，不仅影响了酒店服务的品质，而且制约了酒店品牌化、集团化、规模化的发展。

二、酒店业服务和质量

酒店业属于服务行业，要理解酒店质量，首先必须理解服务、酒店服务及酒店服务质量。服务及酒店服务的特征决定了酒店质量的特点。

（一）酒店业服务

1. 服务的含义及其特征

有关服务概念的研究首先是从经济学领域开始的，最早可追溯到 18 世纪的亚当·斯密（Adam Smith）时代。不过，由于服务产业包罗万象，很难界定其范围。各专家学者从不同的领域和角度给服务下了不同的定义。其中美国学者菲利普·科特勒（Philip Kotler）于 1983 年对服务下的定义具有较强的权威性，并被普遍接受。该定义为："服务是一方能向另一方提供的，基本上属于无形的，并不产生任何影响所有权的一种活动或好处。服务的产生可能和物质的产生相关，也可能不相关。"服务的概念和内涵可以从服务所具有的特征来进一步理解。

1）服务的无形性

无形性是服务的最主要特征，包括以下两层含义。首先，服务及组成服务的很多要素具有无形的性质，让人无法触摸或无法凭肉眼看见。其次，不仅服务本身是无形的，甚至享受服务获得的利益也可能很难觉察到或仅能抽象地表达出享受服务的感受。例如，对电话接线生提供的服务，人们只能感觉她声音是否甜美、话语是否热情、回答是否到位，却无法用任何工具进行测量。服务的无形性使消费者很难直接确定所消费的服务的好坏，只能从服务消费过程中的感受来评价和判断服务的价值。但服务的无形性并不"完全"，很多服务需要有关人员利用实物提供。随着企业服务水平的提高，很多消费品和产业用品是与附加的顾客服务一起出售的。

2）服务的生产和消费的不可分离性

服务的生产和消费的不可分离性是指服务的生产和消费是同时进行的，在服务人员提供服务的同时，也是顾客消费服务的过程，两者在时间上是不可分离的。由于服务生产与消费的不可分离性，消费者对服务质量的评价只能在消费的过程和活动中通过自己的体验和感受进行评价。因此，生产过程也就是消费的过程，顾客只有并且必须加入服务过程才能最终消费服务，也就是说，顾客在某种程度上参与了服务的生产过程。这在餐饮业中特别明显。

3）服务的不可储存性

服务的无形性、服务的生产和消费的不可分离性必然带来服务的不可储存性。服务不可能像有形产品那样被储存起来，顾客也不能一次购买较多数量的服务。尽管酒店当日客房的房间、餐厅的餐位等没有在当日销售并不一定会增加酒店总成本（而仅表现为服务机会的丧失），但会使得单个顾客的消费成本增加，而顾客的消费价格则不可能由于顾客数量的减少而提高。当客房和餐厅的销售低于盈亏平衡点时，酒店服务营业额低于服务成本。因此，酒店须研究如何充分利用企业资源（包括人员、设备等）提高工作效率，增加收益。

4）服务的差异性

服务的差异性是指服务的构成成分及其质量水平经常变化，很难统一界定。一方面，由于服务提供人员自身因素的影响，在同样的环境下，即使由同一服务人员在不同时间提供的服务也可能有不同的质量水平；另一方面，由于顾客在教育文化背景、消费经历、兴趣爱好等方面差异的客观存在，不同顾客对服务消费的感受和评价不同，即使由同一顾客在不同时间消费相同质量的服务，也可能会有不同的消费感受。因此，服务差异性的存在是必然的。

5）服务的交易不发生所有权的转让

在大多数服务的生产和消费过程中，不涉及任何东西的所有权转移。服务是无形的、不可储存的，在交易完成以后就消失了，顾客并没有实质性地"拥有"服务。例如，顾客购买与消费酒店客房产品时，他们只拥有在某一规定时间内使用酒店客房设施设备的权利，没有拥有这些设施设备的所有权；游客在参观游览时，只拥有导游为其提供服务的权利及其带来的感受，而没有拥有任何东西的所有权。

从上面五种特征分析中可以看出，无形性是服务的最基本特征，其他特征都是从这一特征中派生出来的。事实上，正是因为服务的无形性，它才不可分离，而不可储存性、差异性和所有权不可转移在很大程度上是由无形性和不可分离性两大特征决定的。

2. 酒店服务的特征

酒店服务是酒店提供的有形实物产品和无形服务活动所构成的集合体，是酒店服务人员借助设施设备和各种有形实物而提供的活劳动。酒店服务具有以下两个特征。

1）酒店服务的供给特征

从供给方面来看，酒店服务具有以下几个特征。

（1）服务价值的易消失性。酒店服务价值是由物化劳动价值（酒店设备设施等有形物质价值）、活劳动价值（服务员工的服务价值）和无形价值（酒店品牌、声誉、口碑等无形资产的价值）等组成的。物化劳动价值和活劳动价值既不能储存，也很难搬运，其价值具有极强的易消失性。酒店服务价值的易消失性要求酒店经营者必须尽力把服务产品销售给顾客，并努力使他们满意，以提高他们的回头率。

（2）服务质量的不稳定性。尽管国家制定了酒店星级评定标准，各地行业管理部门也都出台相应的质量管理条例，酒店也有严格的服务规章制度，要求服务人员在操作时按标准和规程运作。但成文的规范、标准和程序很难统一和约束知识、经历、性格、脾气和能力等不相同的员工的行为，再加上理念、认识、沟通、评价等方面存在的差异，酒店服务质量必然存在不稳定性，而且这种不稳定性会随着个性化服务、柔性服务的出现和发展而增加。因此，服务质量的管理、评价和控制等始终是酒店经营管理的核心任务。

（3）服务的综合性与多样性。酒店服务产品是由酒店各部门、各岗位的员工为宾客提供的一系列服务组成的，是具有整体性和多样性的综合服务产品。服务产品的综合性要求处于服务环节中的每一个员工的服务必须完整与合格，其整体质量与每一个环节的服务质量密切相关。缺少某一环节的服务，或某一环节的服务出现差错，都不是一个完整的酒店服务产品。酒店服务好比一根链条，每一个员工、每一结点好比链条上的环，链条能否正常乃至超常发挥，取决于所有的环是否环环相扣。酒店作为旅游业的一个重要组成部分，旅游活动的六要素则决定了酒店服务产品的多样性，而且这种多样性会随着消费水平的提高和个性化需求的发展而发展。

（4）服务内涵的科技、人文、生态一体性。随着时代的发展进步，酒店服务融入了越来越多的知识含量，酒店服务的知识性和学术性日益增强，科学技术已成为酒店发展和扩张的直接推动力，高新技术以前所未有的速度和广度应用于现代酒店服务业。高科技服务、电脑化服务、智力服务已成为酒店服务的新的组成部分。另外，从酒店服务的内涵和本质来看，酒店不仅是休息的场所，还是消费者的精神家园，酒店服务在满足消费者基本的生理需求的同时，还满足了消费者精神需求。近年来，随着全球范围的生态环保浪潮的高涨，绿色需求、绿色消费、绿色产品也进入了酒店服务的范畴，科技、人文、生态在酒店服务中汇聚为一体，并逐渐成为酒店服务内涵的重要组成部分和主流发展趋势。

2）酒店服务的需求特征

从需求方面来看，酒店服务具有以下几个特征。

（1）功能性。酒店服务的功能性是指酒店所提供的服务产品应具备能满足消费群体的共性需求和消费个体的个性需求的功能；所提供的服务项目应具备能满足宾客的生理需求与心理需求的功能；所提供的服务方式应具备能满足市场的需要和符合时代的要求的功能。

（2）价值性。酒店服务的价值性是指酒店所提供的服务必须是针对消费者的需要并能让消费者接受和物有所值。酒店服务的价值性具体体现在酒店提供的服务项目、服务方式和服务价值上。

（3）安全性。酒店服务的安全性是指酒店提供的服务必须能满足和保障消费者在酒店内的人身、财产、隐私、信息等方面的安全需求，使消费者在接受酒店服务时有安全感。

（4）时间性。酒店服务的时间性是指酒店提供的服务必须是及时、准时、省时的，能在第一时间内满足宾客的各种服务需求。酒店服务的时间性既包括服务项目设置与服务方式提供的及时、准时，也包括服务操作与服务管理的省时、高效。

（5）舒适性。酒店的舒适性与愉悦性是指酒店提供的服务项目必须方便、舒适，体现在设施齐全、功能完善、设备完好、服务周到、环境优美等方面；提供服务的方式应该是热情诚恳、亲切友好、细致体贴的，能使宾客在接受服务时得到心理上的放松、精神上的满足与心情上的愉悦。

（6）文明性。文明性属于精神需求。在酒店，宾客一般希望获得自由、亲切、尊重、友好、理解的气氛和良好的人际关系，享受精神文明的温馨。文明性是服务质量特性中一个极为重要的方面，充分体现了服务工作的特色。

里兹—卡尔顿酒店管理公司全面质量管理

（二）酒店业质量

1. 酒店业质量与酒店服务质量

与酒店业质量最密切相关的概念就是酒店服务质量，这两个概念在业界和学术界都没有被严格地区别开。

1982 年，克里斯琴·格罗鲁斯（Christian Gronroos）从顾客感知角度提出顾客感知服务质量概念，将服务质量定义为：服务质量是消费者的预期服务质量和感知服务质量之间存在差异的方面及差异的程度。预期服务质量和感知服务质量之间的差距越小，说明服务质量越好，顾客就越满意。该概念被提出后为人们普遍接受。同样，酒店服务质量的界定也需要考虑顾客对酒店服务的预期及对酒店服务的感知之间的差距，即预期被满足的程度。在此基础上，对酒店服务质量的概念界定，目前仍存在以下两种不同的观点。

（1）认为酒店服务质量只局限于酒店软体服务的质量，由服务项目、服务效率、服务态度、礼仪礼貌、操作技能、清洁卫生、环境气氛等构成。这是狭义的酒店服务质量概念。

（2）认为酒店服务质量由硬件设备质量、软件服务质量构成。这是广义的酒店服务质量概念。

上述广义的服务质量概念的内容正是酒店质量的内涵。本书中除非特别说明，酒店服务质量均指狭义的定义,而酒店质量则指广义的酒店服务质量。

从质量概念引申过来,酒店业质量或者说广义的酒店服务质量可定义为:酒店所提供的服务产品的特性满足要求的程度。这里的要求同样包含三层含义:明示的、通常隐含的、必须履行的。不同的服务具有不同的质量特性,不同的质量特性分别满足宾客不同的需求。同一种服务,由于质量特性方面的差异,其适应性,即满足宾客需要的程度也不尽相同。因此,酒店服务的这些自然属性能否满足宾客的物质和精神上的需要,以及满足的程度如何,是衡量酒店质量优劣的主要标志。

此外,考虑到广义的酒店服务质量的构成,酒店业质量还可以定义为"以酒店设备、设施等有形产品为基础和依托,由酒店员工所提供的活劳动而形成的无形产品所带来的,让客人在酒店中获得物质和精神需要的满足程度"。

2. 酒店业质量的特点

酒店服务所需要的人与人面对面随时随地提供服务的特点,以及酒店质量特殊的构成内容使其质量内涵与其他企业有着极大的差异性。为了更好地对酒店业进行质量管理,酒店管理者必须正确认识与掌握酒店质量的特点。

1)质量构成的综合性

酒店质量构成复杂,除了从提供给客人服务的角度分为设施设备质量、环境质量、用品质量、实物产品质量和劳务活动质量外,也可以从质量的形成过程来看酒店质量,这时酒店质量包括设计阶段的设计质量、建设阶段的建设质量、开业准备阶段的准备质量和营业阶段的酒店质量。一般来讲,酒店服务的每一过程、每一环节都有若干内容和影响因素,各个内容和因素又互相联系、互相制约,因此,要提高酒店质量,必须实行全员控制、全过程控制和全方位控制。

酒店质量构成的综合性的特点要求酒店管理者树立系统的观念,把酒店业质量管理作为一项系统工程,多方搜集酒店质量信息,分析影响质量的各种因素,特别是可控因素,还要顾及酒店其他部门或其他服务环节,更好地督导员工严格遵守服务或操作规程,从而提高酒店的整体质量。正如"木桶理论",一只由长短不一的木条拼装而成的木桶,它的盛水量取决于最短的那根木条的长度。由此酒店质量应该有自己的强项和特色,但不能有明显的弱项和不足,否则影响酒店质量的整体水平。

2)质量呈现的一次性

虽然酒店质量的构成是综合性的,但就提供过程而言,是由一次次的具体服务来完成的。每一次劳动所提供的使用价值,如微笑问好、介绍菜点等,就是一次具体的服务质量。由于服务的无形性和生产与消费的同步性,即使宾客对某一服务感到满意,评价较高,也并不能保证下一次服务能获得好评。这就要求酒店员工做好每一次服务工作,争取每一次服务都能让宾客感到非常满意,从而提高酒店整体质量。

3)质量评价的主观性

酒店质量的最终检验者是酒店的客人,因此尽管酒店质量有一定的客观标准,但客人对酒店的评价往往是主观的。服务消费在一定意义上说是一种精神消费,其满意程度往往与客人的爱好、情绪等有关。客人评价酒店的质量时,一般既不会考虑如何形成，也不会对服务进行一分为二的分析，而是凭借他的主观感受做出最后评价。所以，要提高酒店质量，就必须注意客人的需要，掌握客人的心理，理解客人的心态，以便提供让客人满意的服务。

4）对人员素质的依赖性

酒店质量的高低，既取决于设施设备、环境、用品、产品等物质因素，也取决于服务态度、服务技巧、服务方式、服务效率等精神因素，而这两种因素均离不开人的因素。不仅如此，员工的精神面貌、劳动纪律、心理状态、身体状况、服务技能等都直接影响着服务质量的高低，有些本身构成酒店的服务质量。由此可见，要提高酒店的质量，要求酒店管理者应合理配备、培训、激励员工，努力提高他们的素质，发挥他们的服务主动性、积极性和创造性，同时提高自身素质及管理能力，从而创造出满意的员工，而满意的员工是满意的客人的基础，是不断提高酒店质量的前提。

 案例 1-2

转怒为喜的客人

正值秋日旅游旺季，有二位外籍客人来到上海某大型酒店的总台。当总台服务员小刘查阅了订房登记簿之后，对客人说："你们已预订了客房 708 号房间，你们只住一天就走吧。"客人不高兴地说："接待我们的厂方有关人员为我们预订客房时曾问过我们住几天，我们说打算住三天，怎么会变成一天呢？"小刘用没有丝毫变通的语气说："我们没有做错，你们有意见可以向厂方人员提。"客人更加生气："我们要解决的是住宿问题，根本没有兴趣也没有必要去追究预订客房的差错问题。"正当形成僵局之际，前厅值班经理来了，他首先向客人表明他是代表宾馆总经理来听取客人意见的，先让客人把意见说完，然后以抱歉的口吻说："你们所提的意见是对的，目前追究接待单位的责任不是主要的。这几天正值旅游旺季，双人间客房连日客满，我想为你们安排一处套房，请你们明后天继续在我们宾馆做客，房金虽然高一些，但设备条件还是不错的，我们可以给你们九折优惠。"客人们觉得值班经理的回答是诚恳、符合实际的，于是应允了。

几天后，住在该酒店的另一位外籍散客要去南京办事，然后回上海出境归国，在离店时要求服务员为其保留房间。总台服务员的另外一位服务员小吴说："您要求保留房间，过去没有先例可循，这几天住房紧张，您就是自付几天房金而不住，我们也无法满足您的要求！"客人很不高兴地准备离店，此时值班经理对客人说："我理解您的心情，我们无时无刻不希望您重返酒店做客。我看您要不先把房间退掉，过几天您回上海前先打电话给我，我一定优先照顾您入住我们酒店，否则我会为您设法安排他处。"

数日后客人回到上海，值班经理替他安排了一间楼层和方向比原先还要好的客房。当他进入客房时，看见特意为他摆放的鲜花，不由得翘起了大拇指。

从上述案例中，可以总结出以下几点。

（1）酒店是宾客之家，使之满意而归是店方应尽的义务，大型酒店为了及时处理客人的投诉，设置大厅值班经理是可行的。

（2）当客人在心理上产生不快和恼怒时，店方主管人员首先要稳定客人情绪、倾听客人意见，以致歉语气婉转地加以解释，用协商的方式解决问题。

（3）要理解客人希望得到补偿的心理，他们不但希望在身心方面得到慰藉，而且希望在物质利益方面也有所补偿。当客人感到满意又符合情理时，酒店的服务就算得上出色或成功了。

第二节　质量管理的发展沿革

一、质量管理的产生

质量管理（quality management）是指对确定和达到质量所必需的全部职能和活动的管理。

中国远在商品经济产生之前就有了质量管理，而且是非常系统的质量管理。仅以明长城的质量管理为例，明城墙高度一般为 14～20 米，最高处可达 24 米。城墙共耗费约 3.5 亿块城砖，这些数量巨大的城砖由官方统一收购、运输、调配和使用。为保证城砖的质量，朝廷对制砖、筑城的工艺做了严格的规定。同时，朝廷要求各地在生产的城墙砖上注明各级责任人的名字，以便验收时对不合格的城砖追究相关人员的责任。城砖运到京城后，首先要经过验收。验收由工部组织，从每批城砖中任意抽出一定数量，由二名专职士兵相隔一定的距离抱砖相击，如城砖不脱皮、不破碎，声音清脆，方为合格。如果发现城砖掉皮、破碎、声音混浊，或有裂缝，表面弯曲，则视为不合格。一旦不合格砖块超过规定比例，则该批城砖即被定为不合格产品，责令重烧。如两度检验不合格，就要严惩铭文中记录的有关提调官及各环节中的具体责任人，重者甚至被处死。这种严酷的"责任制"保证了南京明城墙的高质量。经检测，城砖的抗压强度每平方厘米至今仍为 100～150 千克，比当代砖的强度还要高。

此外，宋人沈括在《梦溪笔谈》里描述了古代制作弓箭的要求：弓体轻巧而强度高；开弓容易且弹力大；多次使用，弓力不减弱；天气变化，无论冷热，弓力保持一致；射箭时弦声清脆、坚实；开弓时，弓体正、不偏扭。

可见，质量管理不是有了商品之后才产生的，而是始于人们对于物品有要求之时，可以说有了要求，就有了质量管理。这从另一个角度说明了质量是一个与顾客要求密切相关的概念。

二、现代质量管理的发展阶段

质量管理是随着生产的发展和科学技术的进步而逐步形成和发展起来的，通常人们将现代质量管理的发展划分为三个阶段。

（一）质量检验阶段

这一阶段人们对于质量管理的认识只限于对产品质量的检验，按照由谁来负责检验又可将这一阶段划分为以下三个阶段。

1. 操作者质量管理

该阶段是从开始出现质量管理一直到 19 世纪末资本主义的工厂逐步取代分散经营的家庭手工业作坊为止。这段时期的生产方式主要是小作坊形式，产品质量主要依靠工人的实际操作经验，靠手摸、眼看等感官估计和简单的度量衡器测量而定。工人既是操作者，又是质量检验者、质量管理者，工人的经验就是质量标准。质量标准的实施是靠"师傅带徒弟"的方式口授手教进行的。

2. 工长质量管理

1918 年前后，美国出现了以泰勒（Tyler）为代表的"科学管理运动"，建立了"工长制"，强调工长在保证质量方面的作用，将操作和检验质量分离，执行质量管理的责任就由操作者转移给工长。有人称它为"工长的质量管理"。

3. 检验员质量管理

1940 年以前，由于企业的规模扩大，在管理分工概念的影响下，这一职能又由工长转移给专职的检验员，大多数企业设置专职的检验部门并直属厂长领导，负责全厂各生产单位的产品检验工作。这一阶段的质量管理被称为检验员质量管理。

从操作者质量管理到检验员质量管理，质量管理从"兼职"到"专职"，逐步从生产管理中独立出来，有了很大的进步。然而随着生产力的进一步发展，质量检验的弱点也暴露出来。首先，质量检验是一种事后检验，无法对生产起到预防和控制作用，即便检验出废品，也为时已晚，只能为下一次生产提供经验教训；其次，最初的质量检验要求对每个产品进行检验，这种检验方式既不经济，也不可行。例如，像检验玻璃瓶的抗摔性的破坏性检验，我们无法将每个玻璃瓶都拿来做检验。

（二）统计质量控制阶段

质量检验存在的缺陷促使人们思考是否有更便捷、科学的方法说明产品的质量、改进产品的质量。20 世纪 20 年代，美国贝尔实验室成立了二个研究组，开始对这方面进行探讨。一个是以休哈特（Shewhtar）博士为首的工序控制组，另一个是以道奇（Dodge）博士为首的产品控制组。1924 年，休哈特提出"事先控制，预防废品"的观念，1931 年，道奇提出抽样的概念和方法。第二次世界大战时，由于战争对大批量军火生产的需要，美国政府和国防部组织了一批数学家来研究和解决军需产品的质量问题，推动了数理统计的应用，先后制定了三个战时质量控制标准：AWSZ1.1-1941 质量控制指南、AWSZ1.2-1941 数据分析用控制图法、AWSZ1.3-1942 工序控制图法。这些标准的提出和应用，标志着质量管理在 20 世纪 40 年代进入了统计质量控制阶段。

统计质量管理把以前质量管理中的"事后把关"变成事先控制、预防为主、防检结合，并开创了把数理统计方法应用于质量管理的新局面。由于采取质量控制的统计方法给企业带来了巨额利润，第二次世界大战后，很多国家（如日本、墨西哥、印度、挪威、瑞典、丹麦、联邦德国、荷兰、比利时、法国、意大利及英国等）都开始积极开展统计质量控制活动，并取得成效。

但是由于过多地强调统计方法的作用，忽视了其他方法和组织管理对质量的影响，人们误认为"质量管理就是统计方法"，数理统计方法理论比较深奥，是"质量管理专家的事情"，因此对质量管理产生了"高不可攀、望而生畏"的感觉。

（三）全面质量管理阶段

20世纪60年代，社会生产力迅速发展，科学技术日新月异，质量管理上也出现了以下新情况。

（1）人们对产品质量的要求更高，消费者保护自身利益的意识加强。许多国家的消费者为保护自己的利益，纷纷组织起来同伪劣商品的生产销售企业抗争。"保护消费者权益"运动兴起，向企业提出了质量责任的问题。1960年，美国、英国、奥地利、比利时等国的消费者在荷兰海牙正式成立了国际消费者联盟，并于1983年确定每年的3月15日为"国际消费者权益日"。朱兰认为，保护消费者权益运动是质量管理学在理论和实践方面的重大发展动力。

（2）系统理论的提出，在生产技术和质量管理活动中广泛应用系统分析的概念。它要求用系统的观点分析和研究质量问题，质量控制不再只是生产和检验环节的事情，而是涉及企业经营活动方方面面的事情。

（3）行为科学的产生和发展，使管理实践开始重视人的因素，出现了"职工参与管理"，强调要依靠广大职工搞好质量管理。

（4）随着市场竞争，尤其是国际市场竞争的加剧，迫使各国企业更加重视产品质量。产品责任和质量保证等问题受到关注。

在这样的背景下，美国通用电气公司（GE）质量总经理费根堡姆（Feigenbaum）和质量管理专家朱兰等人在20世纪60年代先后提出了"全面质量管理"（total quality management，TQM）的概念，开创了质量管理的新时代——全面质量管理时代。

1961年，费根堡姆的著作《全面质量管理》出版。他指出："全面质量管理是为了能够在最经济的水平上并考虑到充分满足用户要求的条件下进行市场研究、设计、生产和服务，把企业各部门的研制质量、维持质量和提高质量的活动构成一体的有效体系。"

20世纪60年代以后，费根堡姆的全面质量管理概念逐步被世界各国所接受，并在运用时各有所长。日本是成功地吸收了这一观念的国家，创造性地提出了"全公司的质量管理"的理论和方法，强调执行质量职能是公司全体人员的责任，应该使企业全体人员都具有质量意识和承担质量的责任。日本在全面质量管理方面取得了成功，并且随着日本产品质量的提高得到众多国家的认同。20世纪80年代，在世界范围内掀起了学习日本质量管理的热潮。

1987年，国际标准化组织又在总结各国全面质量管理经验的基础上，制定了ISO 9000《质量管理和质量保证》系列标准，将全面质量管理的精神内化在标准之中。

全面质量管理给了人们重要的、系统的解决质量问题的思路，至今仍指导着人们的质量管理实践。

三、质量管理史上最具影响力的人物及其主要观点

（一）克罗斯比

克罗斯比曾先后在克劳斯莱公司担任质量工程师、在马丁·玛瑞埃塔公司任质量经理、国际电报电话公司副总裁及质量总监。1964 年，克罗斯比因首次提出了"零缺陷"的概念，获得了美国国防部的奖章，于 1979 年创立了克罗斯比质量学院。

克罗斯比致力于质量管理哲学的发展和应用，被称为质量管理的哲人、当代伟大的管理思想家、零缺陷之父、世界质量先生，引发了全球源于生产制造业、继而扩大到工商业所有领域的质量运动，创造了独有的词汇，其中"零缺陷""符合要求""预防"及"不符合要求的代价""可靠的组织"等均出自克罗斯比。包括 AT&T、BP、3M、IBM（International Business Machines Corporation，国际商业机械公司）、GM、通用电气公司、Xerox、摩托罗拉公司等在内的世界 500 强企业均实施了克罗斯比管理哲学。其主要观点有以下两点。

（1）质量的定义就是符合要求，而不是好。"好、优秀、美丽、独特"等术语都是主观的和含糊的。

（2）质量标准是零缺陷（zero default），而不是"差不多就好"。零缺陷的工作标准意味着"第一次就应该把事情做对"，任何时候都要满足工作过程的全部要求。

克罗斯比的著作有《质量免费》《质量无泪》《我与质量》等。

（二）戴明

戴明（Deming）博士于 1900 年 10 月 4 日生于美国艾奥瓦州。第二次世界大战前他在美国从事统计的质量管理方法的教育工作，战后开始到日本指导质量管理实践，长达 40 年，为日本质量管理的成功做出了杰出的贡献。在日本期间，戴明积极向企业的经营者灌输品质经营的理念及重要性，日本的早期经营者几乎都曾受教于他。这些经营者实践戴明博士的品质经营理念，奠定了日本全面质量管理的基础。戴明博士还将统计方法普及化，创立了质量管理的"老七种"工具。由于戴明博士的杰出贡献，日本尊其为"日本质量管理之父"，并设立"戴明奖"作为日本质量管理的最高荣誉。戴明博士的主要观点反映在《领导职责的十四条》中。

（1）要有一个改善产品和服务的长期目标，而不是只顾眼前利益的短期观点。酒店要有一个明确的目标和一套恒久的、核心的价值标准，要有长期观念，不断进行改革和创新，避免狭隘地着眼于短期利益。

（2）要有新的管理理念：重视质量，而不是数量；重视重复业务，而不是一次销售。根据戴明的观点，酒店要采用新的管理理念，对市场上的新需要做出反应，不断提高产品和服务的质量，满足和超越顾客的期望，才能培养忠诚的顾客，取得长远的成功。

（3）不要依靠检查去保证产品质量。戴明认为，适当的检查是必要的，检查的目的是控制实现组织目标的过程、评价个人的绩效。但检查只能发现不足，并不能保证质量的提高，事后的检查不能改变已经发生的过程和结果。

（4）在原材料、标准件和零部件的采购上不要只以价格高低来决定对象。戴明认为，需要重新规定采购人员和审计人员改进质量的责任。一味地选择报价最低的供应商会产生很多弊端，采购者和供应者之间应多一些合作关系，少一些敌对关系。酒店与特定的供应商建立长期忠诚信任关系所获得的利益要高于从价格最低的零售供应商那里获得的眼前利益。

（5）不断地改进生产和服务系统。85%的质量问题和浪费现象是由于系统的原因，15%的是由于岗位上的原因。戴明认为，改进质量不是一次性的努力，也不能仅仅局限于解决问题。解决问题是"扑灭了火焰"，但问题不会就此消失。服务管理的真正任务不是解决问题，而是想办法改进服务过程本身，如重新设计服务流程等。

（6）要有一个更全面、更有效的正式的岗位培训。不只是培训现场操作者怎样做，还要告诉他们为什么这样做。目前，酒店中通常采用的在职培训方法是新员工跟着老员工学习岗位技能。这种方法可能导致新员工从训练无素甚至进行错误操作的老员工身上学到不良习惯或错误的操作方法，并再度传授给新员工。这就导致酒店员工素质低下和产品与服务质量不稳定。因此，酒店的管理者和员工都必须接受正规的岗位培训，以保证员工的素质。

（7）要有一个新的领导方式，不只是管，更重要的是有能力帮助员工。管理者必须也是领导者。管理者一定要有能力帮助员工做好工作，消除障碍，使员工达到最佳的工作状态，提高他们对工作的自豪感。管理者不仅要了解自己的工作，不断提高业务水平和知识水平，还要善于收集信息，发现员工在工作中存在的障碍，并采取措施消除障碍。

（8）消除员工不敢提问题、提建议的恐惧心理。恐惧是产生质量问题和效率问题的基本原因。如果组织的管理人员缺乏领导能力，员工训练无素，每个人都力求保持现状，恐惧感就会产生并蔓延：没有人愿意冒风险、提问题、破坏现状。这些都将可能使得已经发生的质量问题一而再地发生，导致酒店的产品和服务质量无法得到提高。管理人员必须担负起他们的领导责任，提高自身的管理水平，让员工相信他们有能力领导组织。只有这样，员工的恐惧感才会消失，开放、和谐、融洽的工作环境才会出现，工作效率才会提高，产品和服务的质量才能得到提升。

（9）消除部门壁垒。部门间要有一个协作的态度，帮助二线部门人员多了解一线部门的工作。部门之间的障碍是导致酒店产品和服务质量降低的主要原因，酒店各部门之间产生障碍的原因主要有以下几个。

① 部门工作性质不同，目标与步骤各异，容易出现不协调。例如，采购部的一个重要目标就是降低成本，而餐饮部等制作部门要求尽可能地提供上等原料，以便保持和提高产品及服务质量，吸引和留住客人，这两者之间经常会出现摩擦。

②"山头主义"思想作祟，管理者和员工把精力都集中在本部门的工作上，对其他部门的事漠不关心，部门间缺少交流与团队精神，也会造成部门间的障碍。此外，部门管理者往往对本部门内部发生的错误加以隐瞒和包庇，更加深了各部门间的隔阂。

障碍的存在使得部门间相互推诿，不能团结一致地解决问题或制定新的政策方针，降低了酒店产品和服务的质量。为了避免部门障碍的出现，每一个部门都应该清楚自己的工作范围，了解自己对组织内其他部门的责任和影响。

（10）不空喊口号。要有一个激励、教导员工提高质量和生产效率的好办法。不能只对他们喊口号、下指标。戴明强调，问题存在于系统内部和生产运作过程之中，而非员工之中；改进系统的运作是管理者的责任，而非员工的责任。要求员工做到在现有系统中无法达成的目标，只能导致员工积极性的降低和挫折感的产生。

（11）保证工时定额和工作标准的有效性。戴明提出，提高生产效率和质量的关键是管理人员要区分出不同员工的不同技能水平和才能水平，然后制定工作计划，让每个人都能发挥自己的最高水平，提高整体绩效。无视产品、服务质量和服务员自身素质的差异，一味地强调工作定额，这种做法不但会降低士气，鼓励劣质工作，还会造成工作效率低下，导致成本上升。一方面，优秀服务员自身的才能和技能未能充分发挥，无法从工作中获取最大的满足；另一方面，落后的服务员在达不到自己技能水平的条件下工作，为了完成指标，常常牺牲客人的利益。这两种情况都会导致员工流失，增加酒店的人工成本。

（12）为员工保证工作质量提供必要的条件。员工要做好工作除了自身有工作的意愿及完成工作的能力外，还需要酒店提供必要的条件，包括必要的培训、满足工作需要的工具和设施设备，一个合理的工作流程及流程中各环节员工的密切配合。

（13）要有一个强而有效的教育培训计划，使员工能够跟上原材料、产品设计、加工工艺和机器设备的变化。戴明认为，酒店需要越来越多的、能够进行终身学习的员工，简单地把"好"员工放在适合的位置上已经无法满足企业的发展。酒店组织的每个人都必须准备、愿意并且能够掌握新知识和新技能，包括团队工作和质量控制的基本统计技术，以适应快速变化的市场需求和技术进步的要求。组织要乐于对自己的员工投资，员工也要对自己的未来负责，不断地学习和创新。

（14）要在企业内建立一种体制，推动全体员工参加经营管理的改革。酒店组织应根据企业自身的宗旨、企业文化和市场情况，寻找适合自己的质量管理方法，并进行不断的改革和修改。组织内的所有人员应共同努力，彼此了解以上 13 点质量管理方法，然后制定合适的目标和行动计划，以实现组织目标。

（三）朱兰

朱兰被称为 20 世纪最伟大的质量管理思想家，他帮助创立了美国马尔科姆·波多里奇国家质量奖。朱兰和戴明一起，为奠定全面质量管理（total quality management，TQM）的理论基础和基本方法做出了卓越的贡献。其著作《朱兰质量手册》被人们誉为"质量管理领域中的圣经"。在半个多世纪中，这本手册对于世界各国的质量管理发挥了非同寻常的作用。朱兰在质量管理理论上的主要贡献有以下几点。

（1）提出质量管理中重要的三个环节：质量计划、质量控制和质量改进。这三个环节被称为"朱兰三部曲"。朱兰认为，为建立有能力满足质量标准化的工作程序，质量计划是必要的。为了掌握何时采取必要措施纠正质量问题就必须实施质量控制。质量改进有助于发现更好的管理工作方式。

（2）质量管理中的"80/20 原则"。他依据大量的实际调查和统计分析认为，在所发生的质量问题中，追究其原因，只有 20%来自基层操作人员，而恰恰有 80%的质量问题是由于领导责任所引起的。正因如此，在 ISO 9000 质量管理认证体系标准中，非常强调领导在质量管理中的职责、与领导职责相关的要素所占的重要地位。

（3）拓展质量的概念，提出生活质量观，即经济发展的最终目的，是为了不断地满足人们日益增长的物质文化生活的需要。朱兰博士的生活质量观反映了人类经济活动的共同要求。

（四）费根堡姆

费根堡姆于 1920 年出生于纽约市，1951 年毕业于麻省理工学院，获得工程博士学位，在美国通用电气公司工作多年，任全球生产运作和质量控制主管。1988 年，费根堡姆被美国商务部长任命为美国马尔科姆·波多里奇国家质量奖项目的首届理事会成员，1992 年，费根堡姆入选美国国家工程学院。费根堡姆在质量管理理论上的主要贡献有以下几点。

（1）全面质量控制（total quality control，TQC）。费根堡姆是全面质量控制的创始人。他主张用系统或者全面的方法管理质量，在质量过程中要求所有职能部门参与，而不局限于生产部门。这一观点要求在产品形成的早期就建立质量，而不是在既成事实后再进行质量的检验和控制。

费根堡姆努力摈弃当时最受关注的质量控制的技术方法，而将质量控制作为一种管理方法。他强调管理的观点并认为人际关系是质量控制活动的基本问题，一些特殊的方法如统计和预防维护，只能被视为全面质量控制程序的一部分。他将质量控制定义为"一个协调组织中人们的质量保持和质量改进努力的有效体系，该体系是为了用最经济的水平生产出使客户完全满意的产品"。他指出质量并非意味着"最佳"，而是"客户使用和售价的最佳"。在质量控制里，"控制"一词代表管理工具，包括制定质量标准、按标准评价符合性、不符合标准时采取的行动和策划标准的改进等。

（2）全面质量管理理论。质量管理从质量检验阶段，到统计质量阶段，发展到如今的全面质量管理，费根堡姆的全面质量控制概念的提出起到了关键性的作用。

（五）石川馨

石川馨是美国质量学会终身荣誉会员、日本品质学会会长、国际质量组织主席，受戴明影响从事质量管理的教育培训工作，他认为，"质量管理始于教育，终于教育"。1949 年，他在日本科学技术联盟主持开办了"质量管理基础课程"，该培训课程以每年 4 期滚动进行，迄今已成为世界上历时最长的质量培训课程。此外，他还在质量管理方面做出了以下贡献。

（1）发明了便捷实用的质量管理工具——因果图，揭示了质量特性波动与其潜在原因的关系，为企业实施现场改进提供了指南。

（2）培育了质量管理小组活动，从而使得由美国人提出的全面质量管理的设想在日本得到了丰富和发展。1967 年，国际质量管理小组大会在东京举办，此后质量管理

小组迅速普及到 70 多个国家和地区。

（3）积极参与了日本及国际标准化的推进工作，作为 ISO/TC102/SGI 第一届国际会议主席，他认为"标准化与质量管理是一辆车的两个轮子"，强调"有效的标准应建立在对客户需求的质量分析上"。

四、中国酒店业质量管理发展历程

酒店业是我国最早与国际接轨的行业之一，改革开放以后，我国现代酒店从无到有、从小到大、从不规范到规范取得了长足的进步。作为酒店生命线的服务质量也从一种观念变成一种现实的指导力量，推动了酒店业在量与质上的高速成长。可以毫不夸张地说，中国酒店业发展的 30 多年，走完了西方国家酒店业 100 多年的历程，而质量管理在这一进程中发挥着核心的引导作用。在中国酒店业质量发展的 30 多年历程中，质量管理经历了观念培育的质量管理阶段（1978～1987 年）、产品导向的质量管理阶段（1988～1997 年）和顾客导向的质量管理阶段（1998～2001 年），并逐步向人文导向的质量管理阶段（2002～2004 年）和员工导向的质量管理阶段（自 2005 年至今）发展。

（一）观念培育的质量管理阶段

改革开放初期到 20 世纪 80 年代末是我国酒店业质量管理培育的阶段。改革开放以前，我国还没有实际意义上的旅游酒店，有的只是属于行业内部的招待所，根本谈不上服务质量，更谈不上优质服务。第一个 10 年的中国酒店业，正试图接受和引进现代酒店的经营理念和操作模式，构建真正意义上的现代酒店，从而使中国酒店业成为"现代酒店"业就成为酒店质量管理的最初使命。

在我国酒店业发展的这一初始阶段，酒店质量管理的使命就是学习和接受现代酒店的基本理念，在观念上建立起从业人员对现代酒店的概念和认识。

广州酒店业最先成为我国酒店管理观念培育的先行军。广州白天鹅宾馆、南京金陵饭店、北京建国饭店开创了中国旅游酒店的新纪元，大量经营型的旅游酒店如雨后春笋般诞生，此时一些国际酒店管理集团也"抢滩"中国，给中国酒店业吹来了一股新风。现代酒店意义上的酒店标准、经营理念、制度结构、人事政策和管理手段等成为国内众多酒店学习和效仿的对象。广州是改革开放的前沿，也是酒店业学习的标杆，广州白天鹅宾馆、中国大酒店、花园酒店等首批中外合作星级酒店也几乎成为我国酒店业的旗帜和象征。

在现代酒店观念培育的关键时刻，改革开放总设计师邓小平召开旅游界人士会议，及时指出："第一是服务态度，清洁卫生。房子要干净，伙食要符合外国人口味。服务员要有外语知识，你让人家出钱，服务态度不好，又脏，谁来，来了也不会满意。"这给旅游业和酒店业提出了明确的改进方向。

在这一阶段，许多酒店从经营和待客的基本要求出发进行质量管理。例如，北京昆仑饭店从具体事情做起，提出"微笑、问候、起立、让路、仪表"十字方针；更多酒店从语言抓起，"学会说话、学会道歉、学会微笑"成为行业风尚；礼貌用语、礼貌待客成了酒店员工的行为准则。中国酒店业在这种开创性的学习过程中逐步建立起现代酒店的基本观念,一批批具有现代意义的酒店不断出现。

（二）产品导向的质量管理阶段

1988年,国家旅游局正式颁布了《旅游饭店星级评定标准》,酒店的服务质量有了可以遵循的明确标准和方向。这一标志性事件表明中国酒店业已经完成了现代酒店的观念接受阶段,国家试图通过法规的形式对现代酒店的经营管理进行制约和引导,其目的是使我国的酒店产品符合国际通行的惯例和标准。于是,打造优质产品成为我国酒店质量管理发展第二个10年的新使命。为打好这种质量基础,我国酒店业把"标准化、规范化、程序化、制度化"（简称酒店业的"四化"）作为酒店质量建设的重中之重,从大处着眼、小处着手,走向产品导向的质量管理阶段。

酒店业的"四化"建设是以产品为导向的质量保证策略,其目的是生产出统一、标准的酒店产品,使顾客能准确识别出酒店产品的质量优劣。"四化"策略相互融合、相互联系、相互影响,其中标准化是对酒店产品结果的统一约定;规范化是对酒店服务操作过程及服务行为的统一约定;程序化是对酒店服务操作流程的统一约定;制度化则是对酒店所有统一约定的显性化、文字化表达,这种表达具有强制的约束力量。酒店产品的标准化是一项系统工程,由环环相扣的各个环节构成。酒店服务人员把良好的服务技能、技巧体现在酒店接待服务的全过程、各环节。标准化注重操作的规范和程序,以保证整个服务过程的行动流畅、顺利,给人以赏心悦目的感受;标准化强调整体的形象和效率,提倡鲜明的组织与群体观念,要求有强烈的责任心和严谨的工作态度。

1988～1997年是我国酒店业在数量上高速增长的阶段。由于酒店业的加快发展、顾客的成熟、酒店数量的猛增,酒店市场的竞争越来越激烈。酒店的产品体系也因此逐渐由单一走向多元,以面对日益分化的客源体系。我国酒店业也由旅游酒店主导逐步变成旅游酒店、商务酒店、经济型酒店、汽车旅馆等多元产品体系同向发展的产品格局,星级酒店的层级分化也越来越明显,从一星到五星等不同档次的酒店也逐渐丰富和发展了我国酒店业的产品结构体系。显然,这些不同类型、不同档次的酒店产品有不同的标准和规范要求,我国1997年颁布的《旅游涉外饭店星级的划分及评定》（GB/T 14308—1997,已作废）对这些不同产品的标准化和规范化要求进行了充分的表述和体现,这一国家标准既对酒店的设计、建筑、装潢、设施设备、服务项目、服务水平等进行统一约定,又根据顾客的不同需求层次区分酒店产品的层次。现行使用的是2010年颁布的《旅游饭店星级的划分与评定》（GB/T 14308—2010）。因此,《旅游饭店星级的划分与评定》既将我国产品导向的规范化服务质量管理推向时代需求的浪尖,又开创了顾客导向的服务质量运作新时代,它是我国酒店服务质量管理承前启后的时代标志。

（三）顾客导向、人文导向和员工导向的质量管理阶段

1. 顾客导向的质量管理阶段（1998～2001年）

1997年的亚洲金融危机使我国酒店业面临史无前例的客源危机和行业经营危机,

我国酒店的数量虽然持续增长，但效益持续下滑，酒店市场进入一个竞争异常激烈、经营非常艰难的时期。市场竞争的激烈态势使我国酒店业开始逐步走向由关注自身产品的生产，到了解顾客需求，再定位产品生产的顾客导向的质量管理阶段。我国酒店业开始全面关注顾客的需求特征、消费特征和行为心理，并实行以需定产、以顾客的个性化需求来决定酒店产品的运作方式的质量管理模式。

这种质量管理模式集中表现为酒店企业对个性化服务的追求。个性化服务是在规范化服务的基础上又不囿于规范，针对客人的不同需求给予尽善尽美的服务，其核心是顾客满意；个性化服务强调服务的灵活性和有的放矢，表现在服务过程中服务人员想客人之所想，急客人之所急，自觉淡化自我而强化服务意识；个性化服务提倡的是更为主动的服务和主张，"于细微处见个性"，用周到、高效的超值服务去满足客人；个性化服务追求的是锦上添花，强调用超出常规的方式来满足客人偶然的、个别的、特殊的需求。

在实践中，众多酒店创造和发展出丰富多样的个性化服务方式。例如，香格里拉酒店集团提出了"殷勤好客亚洲情"的喜出望外服务计划，把"尊重预知、备至、彬彬有礼、温良谦恭"作为个性化服务的原则；湖南长沙华天大酒店倡导服务在"客人招手之前""客人想到的要为客人做到，客人没想到的要替客人想到并做到"，南京金陵酒店把个性化理念和江苏人温柔、善良、体贴的特点紧密结合，形成了独具魅力的特色服务。

在这一阶段，中国众多酒店企业积极参与了 ISO 9000 质量认证和 ISO 14000 环境保护的行动，积极开展绿色酒店的推广活动，这一切都使酒店的服务质量在规范基础上的个性化方面有了明显提升。许多酒店也把从最初模仿西方改为由自己独创，走自己的特色之路，把质量管理建立在科学化的基础之上。例如，北京丽都假日酒店（现为北京丽都维景酒店）提出"感情服务是中国酒店之魂"的主张，突出中国人的情感特色并首次发表对客服务的"分类解析"和"天气预报"，使质量管理处于预前控制之下；汕头金海湾大酒店研究了商务客人的实际需求后，提出了对客服务的"十二快"，提高了服务效率，得到了客人的普遍赞许。

在这一阶段，全面质量管理成为酒店业所热衷的管理，各种质量管理手段在我国酒店业的运用也开始趋于成熟。例如，"服务质量环"的运作使酒店在服务操作层面上的质量得以实施和落实。PDCA 循环、QC 小组（又称质量管理小组）、CSIP（信息产业部软件与集成电路促进中心）法等许多行之有效的质量控制方法在酒店业中得到广泛推行并已逐步形成制度。

"神秘客人"的暗访也在众多酒店中施行。许多酒店认识到客人是酒店质量的最佳评判者，要想评价酒店产品的优劣，找出问题的症结和改进重点，最好的方法是由"神秘客人"进行暗访。于是众多酒店不惜重金聘请专家或业内资深人士对酒店进行暗访检查，做出评估，找出问题，提出改进意见。例如，东方嘉柏酒店管理公司每年都对其所属酒店进行定期暗查，广州花园酒店、内蒙古新城宾馆、长沙通程国际大酒店、济南舜耕山庄等酒店都已形成例行的暗访制度。

2. 人文导向的质量管理阶段（2002～2004 年）

2001 年 12 月 11 日，我国正式加入世界贸易组织，中国酒店业对外资酒店的限制完全取消，国外酒店集团加大进军我国酒店业的力度，它们采用连锁、委托管理、带资管理等多种方式在我国布点，从高星级到低星级、从沿海到内陆、从东部到西部进行全方位的扩张。酒店市场出现了跨国化的竞争态势。这种竞争态势一方面使国外酒店集团管理的酒店面临本土化的问题，另一方面又使本土酒店面临自立自强甚至进军国际市场的问题。世界众多酒店跨国集团"齐聚"我国市场，给我国酒店业者带来一个虽然严酷但更富市场特性的学习、成长和竞争环境。国际跨国酒店集团在进军我国市场的初期普遍以高星级酒店作为其市场对象，它们都旗帜鲜明地标榜档次、文化、品位，推动了我国酒店业文化竞争的发展。

这种市场态势使酒店业开始关注人文战略，即通过关注顾客的人文需求来帮助实现本土化和提高文化竞争力。酒店业的竞争开始从价格竞争转向产品竞争和文化竞争。文化竞争是最高层次的竞争，它凸显了酒店的软实力，代表着酒店的品位、档次和地位。

2003 年，中华人民共和国国家质量监督检验检疫总局正式颁布《旅游饭店星级的划分及评定》（GB/T 14308—2003），这一标准在坚持统一标准的同时，给酒店的星级评定提供了更多的选择自由，酒店可以根据自身的客源市场和需求特征在更广阔的范围内选择设施的配备和服务项目，为酒店业的人性化发展和酒店关注客人的人文需求提供了制度保障。

为了适应人文发展战略和文化竞争的需要，大量的酒店企业围绕顾客的人文需求，从酒店的装修定位、地域传统文化和精品文化元素的融入、服务人员的服饰语言、企划宣传的文化引导、产品包装的文化先行等方面，开展和实施了全面的、人文导向的质量管理方针，力图为顾客营造有品位、有档次的文化形象，借以维持和长期吸引顾客。

对顾客进行人文关怀是酒店文化发展战略的重要方向。随着我国酒店业市场的进一步成熟，"大众定制化"观念和方法开始进入我国，为我国酒店业更好地关注顾客的人文需求提供了理论和技术基础。北京国际俱乐部、上海金茂君悦大酒店率先示范，全国许多酒店也纷纷学习仿效。在人本主义推动下，人性化服务、心理关怀、文化需求引导、精细化服务等成为酒店质量管理的主题，推动了我国酒店业的质量管理迈向人文管理的高级阶段。与此同时，我国酒店业的一批质量管理人才逐渐成长起来，质量管理的理论日臻成熟。

3. 员工导向的质量管理阶段（2005 年至今）

竞争是市场永远的推动力量。从 2005 年至今，我国的酒店业市场开始出现急剧的转型与分化。国际跨国酒店集团开始全方位进军我国酒店市场，从高档酒店到低星级酒店再到经济型酒店，都分布着国际跨国酒店集团的品牌。以经济型酒店市场为例，这一新兴的酒店市场已经拥有速 8 酒店、宜必思酒店等国际知名品牌，国内的如家酒店、莫泰酒店、锦江之星酒店、汉庭酒店及众多地方品牌纷纷开设分店，抢占地盘，改变了行业的发展格局，在价格、产品定位乃至人力资源等各方面都冲击了传统的酒店业市场。同时，国内酒店集团的品牌化、集团化、连锁化的趋势也进一步明显和加强，各集团间竞争异常激烈。此外，携程、艺龙、芒果等网上预订渠道快速成长，它们的强势地位逐渐压缩了酒店的利润空间。这些因素的共同存在，加之酒店业人力平均工资多年不变及我国其他行业工资的不断成长，使我国大部分地区的酒店业都出现了严重的员工荒，酒店越来越难以招聘到足够数量的、合格的从业人员。

从酒店的内部管理来看，酒店员工的跳槽率与日俱增，员工心态浮躁不安，难以安心工作，这在很大程度上影响了酒店服务质量的稳定性。酒店员工的稳定是酒店服务质量稳定的前提，没有满意的员工就没有满意的顾客。在这一严重的人力资源危机背景下，酒店行业开始关注酒店员工的人文需求，强调通过满意的员工来实现高质量的对客服务，这开始成为我国酒店业质量管理的时代重心。众多酒店企业认识到：没有满意的员工，就不会有满意的顾客，只有把员工照顾好，员工才会帮酒店照顾好顾客。酒店管理者也充分认识到，内部服务质量是影响员工服务导向进而影响外部服务质量的一个重要因素。酒店企业要赢得外部顾客，就应增强对员工的服务导向，做好内部服务质量管理工作。

因此，在此阶段，我国众多酒店推出了一系列内部改革策略，关注、提倡和实施内部服务。从传统管理员工的思想向服务员工的思维转变，致力于为员工提供更好的工作环境和家庭式的人文氛围。例如，青岛海景花园大酒店坚持以"企业化"为统帅，以"亲情一家人"为品牌，以"创造和留住每一位顾客，把每一位员工塑造成有用之才"为宗旨，把"以情服务，用心做事"作为海景花园大酒店的企业精神，在这种人文战略的实施和推动下，该酒店成为日本、澳大利亚、瑞士等国际市场认可的具有民族特色的知名酒店。

酒店业是一个时代性的行业，酒店业的质量管理之路没有尽头。随着酒店业的发展，我国酒店业的质量管理必将随着时代的需求不断开拓前进，质量管理的理论与思想、方法和体系也将不断得到丰富和完善。

第三节　酒店业质量管理的对象与内容

一、质量管理的研究对象

质量管理是研究和揭示质量形成及实现过程的客观规律的科学。随着社会经济的发展和理论研究的深入，质量管理的研究与实践经历了逐步演进、不断扩展深化的过程。质量管理的研究对象与侧重点随着研究阶段不同而不同。在质量检验阶段，质量管理的研究对象是产品质量，偏重对产品质量的事后检验。在统计质量控制阶段，质量管理的研究对象扩展到质量的过程控制，突出了质量的预防性控制。进入全面质量管理阶段以来，全面质量管理理论提出了"五全"管理（全面的质量管理、全过程的质量管理、全员参加的质量管理、全方法的质量管理、全效益的质量管理），质量管理的研究对象便相应地扩展到组织管理中一切可以单独描述和研究的对象，除了产品质量和服务质量外，还包括组织的质量、体系的质量、人力的质量及组合系统的质量。此外，质量管理体系的设计、建立和完善的研究也是该时期的研究重点。

随着全球经济一体化的发展和国际贸易的迅速扩大，质量管理的研究对象也不断扩展，开始从制造业转向服务业。随着人们对环境问题的重视和可持续发展观念的普及，质量管理的研究开始向关注环境保护、生态平衡的生态质量观转移。随着以计算机技术为中心的信息化时代的到来，计算机在质量管理中的应用也成为质量管理研究的重点。

二、质量管理的研究内容

质量管理的研究主要包括以下七方面的内容。

（一）质量管理的基本概念

任何一门学科都有一套专门的、特定的概念，组成一个合乎逻辑的理论概念，这是学科理论体系存在的基础。质量管理也不例外。例如，质量、质量环、质量方针、质量目标、质量体系、顾客满意、顾客忠诚等是质量管理中常用的重要概念，应确定其统一、正确的术语及其准确的含义。质量管理的基本概念及其相关术语一般以国际标准化组织颁布的 ISO 9000 质量管理认证体系族标准为准。本书中的概念是在 ISO 9000：2000 质量管理认证体系标准的基础上，结合高职高专学生的知识特点，以高职高专学生能够理解的形式给出。

（二）质量管理的系统理论

质量管理的系统理论是指导质量管理实践的理论基础。随着人们对质量管理的重视和认识程度的提高，质量管理系统理论的研究得到人们较多的重视和关注。质量管理的系统理论得到不断的创新和发展，越来越多的更先进、更科学、更全面的新理论被应用于质量管理的实践工作中。目前较有影响力的质量管理系统理论有"PDCA 循环理论""全面质量管理理论""零缺点管理理论""6σ管理理论""顾客满意理论"等。

（三）质量管理的工具和方法

质量管理的开展往往需要借助先进的工具和方法，在吸纳、融合数学（概率论和数理统计等）、系统工程科学（运筹学、控制学、系统论等）、信息科学（信息论）等学科理论知识的基础上，人们总结出排列图、因果分析图、直方图、控制图等质量管理的常用工具，提出了关联图法、系统图法、矩阵图法等新工具，研究和提出了 ABC 分析方法，统计分析的 SPC、SPD、SPA 方法。此外，还有朱兰三部曲、QC 小组、质量数据的统计处理方法、质量检验与抽样检验、方差与回归分析及时间序列分析等质量工具和方法。

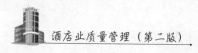

（四）质量管理的体系

质量管理的首要工作就是建立科学有效的质量管理体系，保证各项质量管理活动的有效开展。质量管理体系的建立与完善包括确定顾客和其他相关方的需求及期望；建立组织的质量方针和质量目标；确定实现质量目标必需的过程和职责；确定和提供实现质量目标必需的资源；建立持续改进的方法等内容。此外，质量管理体系的认证、质量管理体系与 ISO 9000 族质量管理认证体系标准的关系、先进的质量管理体系模式等都是质量管理研究的范畴。

（五）质量管理的基础工作

企业在进行质量管理时，一些基础性工作的准备将有利于质量管理的顺利开展。这些基础性工作包括质量管理的标准化工作、质量责任制、信息工作、计量工作及质量教育和培训等。质量管理的标准化包括服务标准、技术标准和管理标准的制定及实施，质量信息管理包括质量信息的收集、整理、传播和使用、质量信息流程、质量信息反馈和质量跟踪系统等，质量教育和培训包括企业内部的质量教育和培训，以及对质量管理教育及专业技术职称评审与聘任等方面的研究。

（六）质量管理的微观管理与运用

企业在开展微观的质量管理过程中将涉及质量设计、质量策划、质量控制、质量评价、质量保证、质量改进等过程。这些过程的改进和完善都将促进企业质量管理总体水平的提高。目前，对这些微观管理研究的成果较多，如质量策划常用的"质量职能展开"方法、质量控制的"零缺点管理"理论、质量评价的"三方评价"方法、质量保证的 ISO 9000 质量管理认证体系族标准和 ISO 14000 质量管理认证体系族标准等。此外，还包括质量成本分析、质量经济性分析、质量文化建设及业务流程重组与优化等内容的研究。

（七）质量管理的宏观管理与运行

企业管理水平的提高有赖于良好的质量管理环境。从我国具体国情出发，研究建立适合我国经济体制和政治体制的管理组织体制及质量管理法规，是质量管理研究的重要内容。在研究过程中，企业也要研究各国质量管理体制、法规，总结和借鉴各种优秀的质量管理理论和模式，以博采众长、取长补短、融合提炼成具有中国社会主义特色的质量管理体制和法规体系，如质量管理组织体系、质量监督组织体系、质量认证体系等，以及质量管理方面的法律、法规和规章。

以上内容在本书中不会全部涉及，作者将本着高职高专理论教学以"必需、够用"为度的原则进行选取介绍。

三、酒店业质量管理的研究对象与内容

质量是服务业的生命，每个企业都在想方设法提高产品质量、改善服务质量；而改善服务质量要从点滴做起，使每一点改善都能带给顾客更大的方便与满意，这也是服务业生命的源泉。服务业的兴旺是世界性的潮流。服务业越兴旺，服务质量的竞争就越激烈，不注重改善服务质量的酒店将无法在激烈的竞争中生存。

（一）酒店业质量管理的研究对象

酒店业质量管理的研究对象主要有以下几个方面。

（1）酒店产品生产与服务提供的过程和结果。任何酒店的服务产品都是通过一定过程来完成的，服务过程设计是否合理直接影响酒店顾客的感受，影响酒店质量。此外，除了直接对酒店产品生产与服务提供过程进行质量控制外，还应将质量管理与控制延伸到所有与服务提供及管理有着直接、间接关联的各个环节和过程，包括为一线服务的后勤服务过程、售前宣传、服务准备过程、售后跟踪过程等。

（2）与酒店服务产品提供及管理有直接或间接关联的部门、岗位和人员。酒店业质量管理不仅要研究与服务产品提供及管理相关的部门、岗位和人员，依据内部顾客的思想，酒店中后台部门对前台的服务和支持直接影响着前台员工的服务态度及服务效率，因此，还必须研究对其产生影响的酒店内部的相关部门、岗位和相关人员。

（3）对酒店服务及管理有影响的外部环境和因素。任何企业的生产经营都离不开与其密切相关的外部环境。外部环境对酒店经营有着各种直接和间接的影响。例如，国家的相关法律法规是酒店在经营过程中必须执行的质量底线，一旦违背将出现重大的质量问题。此外，外部环境的变化还对酒店的质量标准产生影响，如文化环境改变带来的顾客需求的变化。因此，酒店业质量管理的研究应关注这些外部环境和因素。

（二）酒店业质量管理的研究内容

（1）酒店业质量管理的基本概念、特点、研究对象与内容（第一章）。

（2）酒店业质量管理的基础理论，包括管理理论基础、质量管理理论基础和服务质量管理理论基础（第二章）。

（3）酒店业质量管理体系，包括酒店业质量管理体系的内涵、体系的构建，质量与其他管理工作的关系、全面质量管理（第三章）。

（4）酒店业质量管理评价体系，包括酒店业质量的构成要素和评价要素、评价主体（第四章）。

（5）酒店业质量管理的第三方评价，包括星级评定、绿色酒店评定、ISO 9001 质量体系认证、主题酒店评价等（第五章）。

（6）酒店业质量管理方法，包括 5S 方法和五常法、7S 质量管理、6σ 方法、质量管理的七种工具（第六章）。

（7）顾客关系管理，包括顾客价值、顾客满意和员工满意、顾客忠诚（第七章）。

（8）酒店服务质量管理实务，包括各分部门酒店质量的管理工作（第八章）。

（9）酒店业质量管理的发展趋势（第九章）。

质量管理百年历程

质量管理百年历程如表 1.1 所示。

表 1.1　质量管理百年历程

工业革命前	产品质量由各个工匠或手艺人自己控制
1875 年	泰勒制诞生——科学管理的开端 最初的质量管理——检验活动与其他职能分离，出现了专职的检验员和独立的检验部门
1925 年	休哈特提出统计过程控制（SPC）理论——应用统计技术对生产过程进行监控，以减少对检验的依赖
1930 年	道奇和罗明提出统计抽样检验方法
1940 年	美国贝尔电话公司应用统计质量控制技术取得成效 美国军方供应商在军需物中推进统计质量控制技术的应用 美国军方制定了战时标准 Z1.1、Z1.2、Z1.3——最初的质量管理标准。三个标准以休哈特、道奇、罗明的理论为基础
1950 年	戴明提出质量改进的观点——在休哈特之后系统和科学地提出用统计学的方法进行质量和生产力的持续改进；强调大多数质量问题是生产和经营系统的问题；强调最高管理层对质量管理的责任，此后，戴明不断完善理论，最终形成了对质量管理产生重大影响的"戴明十四法"，开始开发提高可靠性的专门方法——可靠性工程开始形成
1958 年	美国军方制定了 MIL-Q-8958A 等系列军用质量管理标准——在 MIL-Q-9858A 中提出了"质量保证"的概念，并在西方工业社会产生影响
1960 年初期	朱兰、费根堡姆提出全面质量管理的概念——他们提出，为了生产具有合理成本和较高质量的产品，以适应市场的要求，只注意个别部门的活动是不够的，需要对覆盖所有职能部门的质量活动进行策划 戴明、朱兰、费根堡姆的全面质量管理理论在日本被普遍接受。日本企业创造了全面质量控制的质量管理方法 统计技术，特别是"因果图""流程图""直方图""检查单""散点图""排列图""控制图"等被称为"老七种"工具的方法，被普遍用于质量改进
1960 年中期	北大西洋公约组织（North Atlantic Treaty Organization，NATO）制定了 AQAP 质量管理系列标准——AQAP 标准以 MIL-Q-9858A 等质量管理标准为蓝本。所不同的是，AQAP 引入了设计质量控制的要求
1970 年	TQC 使日本企业的竞争力极大地提高，其中，轿车、家用电器、手表、电子产品等占领了大批国际市场，因此促进了日本经济的极大发展。日本企业的成功，使全面质量管理的理论在世界范围内产生巨大影响 日本质量管理学家对质量管理的理论和方法的发展做出了巨大贡献。这一时期产生了石川馨、田口玄一等世界著名质量管理专家。这一时期产生的管理方法和技术包括 JIT——准时化生产、Kanban——看板生产、Kaizan——质量改进、QFD——质量功能展开、田口方法、新七种工具 由于田口博士的努力和贡献，质量工程学开始形成并得到巨大发展
1979 年	英国制定了国家质量管理标准 BS5750——将军方合同环境下使用的质量保证方法引入市场环境。这标志着质量保证标准不仅对军用物资装备的生产产生影响，而且对整个工业界产生影响

续表

工业革命前	产品质量由各个工匠或手艺人自己控制
1980 年	菲利普·克罗斯比提出"零缺陷"的概念。他指出，"质量是免费的"，突破了传统上认为高质量是以低成本为代价的观念。他提出高质量将给企业带来高的经济回报 质量运动在许多国家展开，包括中国、美国、欧洲等许多国家设立了国家质量管理奖，以激励企业通过质量管理提高生产力和竞争力。质量管理不仅被引入生产企业，而且被引入服务业，甚至医院、机关和学校。许多企业的高层领导开始关注质量管理。全面质量管理作为一种战略管理模式进入企业
1987 年	ISO 9000 系列国际质量管理标准问世——质量管理和质量保证对全世界 1987 年版的 ISO 9000 标准很大程度上基于 BS 5750。质量管理与质量保证开始在世界范围内对经济和贸易活动产生影响
1994 年	ISO 9000 系列标准改版——新的 ISO 9000 标准更加完善，为世界大多数国家所采用。第三方质量认证普遍开展，有力地促进了质量管理的普及和管理水平的提高 朱兰博士提出"即将到来的世纪是质量的世纪"
1990 年末期	全面质量管理成为许多"世界级"企业的成功经验证明是一种使企业获得核心竞争力的管理战略质量的概念也从狭义的符合规范发展到以"顾客满意"为目标。全面质量管理不仅提高了产品与服务的质量，而且在企业文化改造与重组的层面上，对企业产生深刻的影响，使企业获得持久的竞争能力 在围绕提高质量、降低成本、缩短开发和生产周期方面，新的管理方法层出不穷，其中包括并行工程（concurrent engineering，CE）、企业流程再造（business process reengineering，BPR）等
2000 年	ISO 9000 系列标准改版 随着知识经济的到来，知识创新与管理创新必将极大地促进质量的迅速提高——包括生产和服务的质量、工作质量、学习质量直至人们的生活质量。质量管理的理论和方法将更加丰富，并将不断突破旧的范畴而获得极大的发展

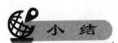

小　结

质量是产品、服务或工作的特性满足要求的程度，这里的"要求"包括三层含义：明示的、通常隐含的、必须履行的。

从质量概念引申过来，酒店质量可定义为：酒店所提供的服务产品的特性满足要求的程度。考虑到酒店质量的构成，可以将酒店质量定义为"以酒店设备、设施等有形产品为基础和依托，由酒店员工所提供的活劳动而形成的无形产品所带来的，让客人在酒店中获得物质和精神需要的满足程度"。

现代质量管理发展经历了质量检验阶段、统计质量管理阶段、全面质量管理阶段。

酒店业质量管理的研究对象包括酒店产品生产与服务提供的过程和结果，与酒店服务产品提供及管理有直接或间接关联的部门、岗位和人员，对酒店服务及管理有影响的外部环境和因素。

与工作任务相关的作业

（1）如何理解质量的含义？从质量的概念出发进行思考并回答以下问题：为什么优质服务＝标准化服务＋个性服务？为什么酒店要设立行为标准？为什么员工要做好

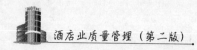

服务就应当遵守这些服务标准？为什么要提供优秀的服务仅执行这些标准是不够的？

（2）从酒店产品的特殊性出发，思考与讨论酒店开展质量管理与其他行业的企业开展质量管理的不同之处。

第二章　酒店业质量管理基础

（1）了解酒店业质量管理的管理理论基础；服务质量的五差距模型和服务质量的评价方法。

（2）熟悉酒店业质量管理的质量管理理论基础；质量管理的基本原理和基础工作；酒店业质量管理的服务质量管理理论基础。

（3）掌握顾客感知服务质量的概念。

酒店业质量管理
基础

小店生意红火的秘笈

有一家小餐馆尽管店堂狭小，但生意总是红红火火，原来店主创造了许多令人印象深刻的细节标准：服务员必须在 5 秒内对来店客人做出反应；10 秒内必须到达顾客身边。他们为了更好地服务于顾客，精心测算了顾客等饭菜的时间：8～12 秒是临界时间，也就是说，如果顾客招呼服务员，在 8 秒内得不到回应一般会烦躁。因此，他们制定了这样的服务标准。而正是这些精心设计的细节、这些标准化的服务，客人总是感觉自己得到足够的关照和重视，从而乐于前往。因此，精心设计的标准化服务是小店生意红火的秘笈。

管理学原理。

第一节　管理理论基础

酒店业质量管理理论是以管理学、质量管理和服务质量管理相关理论作为理论渊源，并结合酒店业质量管理本身的特点而产生的新的管理学分支，它延续了管理科学理论体系中的三个主要学派的思想，即科学管理理论、行为科学理论和现代管理理论。

一、科学管理理论

科学管理理论形成于 19 世纪末 20 世纪初，对酒店业质量管理的影响包括以下两点。

1. 酒店管理的最终目的

酒店业质量管理的目的在于谋求酒店服务产品的高效与优质，最终使酒店获得效益。酒店业质量管理的效益包括经济效益、社会效益和环境效益等三个不同的层面。

（1）酒店的质量管理人员在制定和实施酒店的质量管理目标时，必须立足于酒店的经济效益目标，并把整个酒店的经济效益与经营成本进行比较，低耗高效的质量管理目标才是最可取的目标。

（2）酒店的质量管理必须始终关注其社会利益。符合社会利益的酒店服务产品必须是健康积极的，符合社会主流的审美意识，能够为人们提供更多积极的精神财富，并有助于推动和形成积极健康的生活方式。

（3）环境效益也是衡量酒店业质量管理的重要指标。在酒店服务产品的管理中，降低酒店服务产品的能耗、物耗既是酒店节约经营管理成本的需要，又能使酒店降低服务产品对环境资源的占有和消耗，在功能相同的情况下减轻酒店生产对环境的压力，从而有利于实现可持续发展，实现酒店业质量管理的环境效益。

2. 标准化和制度化

通过标准化，泰勒使管理从经验走向科学。标准化是客人满意的基础，也是酒店业质量管理的基础。在制度化方面，酒店要用符合本酒店经营管理特点的制度、规范、规定和条例等来取代管理者个人的主观想象和主观经验，消除管理中的随意性和非规范性。

标准化的过程是一个不断优化的过程。酒店的质量管理应遵循优化原理，优化原理是管理科学的核心。其主导思想认为，酒店在充分利用各种有利条件来进行管理活动的过程中总是有潜力可挖掘的。因此，它提倡为了达到最佳的经济效益，酒店管理人员在决策时应综合考虑，运用技术经济的分析方法进行定性定量的分析，比较所有可行的方案，从中确定最佳的方案并付诸实施。酒店不应对现有的标准和制度因循守旧，酒店业质量管理系统的优化应该是一种动态的优化。

此外，标准化的过程也是专业化的过程。随着科学技术在酒店服务中的应用和发展，酒店业质量管理需要处理和传递的信息越来越多，酒店业质量管理技术由定性向定量转化，需要的硬件设备也越来越现代化，能源与安全系统、电脑管理系统越来越受重视，这就需要各种各样的专业人员、技术人员。因此，酒店业质量管理的运作需要酒店人员树立专业化观念，充分发挥专业人员的作用和专业特长，做到专业技术工作由技术人员去做、专项管理由专门的管理人员去做。

二、行为科学理论

行为科学理论强调，对员工，应从行为出发对其进行激励、控制和组织；对顾客，应充分把握其心理，满足其需求。行为科学理论在酒店业质量管理中的运用主要有以下几点。

（一）员工激励

工作业绩＝能力×动机激励，因此管理人员应经常地、有意识地探讨如何从员工心理出发，采取相应的措施和方法，使员工能在一定环境条件的刺激下产生积极行动的内驱力，从而实现有导向的动机激励。员工在酒店服务环境中的主动性、积极性和创造性的充分发挥是提高酒店产品服务质量的关键。因此，关心员工的需求，改善员工的生活待遇与工作条件，按劳计酬，把酒店的发展目标和员工的个人利益紧密联系在一起，让员工关心并积极参加酒店的全面质量管理，鼓励员工对酒店的质量管理提出建议和意见等都是酒店进行动机激励的行之有效的方法。

（二）行为控制

行为控制的观点认为，人的行为在发展初期是可控的，人是懂得如何约束自己行为的。人的行为控制有以下两种形式。

（1）他控。他控的基础是认同与依从。认同是出于对领导或上级的好感或信赖感而执行某个决定或按一定的规则来约束自己的行为。依从则是出于行为结果所可能导致赏罚的预料而被动地实施某种行为或约束自己的行为。它是一种被动的行为，可靠性不高。

（2）自控。从内在角度出发，自控是在思想完全相同的基础上实现把"上级对我的要求"变成"我对我自己的要求"这个心理活动的转化，有意识地进行自我指导与自我约束。这是一种较高级的、可靠性高的行为控制。

行为控制的观点强调以下几点。

（1）必须先做思想工作，惩罚是一种消极措施。

（2）既要注意从主观上对行为动机进行分析，又不能忽视客观的工作环境对人们行为的影响。

（3）行为控制是一个动态过程，要跟踪受控后的行为发展并根据反馈信息继续施加影响。

（三）组织与指挥原理

组织与指挥原理在以下几个方面对酒店业质量管理产生影响。

（1）酒店业质量管理组织建设的重要性。酒店应有一个工作效率高、适应能力强、反馈控制系统健全、有各种人员参加的管理组织结构。组织结构应是一种"树型"的层次结构，各层结构有明显的分工、明确的管理体制和岗位责任制。

（2）人才开发与培养的重要性。智力投资与人才培养事关酒店生存与发展，故酒店除提供经常性的员工文化技术培训外，也应注意管理干部、技术人员的知识更新；坚持从工作服务角度出发，综合考虑能力、性格、思想表现，用其长，避其短，不断挖掘酒店员工的潜力；提倡"先内后外"选拔管理人员，为酒店内部人才提供晋升渠道。

（3）指挥、协调的艺术。管理人员需要有较高的眼光与较强的战术观念，在酒店的质量目标、方针政策与具体措施的实施过程中善于分析问题，抓主要矛盾，进行相应的指挥与协调工作。要求管理人员严于律己、以身作则，以利于指挥和协调。要善于用人，关心员工，注意下级和普通员工的建议及意见，调动一切积极因素，以保证质量管理目标的实现。

（四）把握顾客需求

产品、服务或工作的质量与其顾客的需求直接相关。马斯洛把人的需求分为五个层次，即生理需求、安全需求、社交需求、尊重需求和自我实现需求。在酒店业质量管理中，应注意把握顾客的这五种需求层次，不同层次的需求对应着不同的质量要求（产品的质量特征），其对应关系如表 2.1 所示。

表 2.1　人的需求与酒店质量特征的对应关系

马斯洛的人的需求层次	对应的酒店质量特征
生理需求	酒店硬件，各类用品的舒适性、合用性、功能性，服务的程序化、标准化
安全需求	服务的规范性、可信性、安全性、卫生性
社交需求	酒店硬件、各类用品的舒适性、美学性、经济性，服务的灵活性和时间性
尊重需求	服务的针对性、效率性、个性和柔性
自我实现需求	知识性、参与性和体验性，服务的互动性

三、现代管理理论

第二次世界大战以后，随着社会、经济的发展，管理理论不断丰富，出现了孔茨（Koontz）描述的现代管理理论的"丛林"和"密林"时期。现代管理理论对质量管理产生重要影响的主要有以下几个方面。

（一）系统论

在酒店质量活动中应用系统论，可使酒店业质量管理中的复杂情况条理化，使酒店的质量管理活动成为有秩序的系统，从而理清质量管理中的各种联系，正确地认识和掌握整个酒店业质量管理活动的运行规律，搞好服务工作。

按照系统论的观点，酒店业质量管理就是要把酒店的内部条件与外部条件相结合、当前利益与长期利益相结合、定量分析与定性分析相结合。在系统与要素、要素与要素、系统与外界环境之间的相互联系、相互制约中考察问题、处理问题。

在运用系统论时，应注意良好的工作环境是提高员工工作效率和质量的重要前提。因此，酒店应从生理学、心理学和社会学的角度出发，全面分析工作环境（包括物理环境、化学环境、生态环境和社会环境）对员工的影响，并据此提出如何改善和创造良好的服务环境，减少员工在服务中由于不良环境而引起的烦躁情绪和疲劳，由此提高服务质量。

（二）信息论

根据信息论观点，现代酒店管理系统是一个信息流通系统。在酒店系统的运行中，除物质和客人的流动外，还有信息的传递。从某种意义上讲，现代酒店业质量管理既是对信息资源的利用，又是对酒店信息的管理。酒店质量信息是酒店服务人员和酒店管理人员进行联系和开展工作的基础。酒店管理人员所做出的各种决策是酒店信息和知识综合运用的结果。没有信息，就不可能构成完整的质量管理活动。对于酒店业质量管理而言，每个质量决策就会产生一种新的信息，表现为指令、指标、计划、规则、方案和措施。酒店质量决策的实施，实质上就是信息在酒店信息流通系统中的流动过程。

（三）控制论

酒店业质量管理中的控制就是采取某种措施，对酒店服务运作过程及其经营活动进行控制，使其按照预定的质量目标进行工作，达到预期的结果。根据管理控制的三个关键点，现代酒店业质量管理中的控制有以下三种方法。

1. 预先控制

预先控制是指防止将要投入的人力、物力、财力资源在质和量上发生偏差所采取的措施。人力资源要适应酒店组织结构中发展酒店服务计划的需要；物力资源要符合酒店服务发展的质量标准，及时供应；财力资源中要有能随时动用的足额资金。

2. 现场控制

现场控制是指服务管理者事先制定标准，现场指挥和监督被管理者工作。管理者下达的指标是否合理、明确，与整体目标是否一致等决定了现场控制能否见效。因此，管理者的水平、能力是对现场控制起决定性的因素。

3. 反馈控制

反馈控制是指管理者通过信息的反馈，检测实际活动与标准的误差，并对实际服务运作中出现的问题采取修正措施，进行调整的活动。反馈控制强调及时、迅速。它可以分为局部反馈控制和全部反馈控制二种形式。质量管理活动一旦开始，控制活动也随之开始，局部反馈控制就必须马上启动，根据反馈的信息随时检查误差，并采取纠正措施。完成任务后的分析报告，是较全面的质量反馈信息，对下一轮的质量管理活动有着重要的启示作用。

第二节　质量管理理论基础

酒店业质量管理是质量管理学与酒店管理实践的结合，在质量管理理论中，质量

管理的基本原理及质量管理的基础工作同样可运用在酒店业质量管理中。

一、质量管理的基本原理

任何管理活动都需要遵循一系列科学的原理，质量管理活动也不例外，在质量管理中必须严格遵循的三个基本原理是人本管理原理、体系管理原理和过程监控原理。

（一）人本管理原理

质量管理的人本管理原理的要求有以下几点。

1. 高质量的人才是质量管理的第一要素

做好质量工作的关键在于人。在企业中，决定质量的要素首先是企业最高管理者的质量素质；其次是各级管理人员，包括质量管理人员的质量；最后是企业全体员工的质量（技能）。他们的质量决定了企业的质量，也决定了其产品质量。

2. 确定人才的质量标准是现代质量管理的基本出发点

国家有责任建立或帮助建立职业资格认证体系，各行各业的上岗证就是对人才的质量标准要求，只有符合要求的人才能做出符合要求的工作。在企业，确定岗位的用人标准是保证工作质量的基础。

3. 质量人才的培训与教育是贯穿质量管理的重要基础工作

世界各大公司非常重视质量人才的培育。例如，IBM 的质量学院每年培养质量经理和质量管理工程师 3000 人次；日本企业推行全面质量管理，首先举办各种质量管理教育。

4. 充分激励和调动人的积极性和创造性是提高质量管理成效的关键

质量的产生依赖于人们的行为，特别是在服务行业。这是因为，有积极性的员工，才能有饱满的精神关注顾客，从而发现顾客需求并及时满足；有积极性的员工，其旺盛的精力能让顾客产生信任感，其活力能感染顾客，从而满足顾客的心理需求，提高服务附加值；员工的积极性有利于提高效率，使员工、顾客、企业三方满意。

 案例 2-1

以人为本的管理原则

著名的里兹-卡尔顿（Ritz-Carlton）酒店在管理中奉行以下原则，充分体现了其以人为本的思想。

（1）我们是为女士和先生们服务的女士和先生。从事服务工作的员工并非"低人一等"，而是与客人一样的绅士和淑女。由此极大地提高了员工的自信心，满足了员工被尊重的需要。

（2）"微笑——我们在舞台上"。员工对客人的服务就如同在舞台上表演一样，他的工作不是简单的服务工作，而是表演，是艺术，工作的价值得到极大的提升。由此，员工的目光如何与客人交流、语言如何使客人感到被欢迎、态度如何使客人觉得积极、热情，都成为员工发自内心注重和流露的东西。

（3）采用"性格-特征招聘"法。通过制定雇佣标准，里兹-卡尔顿酒店负责任地对待每一个应聘者，让合适的人到合适的岗位上，量才为用。

（4）所有员工都要通过并取得培训合格证书，以保证他们了解如何在自己的岗位上执行酒店的标准。每个里兹-卡尔顿酒店开业时，培训部经理和酒店高级管理人员组成新员工岗前教育小组，用2天的时间示范里兹-卡尔顿酒店的金牌标准和方法，并向所有新员工灌输这些价值观。3周后，新员工接受并通过岗前教育小组的检查，成为酒店的"女士"和"先生"。对员工的下一次检查由工作区域负责人和部门培训主管负责。新员工通过综合培训掌握岗位的工作程序。在培训的最后阶段，员工必须通过笔试和技能表演才能得到认证。此外，每天每个班次都召集员工开一次简短的质量班前会。通过这些形式，里兹-卡尔顿酒店切实保证了人的质量，并由此确保了服务质量。

（5）设置39项奖励表扬员工，为员工提供健康计划、员工交叉培训计划、员工退休计划。对员工的工作业绩给予及时的认可。里兹-卡尔顿酒店的员工都是奖金分享系统的成员，由此将员工奖励与顾客服务目标结合在一起，在鼓励员工实现顾客服务目标的同时，为员工提供了更多的经济上的满足感。健康计划、员工交叉培训计划、员工退休计划解除了员工的后顾之忧，是酒店对员工负责的体现。

（二）体系管理原理

质量管理的体系管理原理指的是任何一个组织，只有依据其实际环境条件和情况，策划、建立和实施质量体系，实现体系管理（系统管理）时才能达到其质量方针和质量目标。

质量管理体系（quality management system）是指与实施质量管理有关的组织结构、过程、程序和资源等方面的制度安排，是在质量方面管理组织的体系。要深刻地理解质量管理的体系管理原理，首先需要掌握系统管理原理。

1. 系统管理原理

按照辩证唯物主义的系统思想，物质世界是由无数相互联系、相互依赖、相互制约、相互作用的事物和过程形成的统一整体。系统是指由若干相互联系、相互作用的部分（要素）组成，在一定环境中具有特定功能的有机整体。可以从以下两个方面理解系统。

（1）任何系统都可以从要素和结构两个方面进行描述。结构是指要素之间的关系。不同要素组成不同的系统，即使要素相同，结构不同，系统也不同。例如，金刚石和石墨就是典型的例子。

（2）系统具备目的性、整体性、相关性和环境适应性四个特征。这四个特征也是管理的系统原理的内涵。

① 目的性。目的是指人们在行动中所要达到的结果和意愿。任何系统都是有目的的，系统的目的性原则要求人们正确地确定系统的目标，运用各种调节手段把系统导向预定的目标，达到系统整体最优的目的。

② 整体性。整体性指由于协同效应的作用，使得系统的"整体大于部分之和"，系统的整体性原则对管理工作具有以下重要指导意义。a. 依据确定的管理目标，从管理的整体出发，把管理要素组成一个有机的系统，协调并统一管理系统中诸要素的功能，使系统功能产生放大效应，发挥出管理系统的整体优化功能。b. 把不断提高管理要素的功能作为改善管理系统整体功能的基础。一般是从提高组成要素的基本素质入手，按照系统整体目标的要求，不断提高各个部门特别是关键部门或薄弱部门的功能素质，并强调局部服从整体，从而实现管理系统的最佳整体功能。c. 改善和提高管理系统的整体功能，不仅要注重发挥各个组成要素的功能，更重要的是要调整要素的组织形式，建立合理结构，促使管理系统整体功能优化。

③ 相关性。系统的相关性是指系统内各要素之间相互联系、相互作用。一种要素发生变化，与它相关联的要素也随之变化，使整体保持最佳状态。系统的相关性原则对管理工作的指导意义有以下几个方面。a. 在实际管理工作中，当我们想要改变某些不合要求的要素时，必须注意考察与之相关要素的影响，使这些相关要素得以发生相应的变化。通过各要素发展变化的同步性，可以使各要素之间相互协调与匹配，从而增强协同效应以提高管理系统的整体功能。b. 管理系统内部诸要素之间的相关性不是静态的，而是动态的。要素之间的相关作用是随时间变化的，因此必须把管理系统视为动态系统，在动态中认识和把握系统的整体性，在动态中协调要素与要素、要素与整体的关系。管理的实质就是把握管理要素在运动变化的情况下，有效地进行组织调节和控制，以实现最佳效益的过程。c. 管理系统的组成要素既包括系统层次间的纵向相关，也包括各组成要素的横向相关。协调好各要素的纵向层次相关和要素之间的横向相关，才能实现系统的整体功能最优。

④ 环境适应性。系统必须适应外部环境的变化，能够经常与外部环境保持最佳适应状态的系统才是理想的系统。系统的环境适应性原则要求我们不仅要注意系统内各要素之间相关性的调节，而且要考虑系统与环境的关系，只有系统内部关系和外部关系相互协调、统一，才能全面地发挥系统的整体功能，保证系统整体向最优化方向发展。

系统管理原理就是要求在管理中应遵循系统的特性，从系统的目的出发，以整体最优为原则，充分考虑各组成部分之间的联系，在变化中、在与环境的适应中思考问题、解决问题。

2. 现代质量管理是系统的管理

现代质量管理已经不仅仅将着眼点放在最终产品和服务的质量上，而是更强调生产产品和服务的体系的质量，即通过质量体系的完善产生优质的产品和服务。无论哪个质量体系都具有系统所应具备的以下四个特征。

（1）目的性。质量体系的目的就是追求稳定的高质量，使产品或服务满足规定的要求或潜在的需要，使广大用户、消费者和顾客满意。同时，使本企业获得良好经济效益。为此，企业必须建立质量体系，对影响产品或服务质量的技术、管理和人等质量体系要素进行控制。

（2）整体性。质量体系是由若干个可以相互区别的要素（或子系统）组成的一个不可分割的整体系统。质量体系的要素主要是人、设备、原材料及外部环境等。

（3）相关性。质量体系各要素之间是相互联系和相互作用的，某一要素发生变化，势必使其他要素也要进行相应的改变和调整。例如，更新了设备，操作人员就要更新知识，操作方法和程序等也要进行相应调整等。因此，企业不能静止地、孤立地看待质量体系中的任何一个要素，而要依据相关性，协调好它们之间的关系，从而发挥系统整体效能。

（4）环境适应性。任何一个质量体系都存在于一定的环境条件之中。质量体系必须与外部经济和技术发展相适应，必须符合国家和行业相关法律法规的要求。企业应保持其外部环境的敏感性，及时根据环境变化对质量体系做出调整。

（三）过程监控原理

国际标准化组织中将产品（服务、软件、硬件、流程性材料——润滑油）定义为过程的结果。过程是指一组将输入转化为输出的相互关联或相互作用的活动。简单地讲，过程就是为达成目的而进行的一系列的活动。

所有工作都可以看作通过一定过程完成的，质量管理要通过对过程的监控来实现。组织要做好质量管理工作就必须对生产或服务的每个过程进行质量管理，并做好这些过程中的接口工作，才能创造、改进和提供持续稳定的质量。这就是质量管理的过程监控原理。

 案例 2-2

投诉发生以后

一家酒店曾经发生过这样一件事情：有一位客人投诉客房服务员不给他提供开夜床服务。对此问题，客房部经理和主管质量工作的副总给予了不同的处理。客房部经理的处理方式：经查实，确有此事，按照酒店规定，扣罚当班服务员当月全部奖金，并将此结果告知宾客。而副总想：为什么服务员不为这位客人做夜床？导致投诉发生的原因只有这一个吗？管理上存在漏洞吗？于是他仔细调查了发生问题的经过：投诉客人隔壁的另一位客人要求不开夜床，服务员专门在服务日志上做了记号，但次日转抄时不经意以省略形式把记号延长到投诉客人的房间号，第三天换班服务员误以为 2 位客人都要求不开夜床，即停止了这项服务，从而导致客人的投诉。对此，副总认为客房部管理存在问题，他做出如下处理：当班服务员责任占 20%，处罚当月奖金的 30%；基层管理者责任占 20%，处罚当月奖金的 1/3；部门管理者责任占 60%，处罚当月奖金的 1/2。

此外，副总还深刻地认识到此事所暴露的以下管理问题。

① 服务程序上有漏洞。服务表格必须逐项正规填写，不得以省略号形式代替。

② 基层管理者的职责不清：当班管理者忽略服务日志的重要性，在日常工作中没有加以指导、提醒与检查，未能尽责。

③ 部门管理者的责任：部门只满足于就事论事，缺乏危机意识，没有认真分析导致客人投诉发生的真正原因。

由此，副总提出了以下改进措施。

① 用解释性的文字制定科学合理的服务日志规范制度。

② 客房部完善交接班程序，弥补细微环节的管理漏洞。

③ 加强客房部新员工的培训工作。

④ 培训部以此整理为培训案例，运用于教学中，防微杜渐。

⑤ 酒店中层应进行管理培训，更新管理观念，正确认识管理与服务的关系。

由于副总深入事件发生的过程，找到了导致事件发生的根源，可以有效地避免问题的再次发生；而客房部采取的"只问结果不管过程"的方法在质量管理中并不可取。

二、酒店业质量管理的基础工作

（一）标准化工作

标准化工作主要是指制定标准、实施标准及对标准的实施进行的监督检查工作。标准化是质量管理最重要的基础性工作，是质量管理的基础和前提，贯穿于质量管理过程的始终。

ISO 9000 质量管理认证体系族标准中对于标准的定义："标准是由一个公认的机构制定和批准的文件，它对活动或活动的结果规定了规则、准则或特性值，供共同和反复使用，以实现在预定领域内最佳秩序和效益。"著名旅游经济学家魏小安给予标准的定义可以帮助我们更直接地了解标准，他认为，标准是：

① 对重复性事物和概念所做的统一规定。

② 以科学技术实践经验的综合成果为基础。

③ 经过有关方面协商一致。

④ 由主管部门批准，以特定的形式发布，作为共同遵守的准则和依据。

根据标准的定义，在标准的制定和执行中应注意以下几个方面。

① 权威性：标准要由企业权威机关发布和监督执行。

② 科学性：制定标准要有科学依据。

③ 群众性：标准要取得群众的理解，推行标准要依靠群众。

④ 连贯性：一方面，企业中各部门的标准应协调一致；另一方面，应使标准具有一定稳定性，不能朝令夕改。

⑤ 明确性：标准应内容明确、要求具体，不能含糊其辞。

对于酒店来说，从酒店服务产品的设计开发到各类物品的采购，从服务过程到服务结果，从酒店产品的销售到整个酒店的管理都需要有标准。酒店的优质服务等于标准化服务和个性化服务，因此酒店行业是标准化要求极高的行业，酒店的良好运行需要建立一个完整的标准化体系。

由此，标准化管理是酒店管理的重要工作内容。酒店各级主管在标准管理中应做到以下几点。

（1）建立内容清晰、明确、科学的标准。建立内容清晰、明确、科学的标准是标准化管理的核心工作。清晰、明确的标准既有利于员工掌握，又便于管理人员的督促检查。标准的科学性有以下两个含义。

① 标准本身是可行的，标准的制定要经过科学的测定。例如，客房服务员每天的房间定额是经过科学的测试得出的，要保证大多数服务人员只要努力就一定能够完成。

② 应保证服务人员按照标准行事就能达到工作本身的目的。标准的本身是对有效的工作方法的固定化，对于设定的服务操作流程标准，管理人员应确保这样的流程本身没有纰漏，按此操作就能顺利地完成工作。

（2）对标准应进行解释和宣传，并检查服务人员是否准确理解了标准。

（3）维护标准的权威性。要维护标准的权威，管理者首先要以身作则，要求员工做到的，管理人员一定要做到；其次，既然制定了标准，就要依据标准对员工进行考核，奖优罚劣，鼓励先进，鞭策后进。

（二）质量责任制

质量责任制要求将质量责任分解落实到每个人，明确规定每一个人在质量工作中的具体任务、职责和权限，以便做到质量工作事事有人管，人人有专责，办事有标准，工作有检查、考核。要把与质量有关的各项工作和广大职工的积极性结合起来、组织起来，形成一个严密的质量体系。因为质量工作关系到企业的各个部门、各个岗位和每个人，若没有明确的责任制度，职责不清，不仅不能保持正常的生产秩序，而且会出现无人负责质量的现象。因此，要搞好质量，就要有一个明确的职责和权限，建立一套相适应的质量责任制度，并与经济责任制紧密结合起来，使每个职工都明确自己该做什么，怎么做，负什么责任，做好的标准是什么。做到人人心中有数，为保证和提高产品质量（或服务质量）提供基本的保证。

建立质量责任制的意义在于以下几个方面。

（1）明确质量责任制有利于员工清楚地了解自己的工作责任和标准。

（2）形成责任体系，避免出现质量管理的"真空地带"。

（3）有利于考核和奖惩工作。

（4）便于明确质量责任，有利于开展纠正措施和预防措施，改进质量管理体系。

（三）质量信息工作

质量信息是指能够反映产品和服务质量及工作质量的各项记录，从最初的产品设计、销售到售后服务的全过程中能说明质量问题的所有信息。它是改进服务质量、改善各环节工作质量最直接的原始资源和信息来源。

酒店应做好质量信息的收集、整理、分类和分析反馈工作，使质量信息工作在质量管理中发挥其应有的作用。首先，应建立企业的信息管理系统，质量信息要实行分级管理，而且由专人负责，特别要抓好最基层的信息收集、管理工作，认真做好原始记录并及时上报；建立质量档案，质量信息的收集应做到及时、准确、全面和系统。酒店的质量信息包括酒店质量方针、质量目标、投诉记录、顾客意见、质检记录、查班/查房记录、巡楼记录、安全检查记录、交接班记录；质量责任书；国家及行业的质量要求等。其次，要有一定的考核制度，才能保证质量信息管理系统的正常运行。

 案例 2-3

订票存根联的重要性

16:00，大堂副理小周处理完一件投诉回到大堂，总台工作人员告诉她，大堂吧里有一位姓郭的客人一直在等她，说是一定要见大堂副理。小周立即迎了上去。郭先生非常生气地对她说：他前天入住时在商务中心订了三张今天 15:26 回上海的火车票。酒店昨日把票交给他，他未查验。直到今天下午去火车站时，他才发现酒店给他订的是昨天 15:26 的票。他要求酒店赔偿损失。

由于酒店本身并无票务人员，均是委托旅行社票务中心代订，如果确定是旅行社出现的差错，那么该损失就得由他们承担。小周请郭先生在大堂吧休息片刻，她马上着手调查此事。她找到商务中心的小郑，恰好前天当班的也是小郑。她记得当天订票的情景，然而究竟订的是哪天的票，她记不太清楚。小周要求小郑立即将订票的存根联找出来，一查就会明白。小郑却说找不到了。

在这个案例中，订票存根联是一种重要的质量信息记录单，酒店遗失了作为重要凭据的订票存根联，既无法给客人以合理的解释，也无法进一步向票务中心索赔，使得下一步工作失去依据。

（四）计量工作

计量是测量和保证量值统一、准确的技术工作。计量工作是保持社会稳定、经济生活有序进行的基础性工作。酒店计量工作是酒店业质量管理的基础性工作。酒店计量工作的主要要求：完善各类计量设备，认真执行相关国家标准，保证服务质量。

此外，"要节能，先计量"，计量也是能源管理的依据。酒店是重点能耗单位，认真贯彻《用能单位能源计量器具配备和管理通则》（GB 17167—2006），加强计量工作，能有效地帮助企业节能减排。

例如，北京九华山庄由于做好了计量工作，因此取得了很好的节能效果。有一次，节能员在将抄表数及当日的接待人数、气温等数据输入计算机后，发现当日接待人数与当日用水量出入较大，怀疑管网有漏水的地方。于是当天夜间做了测试，结果发现有一处管网断裂。及时的计量统计分析工作使问题得到了及时的解决，而在没有开展这样的准确计量与分析之前，一般是自来水公司每个月查管的时候酒店才知道可能有管网漏水。

再如，广州市质量技术监督局在花园酒店积极推进宾馆酒店等服务行业的节能降耗工作，探索出节能降耗的新路子。在试点过程中，广州市质量技术监督局重点抓好以下四项工作。一是宣传贯彻《用能单位能源计量器具配备与管理通则》，督促酒店严格按照标准的要求自纠自查，完善能源计量软件、硬件的管理。二是建立酒店能源计量档案，随时掌握酒店能源计量器具的情况，实现动态监管。三是做好监督检查，对酒店的能源计量工作从管理制度到器具配备进行系统的检查，并针对存在的不足，引导酒店完善能源管理制度，配备能源计量器具，加强能源计量管理，完善数据采集及分析报告制度，实现水、电、油、汽分级计量管理。四是对能耗大的设备开展能源平衡测试，并针对测试中发现的问题，指导酒店对中央空调和锅炉等设备采取多项技改措施，提高资源利用率。花园酒店通过对蒸汽管道的改造，每天节约锅炉燃料油 1 吨多；通过对中央空调凉水塔进行技术改造，实现飞水量减少 55%、用水重复利用率达到 97.86%、工艺水回用率达到 98.2%，因而获得了广州市"节水型企业"称号。

案例 2-4

酒店产品的计量标准

2004 年 7 月 1 日，《山东省计量条例》正式施行，为配合条例的实施，烟台市质量技术监督局对全市范围内的酒店、商店、集贸市场等经营场所进行了一次专项突击排查。在白石路仁和兴烧烤店，执法人员点了三杯散啤酒，按标准每杯容量应为 500 毫升，可检查人员对其称量后发现，每杯的实际容量不足 400 毫升，短量超过 1/5。在前进路登喜楼酒店，执法人员发现，所有的啤酒杯都未经法定机构检验，甚至没有基本的容量标志线，消费者根本看不出是否足量。检查中发现，所有酒店使用的秤都没有经过计量部门检定，称量精确度难以保证。在建设路某酒店，点菜间里的秤使用前根本没有归零，精确度远远达不到国家标准。

执法人员发现，大多数酒店仍使用斤、两等不规范的计量单位，给换算带来困难，在个别酒店，鱼仍按条卖，果汁按杯卖，火锅使用的肉片按盘卖，很多酒店点菜间里根本就没有称量器具。在环山路某酒店，一条实重 1456 克的草鱼，服务员称出近 1800 克，经经细检查发现，他们将托盘的重量加了进去。

杭州市质量技术监督局于 2004 年 3 月对 10 余家宾馆酒店的电话计时计费装置进行了检测和查验。从检查的结果来看，各宾馆酒店的电话计时计费装置在计量和计费方面都不同程度地存在着以下问题。

（1）电话计时计费装置未经强制检定。1999 年 1 月 20 日，国家质量技术监督局发布了《关于调整〈中华人民共和国强制检定的工作计量器具目录〉的通知》（质量技术监督局政发〔1999〕15 号文，以下简称《通知》）。《通知》明确规定：用于贸易结算的电话计时计费装置纳入《中华人民共和国强制检定的工作计量器具目录》，并依据《中华人民共和国强制检定的工作计量器具检定管理办法》（以下简称《计量法》）实施管理。但本次检查所涉及的宾馆酒店都没有执行《计量法》及《通知》的有关规定，未向当地质量技术监督部门办理申请电话计时计费装置强制检定，也未能对计时计费的准确性和正确性进行有效的控制，将收费的标准和依据明示给消费者。

（2）电话计时计费装置计时误差超标。中华人民共和国通信行业标准 YP/T 1176—

2002《公用电信网计费的基本技术要求》规定："对于国内长途电话计费是从发端局收到被叫的应答信号以后开始计费。"但部分宾馆、酒店至今仍在使用不符合国家规范的延时启动方式的计时计费系统，导致通话延时计量。同时，按照 JJG（浙）62—2003《电话计时计费装置检定规程》要求，宾馆、酒店使用的电话计时计费装置计时误差为±1 秒。通过检查，发现有的宾馆、酒店电话计时计费装置所有检测结果均有+2 秒误差，有的虽在检定规程允许误差之内，但处于临界点（设置 6 秒，显示 7 秒），且全为正误差。

（3）电话计时计费装置电话费率设置不正确。按浙价服〔2001〕93 号文规定宾馆、酒店客房电话本地网通话话费为 0.45 元/分钟，但有的酒店设置为 0.50 元/分钟，直接侵害了消费者的利益。

相对工业企业，酒店的计量工作远未引起人们的重视，然而从上述案例资料中可以看出，目前酒店行业在计量工作方面存在的质量问题不容乐观。

（五）教育培训

日本著名的质量管理专家石川馨说："品质，始于教育，终于教育。"酒店要保证质量必须加强教育培训。对企业来说，员工能做好工作需要具备三个条件：有意愿做好，有能力做好，有条件做好。因此，质量教育培训至少应包括以下两个方面的内容。

（1）质量意识：不断增强员工的质量意识，使员工牢固地树立质量第一的思想，认识到自己在提高质量中承担的责任，自觉地提高服务水平、工作质量，并不断提高自身素质。

（2）质量管理基本知识和职业技能：必要的知识和技能是员工做好工作的必备条件。

 案例 2-5

砸出来的海尔品质

1986 年，海尔投产的 1000 台电冰箱被检查出有 76 台不合格。面对这些不合格品，许多人提出"便宜一点卖给职工"。但张瑞敏总裁意识到，企业提出的质量理念，大部分员工还没有树立起来，而理念问题无法得到解决，只靠事后检验，是不可能提高质量的。于是，张瑞敏总裁带头把有缺陷的 76 台电冰箱砸碎。张瑞敏正是因为认识到只有具有良好质量意识的人才能生产出高质量的产品，才通过砸冰箱事件，给海尔的员工上了深刻的一课。这也砸出了海尔的质量文化。

第三节　服务质量管理理论基础

酒店业是以服务为核心的行业，服务贯穿于酒店产品生产、销售和顾客消费的全过程。对现代酒店质量的研究，离不开服务质量这一重要课题。服务质量研究的相关理论同样构成酒店服务质量管理的理论基础。

一、顾客感知服务质量概念

质量概念最初形成于有形产品。1982 年，格罗鲁斯首次从顾客感知角度提出顾客感知服务质量概念，她认为，服务质量是一个主观的范畴，取决于顾客对服务质量的预期同实际感知的服务水平的对比。如果顾客对服务的感知水平符合或高于其预期水平，则顾客会获得较高的满意度，从而认为企业具有较高的服务质量；反之，则会认为企业的服务质量较低。

格罗鲁斯用顾客感知服务质量模型阐述服务质量的内涵，如图 2.1 所示。该模型揭示了以下两点。

（1）服务质量的评判标准具有很强的主观性。服务质量是消费者的感知，因此，在一定的环境和道德前提下，消费者会根据自身的需要和期望对服务质量进行评判。消费者对服务质量的评判受自身知识、消费经历、兴趣爱好、消费环境的影响，具有很强的主观性。

（2）服务质量具有关联性和过程性。服务是一系列的活动或过程，服务质量是服务过程质量的综合，因而具有关联性和过程性。服务提供需要服务企业各部门及各环节的相互配合和协调，某部门或环节的差错都可能影响所提供服务的质量。因此，服务质量控制必须重视服务过程的控制，特别是服务过程中的关键环节、关键服务点和关键岗位的控制。

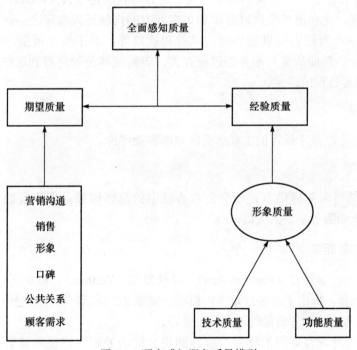

图 2.1　顾客感知服务质量模型

在该模型中有以下几个质量。

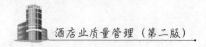

1. 期望质量

期望质量就是顾客在头脑中所想象的或期待的服务质量水平，是一系列因素综合作用的结果，包括以下几个方面。

（1）营销宣传，如广告、邮寄、公共关系、推销等。如果服务企业在广告、促销等市场沟通中的宣传过于夸大，消费者的预期服务质量就会偏高，将导致与感知服务质量差距拉大，使最终的评价降低。

（2）顾客以往接受的相同或类似服务的经历将作为质量标杆，对顾客的期望产生影响。

（3）提供服务的企业形象越好，顾客对其服务的期望值就越高。

（4）其他顾客接受类似服务后所做的评价会影响某个顾客的服务评价。

（5）顾客对服务的需求越强烈紧迫，对服务质量的期望值就越低。

2. 经验质量

经验质量是指顾客在接受服务的过程中，通过对服务的技术质量和功能质量的体验和评价而得到的印象。

3. 技术质量

技术质量是指服务消费结果的质量，表示顾客得到的是什么（what）。技术质量与服务的产出有关，是在服务生产过程中和买卖双方的接触过程结束之后顾客所得到的客观结果，如酒店为顾客提供的房间、菜肴和饮料等。对于技术质量，顾客容易感知，也便于评价。功能质量与服务的过程有关，表明顾客是如何得到这些服务结果的（how），是指服务过程的感受。

4. 功能质量

功能质量完全取决于顾客的主观感受，难以客观评价。

5. 形象质量

形象质量是指服务提供方在社会公众心目中的总体印象，影响着服务接触的过程，也是决定感知服务质量的关键。

二、服务质量的差距模型

1985 年，帕拉索拉曼（Parasuraman）、泽丝曼尔（Zeithaml）和贝里（Berry）（以下简称 PZB 组合）提出了服务质量差距模型，如图 2.2 所示，在该模型中，PZB 组合提出了影响顾客感知服务质量的以下五种差距。

（1）管理者对顾客期望的感知与顾客期望之间的差距。它能衡量管理者是否真正了解顾客的需求和期望。成功的服务开始于管理者对顾客期望的正确评价，如果他们对顾客的期望不了解就可能引发一系列的不良决策，导致顾客感知服务质量的降低。

（2）管理者对顾客期望的感知与酒店服务质量标准之间的差距。即使管理者对顾客的期望有很准确的感知，他们仍然面临着将这些信息转化为服务标准的挑战。

（3）服务质量标准与服务提供过程的差距。此差距大多由于一线员工的服务意愿和服务能力不足造成。作为劳动力密集型行业，该差距是酒店业普遍存在的。

（4）服务提供与外部市场沟通之间的差距。该差距的产生往往是由于酒店在进行广告宣传、市场促销时过分承诺导致的。当实际提供的服务低于顾客根据这些承诺产生的期望时，顾客便会产生失望情绪。

（5）顾客对服务质量的感知与期望之间的差距。此差距直接决定着顾客对酒店服务质量的评价，是五个差距模型中最重要的差距。前述四个差距是导致该差距（5）产生的主要原因，因此，企业必须首先改善和消除前四个差距才能达到管理该差距的目的。对该差距的研究是酒店服务质量研究的一个热点问题，对它的分析是监测酒店服务质量的重要工具。

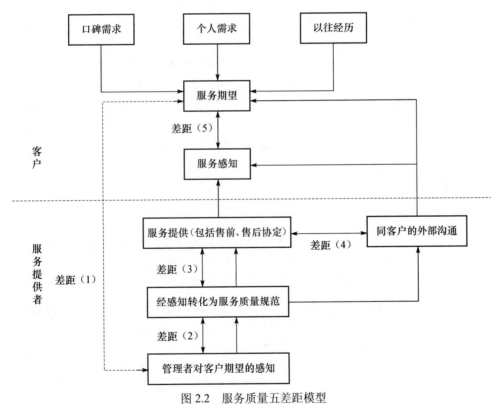

图 2.2　服务质量五差距模型

三、服务质量的评价方法

PZB 组合于 1988 年提出 SERVQUAL 评价方法，该评价方法以服务质量的五要素，即有形性、可靠性、响应性、保证性、移情性为基础，设计了包括 22 个问项的调查表，被称为 SERVQUAL 评价方法。该调查表详见本章的知识链接。

SERVQUAL 对顾客感知服务质量的评价以顾客的主观意识为衡量的重点，首先衡量顾客对服务的期望（expectation），其次度量顾客对服务的感知（perception），由此计算出两者之间的差异，并将其作为判断服务质量水平的依据。

自 SERVQUAL 推出以来，已广泛地运用于服务行业的质量评价并且被实践证明该方法具有较好的信度和效度。在实际运用中，各行业结合自身特点，对调查表中的问项进行取舍和补充。有人较早地将 SERVQUAL 应用于酒店业。此后，利用 SERVUQAL 对酒店服务质量的研究逐渐增多，其中大部分研究都对 SERVQUAL 量表进行了适当的修订，修订的内容主要集中在量表问项上。例如，一些学者在对酒店服务质量的研究过程中使用了从 18～39 个不等的问项。

 知识链接

SERVQUAL 调查问卷的期望值质量调查问卷部分

说明：这份调查问卷的目的是收集您对_____公司服务工作的意见。请对_____公司是否应当拥有下列条款中所描述的特征来表达您的意见，即在多大程度上支持这项条款。在每个条款后我们设计了从 1～7 这几个分数，供您选择其一。如果非常赞同_____公司应当拥有这项特征，您就选择7；如果非常反对_____公司应当拥有这项特征，您就选择 1。如果您的期望在这两者之间，您可以根据支持程度选择其中的某个数字。答案没有正确和错误之分，我们所关心的是，最能表达您对_____公司的_____工作的期望值。

E1 他们应当装有现代化的设备。

E2 他们的物质设施从感官上应当相当吸引人。

E3 雇员的打扮应当漂亮、整洁。

E4 这些公司的物质设施从外观上应当与它所提供的服务和谐、一致。

E5 这些公司许诺在某一时间做某事时，他们应当信守诺言。

E6 当顾客有困难和问题时，公司应当给予同情和关怀，使其消除疑虑并放心。

E7 这些公司应当是可靠的。

E8 他们应当按照所承诺的时间提供服务。

E9 他们应当精确地履行他们的最好成绩。

E10 顾客不希望被告知接受服务的精确时间（－）。

E11 顾客期望公司的雇员给予及时的服务是不现实的（－）。

E12 公司的雇员并不应当总是乐于帮助顾客的（－）。

E13 如果他们太忙，不能及时满足顾客的要求也没关系（－）。

E14 顾客应当能够信任这些公司的雇员。

E15 顾客在公司的雇员的交往接触中应当能够感到安全。

E16 他们的雇员应当是有礼貌的。

E17 公司的雇员应当从他们的公司得到适当的帮助，以做好他们的本职工作。

E18 顾客不应当期望公司给予他们个人的关注（－）。

E19 顾客不能够期望这些公司的雇员给予他们个人的关注（-）。

E20 希望雇员知道他们的顾客需要什么，是不现实的（-）。

E21 希望公司真心地从他们顾客的最大利益出发，是不现实的（-）。

E22 不应当期望公司的营业时间为所有顾客提供方便（-）。

SERVQUAL 调查问卷的感知质量调查问卷部分

说明：下面一套问卷是对_____公司感知的调查。对于每一项条款，请表达_____公司具备条款中所描述的特征的程度。与上一套文件相同，如果非常赞同_____公司已具备这项特征，请选择 7；如果非常反对_____公司已具备这项特征，请选择 1。您还可以选择中间的某个数字来表达您对_____公司的_____服务工作的感知的数值。

P1 他们装有现代化的设备。

P2 他们的物质设施从感官上相当吸引人。

P3 雇员的打扮漂亮、整洁。

P4 这些公司的物质设施从外观上与它所提供的服务和谐、一致。

P5 当某公司许诺在某一时间做某事后，确实这样做了。

P6 当您有困难和问题时，公司给予了同情和关怀，使您消除了疑虑。

P7 某公司是可靠的。

P8 某公司按照所承诺的时间提供了服务。

P9 某公司精确地保持了他们的记录。

P10 某公司没有告诉顾客提供服务的精确时间（-）。

P11 您没有得到某公司雇员及时的服务（-）。

P12 某公司的雇员不能总是乐于帮助顾客的（-）。

P13 某公司雇员太忙，不能及时满足顾客的要求（-）。

P14 您可以信任某公司的雇员。

P15 您在与某公司的雇员的交往接触中感到安全。

P16 某公司的雇员是有礼貌的。

P17 某公司的雇员从他们的公司得到适当的帮助，以做好他们的本职工作。

P18 某公司没有给予您单独的关注（-）。

P19 某公司的雇员没有给予您个人的关注（-）。

P20 某公司雇员知道您需要什么（-）。

P21 某公司没有真心地从您的利益出发（-）。

P22 某公司没有为所有的顾客提供最方便的营业时间（-）。

注：文中（-）号表明该项记负分。

 小 结

酒店业质量管理的三大基础理论包括管理理论、质量管理理论、服务质量管理

理论。

在酒店业质量管理中必须遵循的三个基本原理是人本管理原理、体系管理原理和过程监控原理；酒店业质量管理的基础工作包括标准化工作、质量责任制、质量信息工作、计量工作、教育培训。其中标准化工作是最基础的工作。

顾客感知服务质量取决于顾客对服务质量的预期同实际感知的服务水平的对比。PZB 组合提出五差距模型并开发出 SERVQUAL 对服务质量进行测评。

 **与工作任务相关的作业**

（1）有人说："管理就应当'只要结果，不管过程'。"结合质量管理的过程管理原理谈谈对这句话的认识。

（2）管理人员应如何进行标准管理？

（3）服务质量的五差距模型对于酒店业质量管理的启示是什么？

（4）分析下列案例中：

① 发生问题的原因有哪些？

② 质检员是否应该向领导汇报此事，如果汇报，她应该怎样汇报？

"聪明"的客人

7:30，某酒店的质检员来到总台看到一位常客在向总台询问有无早餐券。由于客人与总台人员较为熟悉，总台人员便微笑着说："您如果想吃早餐，就付足房费，不然您得签单，因为我们给您的房费已是最优惠的。"然而客人坚持说要二张餐券，最后，总台接待给了客人两张早餐券。

临近 8:00，质检员来到餐厅，刚好碰到餐饮部服务员小王送餐后回到餐厅，小王对领班说："客人说送的早餐不够吃，让再加一份牛奶、煎蛋，客人房间内有三个人。"领班说："二个人的餐标，三个人吃，还让送到房间里，客人太聪明了，不给送，如果再要让他们签单。"

听到这里，质检员感觉很可能是刚才在总台要餐券的那位客人说早餐不够吃，便说："这样吧，把餐券给我，我到总台问一下，如果客人是常客，且有消费潜力，就再送一份，如果没有特殊情况，就让他们签单，你们先不要急于送餐。"领班点头表示同意。

质检员拿着早餐券来到总台，总台接待说："这个房间的确是我们的常住客人，但他们十分挑剔，付的房费很低，不含免费早餐。"质检员说："你看这两张餐券。"

接待接过餐券并查看发放记录后说："这二张餐券没有发放记录，很可能是夜班人员私自给客人的。"听到这里，质检员便把客人要餐券的经过、餐厅送餐的经过告知了接待员，接待员说要与客人协调一下，便接通了客人房间的电话："先生，打扰了，餐厅已给你们送了二份早餐，如果您需要再加一份，是要付费的。"客人说："我们有二张餐券，已给餐厅了，他们送的太少了，不够吃。"接待员说："你们有二张餐券，服务员只能按标准送二份早餐，要再加一份是要付费的，如果你们需要就给餐厅打电话，他们会及时送到房间。"客人说："那好吧。"

　　质检员返回餐厅，打算将这件事的处理办法告诉餐厅领班，然而领班说第三份早餐已送到客人房间里了。经过协商，他们决定在收餐具时带着账单让客人签认，然而客人拒绝付费。

第三章 酒店业质量管理体系

（1）掌握酒店业质量管理体系的内涵。

（2）深刻理解建立酒店业质量管理体系的重要意义，以及酒店业质量管理工作与酒店各项管理工作的联系。

（3）了解酒店业质量管理体系建立的步骤；了解全面质量管理、质量管理小组的概念。

（4）熟悉全面质量管理的基本特点、PDCA 和质量管理小组方法。

酒店业质量管理体系

应对酒店层出不穷的质量问题的方法

小王是酒店的质检员，在工作中他发现酒店出现的质量问题很多：服务人员态度不好问题，工作程序烦琐、服务效率低下引起客人不满问题，服务人员操作不当致使投诉问题，酒店安全隐患带来的失盗、人身安全、灾害问题，小件盥洗用品不合格，餐饮部食品卫生不合格，棉织品洗涤方式不当造成难闻异味问题，床单污点清洗不彻底问题，超过使用期限不及时更换问题，卫生消毒不彻底造成病菌感染问题，甚至酒店主体建筑不合格，未通过建筑质量验收问题，无照经营问题……

酒店可能出现的问题如此多，究竟应当采取什么措施可以使得酒店应对、防范可能出现的所有问题呢？小王希望找到答案。

有一天他在网上看到一篇文章《酒店管理体会 100 条》，这篇文章提出的许多具体的措施为酒店的质量管理指出了方向，小王从未见过这么多具体的管理措施，不禁暗自高兴。然而高兴之余，小王发现了新的问题：即便是做到这 100 条就能够很全面地保证酒店质量，也很难在实际工作中对照操作执行——谁能将 100 条要求铭记于心呢？

是否有更好的方法呢？小王困惑了。

管理的系统方法。

第一节 酒店业质量管理体系概述

一位从事酒店管理工作的总经理曾经这样说到："酒店的良好运行必须建立两个系

统，即服务系统和质量管理系统。"这句话是对案例导入中小王所困惑的问题的最好的回答：要防范层出不穷的质量问题，需要建立并完善酒店的质量管理体系。

一、酒店业质量管理体系的内涵

质量管理的体系管理原理要求任何一个组织，只有依据其实际环境条件和情况，策划、建立和实施质量体系，实现系统管理时，才能达到其质量方针和质量目标。酒店业质量管理体系是指与实施酒店质量管理有关的组织结构、过程、程序和资源等方面的制度安排，是酒店为了实施持续有效的质量控制，达到酒店业的质量要求、宾客较高的满意程度所建立的内部质量管理体系。

二、建立酒店业质量管理体系的意义

从开篇的案例导入中可以看出，在酒店的经营过程中，可能出现质量问题的环节是非常多的，如果没有一个系统思考、系统管理的方法，是无法获得良好的质量管理结果的，并且质量问题往往出现在系统上。质量管理大师戴明明确指出：85%的质量问题和浪费现象是由于体系的原因，15%的是由于岗位的原因，因此企业要有一个识别体系和非体系原因的措施。朱兰则指出：企业内部存在的许多问题都是源于产品和生产过程设计不良的结果，从某种意义上讲，企业的许多问题都是它的管理部门设计出来的。这里的设计，包括对产品和服务、生产和服务方式、流程及管理制度等的设计，也就是质量管理体系的设计。

或者说也可以从这样一个角度来理解质量管理体系，其好比质量管理的"骨架"，这一骨架帮助企业理清所有与质量相关的工作、所有可能因为工作失误出现质量问题的环节，保障企业在酒店业质量管理中：①目标明确、思路清晰，提纲挈领；②对质量问题的防范和纠正做到全面、完善、无遗漏，为持续改进做出体系上的保障；③事事有人做，人人有责任。

特别要指出的是，许多书籍中一谈到质量管理体系就是 ISO 9001 质量管理认证体系的认证。诚然，ISO 9000 质量管理认证体系族标准是世界公认的、建立质量管理体系的较为完善的标准。然而，ISO 9000 质量管理认证体系族标准并不适用于所有企业，也有不少优秀的企业不进行 ISO 9001 质量管理认证体系的认证，但这并不说明它们在质量管理过程中没有进行系统的规划，建立起适合于它们自己的质量管理体系。恰恰相反，优秀的企业往往都会在质量管理中运用系统管理的方法，建立适合自己的质量管理体系。而这里谈的酒店业质量管理体系是酒店依据系统管理的原理，对酒店质量管理的方方面面进行详细规划的结果，并不特指 ISO 9001 质量认证体系的认证。

三、酒店业质量管理体系的特性

1. 全面性

酒店业质量管理体系应涵盖保障酒店质量的所有内容。一切与质量相关的需要酒店解决的问题都要在质量管理体系的框架下有所反映，而质量管理体系也是酒店有效开展质量管理的核心。

2. 适用性

酒店业应建立与自身情况相适宜的质量管理体系。在 ISO 9001 质量管理认证体系的认证中，认证人员往往会告诫企业：该做到的要说到（写到），说到（写到）一定做到，做到一定有记录。除了遵循质量方针、完成质量目标所必须做到的事情外，做不到的事情就不如不说。这实际上就是告知企业：质量管理体系的建立要符合企业现实。因为不同的企业在其自身发展的不同阶段，其追求的质量目标都可能不同，所以质量管理体系应涵盖保障酒店质量的所有内容，但不一定没有重点地面面俱到。只有这样才能保证质量管理体系的可操作性。

3. 相容性

质量管理体系的相容性是指酒店业质量管理体系要与其他管理体系相容。这种相容性体现在以下两个方面。一是各体系之间的要求不矛盾。例如，一些酒店往往既要通过星级评定，又要通过 ISO 9001 质量管理认证体系的认证，还有些酒店要申请 ISO 14001 环境管理认证体系的认证，所有这些管理体系都对酒店各方面的服务和管理工作提出了要求。酒店在设计这些体系、提出这些要求时要注意不能给酒店的实际操作带来矛盾和困惑，体系之间的要求要一致，接口要衔接好。二是各体系之间的要求反映到作业层面时，不应该增加工作人员的负担。例如，日常的工作记录是各种管理体系审核时的依据，例如，酒店的大堂副理日志、消防巡检记录等既是星级评定时要求提供的资料，也是 ISO 9001 质量管理认证体系的认证要求提供的资料，此时酒店就应当将两套表格合二为一，确保员工不需要记录两次，这也是相容性的一个重要体现。

4. 经济性

优质服务是酒店追求的目标，但质量并不是越完美越好，因为酒店为质量所支付的成本最终还是由顾客来承担的，因此酒店应合理地为最能够增加顾客满意的地方支付成本。这就要求在设计质量体系时不能求全求完美，而应该结合酒店实际，在满足顾客需要的同时，不增加或少增加顾客的成本，追求顾客价值最大化。

四、酒店建立质量管理体系的步骤

（一）确定顾客和其他相关方的需求和期望

确定顾客的需求和期望是酒店业质量管理的基础与前提。发现这些需求和期望的途径主要有顾客主动向酒店提供的意见、顾客的投诉、一线员工的发现等。

为此，首先，酒店应建立健全顾客投诉和建议制度，设计快捷方便的投诉和建议程序。顾客的意见和建议往往是企业产品改进和新产品开发创意的主要来源。美国的一项调查表明，成功的技术革新和民用新产品中，有 60%～80% 来自用户的建议。例如，宝洁公司通过开设 "顾客免费服务电话"，对顾客意见进行分析整理和研究，对公司的许多产品进行了改进设计。在酒店业同样如此，客人投诉是酒店发现缺陷的一个重要来源。然而许多研究客人满意状况的报告显示，不满意顾客中只有 5% 左右的人投诉。因此，酒店管理者应设计方便客人投诉的程序，引导客人投诉，既能使客人满意而归，又能获得改进服务的宝贵意见。

其次，酒店应尊重一线员工的意见。顾客的一些意见有时可能并不通过酒店设计的途径反映，而是向为他们提供服务的一线员工述说或抱怨。因此，酒店应注意收集这些渠道的顾客意见。同时，一线员工是最能及时、敏锐地观察到顾客需求的群体，他们的意见往往反映了顾客的意见。例如，一位预订员发现酒店最靠南边的两间客房的光线特别好，但需求量很低，原因是顾客觉得它们没有户外空间，因此，该预订员建议修建庭院以最大限度地利用自然光，酒店管理层批准了这项提议。这一提议使得这两间房成为该酒店最受欢迎的客房之一，房价也从每晚 80 美元跃升至 450 美元，而且费用必须提前 3～4 个月预付。一线员工提出的意见帮助酒店更好地满足了顾客的要求，提升了酒店的质量。

最后，酒店还应尊重其他相关方的意见。其他相关方既包括国家、行业相关部门，也包括酒店所在地的社区管理委员会，还包括与酒店紧密联系的酒店的供应商。国家、行业相关部门的要求是酒店所必须遵守的，而保持与当地社区居委会的良好联系和合作，有利于酒店提高自身社会形象。酒店的供应商是酒店各项物质设备及外包的服务工作的提供者，他们的工作质量直接影响酒店的质量。同时，由于与酒店长期合作，熟悉酒店的相关工作，与酒店休戚与共的关系也使得他们愿意并能够从第三方的角度为酒店提升质量提供宝贵的意见。

（二）建立组织的质量方针和质量目标

从系统的特性知道，任何系统都具有目的性，质量管理体系也不例外，具体的体现就是质量方针和质量目标。按照 ISO 9000：2000 质量管理认证体系标准的定义，质量方针，是由组织最高管理者正式发布的该组织的总的质量宗旨和方向；质量目标，是组织在质量方面所追求的目的，它通常依据组织的质量方针制定。

质量方针是酒店各部门和全体人员执行质量职能及从事质量管理活动所必须遵守和依从的行动纲领。不同的企业可以有不同的质量方针，但必须具有明确的号召力。而质量目标则是质量方针在具体的管理职能上的展开，相对来说更为具体、明确。例如，某酒店的质量方针是"顾客至上、质量第一、规范管理、持续改进、顾客满意"。某酒店的质量目标是在年底前实现：①顾客满意度达到 90%；②顾客投诉处理率达到100%；③安全、消防措施做到万无一失，杜绝重大事故发生。

（三）确定实现质量目标必需的过程和职责

1. 确定实现质量目标必需的过程

首先，必须了解酒店实现其质量目标的过程，这个过程通常也叫做"酒店质量环"。质量环（quality loop/spiral）又称质量螺旋，它是从识别顾客需要直到评定这些需要能否满足为止的各个阶段中，影响质量的相互作用活动的理论模式。朱兰博士提出，为了获得产品的适用性，需要进行一系列活动。也就是说，产品的质量形成过程包括 13 个环节，各个环节之间相互依存、相互联系、相互促进，如图 3.1 所示。这是一条螺旋式上升的曲线，该曲线把全过程中各质量职能按照逻辑顺序串联起来，用于表征产品质量形成的整个过程及其规律性，通常称为朱兰质量螺旋。朱兰质量螺旋反映了产品质量形成的客观规律，是质量管理的理论基础，对于现代酒店质量管理的发展具有重大的指导意义。

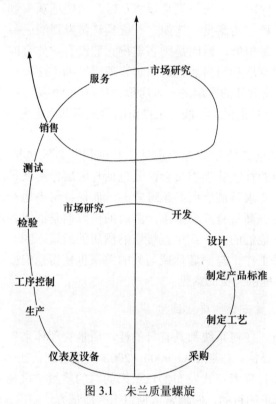

图 3.1　朱兰质量螺旋

对于酒店来说，从顾客的需求出发，质量的最终获得要经过图 3.2 所示的过程。

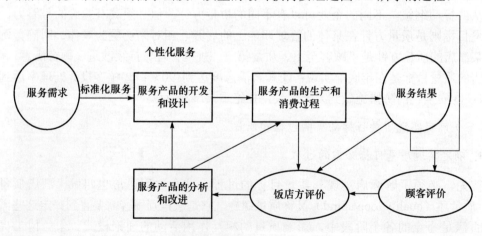

图 3.2　酒店产品质量环

对这一过程的描述如下。

（1）根据顾客需要进行酒店产品的开发和设计。这个环节实际上也是酒店设计其标准化服务产品的过程。

（2）在设计酒店产品后，进行酒店产品的生产和消费过程。在这个过程中，除了按照设计要求进行服务外，服务人员还要随时留意顾客的需求，及时提供个性化的服务。

（3）产生服务结果。

（4）顾客根据感知到的服务结果和自身需求给出评价。

（5）企业依据酒店产品生产和消费过程中的问题、服务结果及顾客评价，对自己所提供的酒店产品做出评价。

（6）企业依据做出的评价进行下一轮的酒店产品的分析、改进，这一改进从设计和服务的生产、消费过程二个环节进行。

在这一过程中，有以下二个值得注意的环节。

（1）酒店产品质量的改进从二个方面着手：设计环节和生产消费环节。设计环节的改进需要管理者重新考虑服务流程、服务规范、机器设备和人员标准等；而生产和消费环节的改进需要管理者加大对服务人员的培训和管理的力度。

（2）顾客的意见需要在酒店接受后才能对"酒店产品质量的分析和改进"工作产生影响。由此提醒酒店应正确对待顾客意见，关注、收集、及时处理顾客意见。

2. 设计服务的细节过程

在明确以上"大过程"的情况下，具体分析设计完成服务的小过程，规定管理每个过程的方法。例如，酒店的生产和消费服务过程包括前厅接待过程、客房服务过程、餐厅服务过程等。其中，每个过程又可以再细分。对于这些过程，酒店都应当建立起相应的工作流程和工作标准，以保证这些过程的顺利完成。可以说要保证酒店的质量就要确保所有这些过程的质量。这正是 ISO 9001 质量管理认证体系的认证中所要求的"过程方法"。

3. 确定完成这些过程所对应的岗位及其职责

在企业中，各项经营管理活动都是通过一定的过程完成的，过程活动决定了对岗位及岗位职责的要求。如果某个岗位或某个岗位上的职责不被任何过程所需要，那么这个岗位或这项职责也没有存在的必要。因此，在对过程进行规范后，各岗位及岗位职责也就基本确定了。建立健全组织机构和责任制度是质量管理的基础工作，因为它从人员和制度安排上为质量管理工作提供了保障。

此外，应由专人负责酒店的质量管理工作，明确各岗位人员在质量管理中的责任。不少酒店设立了专门的质量管理部门，由总经理直接领导，质量管理部门的工作直接对总经理负责，接受总经理的指挥和领导，体现出酒店对质量管理工作的重视。但应注意赋予质量管理部门在质量管理方面的职能职权，对于酒店中任何违反质量管理要求的员工，都有权力要求该员工所在部门的负责人限期整改。质量管理部门还应当帮助部门管理者分析问题出现的原因，杜绝类似问题再次出现。

（四）确定和提供实现质量目标必需的资源

酒店的资源包括物力资源和人力资源。物力资源包括各类物资、电力、电信等资源。酒店应妥善管理这些资源，并与供应商保持良好关系，在保障酒店供应的前提下，减少库存，控制成本。

资源管理的重点是人力资源的管理。人力资源的管理最终应形成以下三个结果。

（1）员工有意愿追求高品质的服务，为此要提高员工的质量意识，重视员工激励。

（2）要使员工有能力提供高品质的服务，为此要注重员工培训，强化员工素质。

（3）要使员工有条件提供高品质的服务，为此要为员工创造良好的工作环境，提供必要的资源支持。

（五）建立持续改进的方法

任何管理体系的建立都不可能一劳永逸，在其运行的过程中总会遇到问题，为此，应当建立监控体系以保证质量管理体系的不断完善、服务质量的持续稳定提高，突出以预防为主的思想，对服务全过程进行控制。首先，要建立严格的质量检查系统。例如，金陵酒店建立了垂直纵向的酒店检查和横向交叉的宾客检查，这样酒店的服务质量在监控之中，发现问题能及时解决。其次，为了提高检查质量，酒店还可聘请国内外酒店管理专家住店明察暗访。最后，酒店还应重视对客人意见的管理和投诉的处理，完善服务质量信息反馈系统。

第二节　酒店质量管理与其他管理工作的关系

酒店质量管理是酒店各项管理工作中的一个子系统，这一子系统与其他管理子系统密切相关，共同构成酒店管理工作的整体。

一、酒店质量管理与领导

质量哲人克罗斯比在《质量无泪》中指出：是否改进质量就在于领导的意念，如果领导发自内心地认为质量就是生存之道，那么他一定会像爱护自己的生命一样关心产品的质量。

领导在酒店质量管理中具有特别重要的作用，可以说没有领导的重视，酒店质量管理工作将无法有效进行。在 ISO 9000 质量管理认证体系族标准中，明确最高管理者应按时评审企业的质量管理体系，确保其持续的适宜性、充分性和有效性。对管理者执行该项工作的审核是 ISO 9001 质量管理认证体系认证时内部审核和外部审核中的重要一环。同时，领导作用是 ISO 9000 质量管理认证体系族标准八大质量管理原则之一。领导在企业质量管理中应发挥如下作用。

（1）制定并保持组织的质量方针和质量目标。

（2）确保整个组织关注顾客要求。

（3）通过增强员工的意识、积极性和参与程度，在整个组织内部促进质量方针和质量目标实现。

（4）决定并实施有关措施，以满足顾客和其他相关方面要求并实现质量目标。

（5）确保建立和保持一个有效运作的质量管理体系以实现质量目标。

（6）确保获得必要资源保证组织各项活动的顺利和高质量进行。

领导在酒店质量管理中的另一个重要作用是通过自身的言传身教，起到在质量意识和服务技能方面的带头作用，在企业中形成优质服务的文化。这种示范作用是任何制度性的东西都无法替代的。

在里兹-卡尔顿酒店中，高级领导成员兼任高级质量委员会成员。这些高级领导者制定了二个质量策略。第一个质量策略是新酒店启动质量保证措施。每个新酒店的产品和服务都要符合公司主要顾客的期望。在整个新酒店启动阶段，高级领导者监控各工作领域，亲自树立员工与顾客交往形象，并对业绩突出的员工给予表彰。第二个质量策略是建立里兹-卡尔顿酒店金牌标准。金牌标准是对服务质量做出的一种简单易懂的定义，并在各个阶层积极传达和施行。在高级领导者带领下持续对金牌标准进行强化，强化手段包括培训、日常班组会、袖珍卡片、公告板及各酒店采用的其他独特方法。其结果是，里兹-卡尔顿酒店的员工都极好地理解了公司的前景、价值、质量目标和工作方法，并愿意为之效力。

二、酒店质量管理与战略规划

1984 年，在英国布莱顿召开的第六届世界质量大会提出了"以质量求繁荣"的主题。大会认为，在当代，质量已经成为解决经济问题的关键武器，是国际竞争的标准，国际竞争已把质量置于最前线；质量是销售额、利润、生产率的推动力，是企业成长与生存的决定因素；买方市场对产品需求的范围更加广泛，质量的主导地位迅速地在国际间起作用，各国将以提高质量促进繁荣，这是今后世界经济发展的趋势。

"21 世纪是质量的世纪"，质量是企业的生命，是企业永续经营的基石，任何企业要在 21 世纪和未来的激烈竞争中立于不败之地，就必须将质量问题纳入自己的长远规划。企业经营发展的战略目光首先要放在产品质量上。

在酒店业，质量更是酒店的生命线。酒店质量管理的方针、目标和计划是酒店战略规划的重要组成部分。质量是战略规划的重要组成部分，企业的战略选择也影响着质量管理体系的策划。表 3.1 说明了二项质量管理活动在不同战略下的策划思路。

表 3.1　质量活动与企业竞争战略的关系

竞争战略活动	总成本领先战略	差异化战略
质量体系总体策划	形成结构严密的组织和责任；建立严格的控制系统；制定严格的定量目标；加大质量成本的分析力度；注重过程的监视和测量；提交经常而又详细的控制报告	创造宽松的组织环境；在研究与发展、产品开发和市场营销功能方面进行强有力的协调；用主观衡量和刺激代替定量化的衡量；强化人员的培训与潜能的发挥
质量方针、目标	为顾客提供的产品强调最优的质量价格比和社会价值的最大化；建立成本目标控制系统，提高一次交验合格率指标	强调产品性能的卓越和新颖；为顾客提供一流设计水平的产品；注重顾客潜在和未来的需求；为推动设计创新和工艺改进的提升制定目标

续表

竞争战略活动	总成本领先战略	差异化战略
人力资源	选择严谨务实型人才，并做到用人所长，集体配合；建立规范的岗责体系；注重成本管理和意识的培训；制定严格的绩效考核评价体系	吸引高技能劳动力、科学家或有创造能力的人才；采取岗位轮换，激发创新意识；加大先进技术与营销理念的培训；营造竞争、创新的企业文化和评价机制
设计和开发	产品设计开发可考虑外围方式或仿制策略；制订严格的设计开发计划，缩短设计周期；设计评审以满足顾客要求为主	以自我开发方式为主，不惜代价；关注市场及顾客不断变化的需求及偏好，制订战略性的设计开发计划；设计评审强调产品的新创意、新功能和新特点
采购	建立严格的采购控制程序，以批量购买降低采购成本；与合格供方建立长期稳定的合作关系，并通过供方评价机制，提高外购件采购质量，降低采购成本	关注新材料、新工艺的变化；在供方评价机制中，注重原材料的可靠性分析；密切注意能为产品带来增值潜力的供方；在新产品开发中与供方紧密合作
生产控制	建立严格的生产成本控制系统；规范各工序的操作；研究降低内部及外部的故障成本，节能降耗；在满足质量的前提下，提倡降低生产成本的工艺改进；保持设备的完好能力，以减少因设备故障造成的损失	面对不断推出的产品，建立快速反应的生产制造系统；加大与设计、采购、销售部门的内部沟通力度；不断创造并保持生产技术的核心竞争力
顾客满意	调查市场份额的扩大或保持情况；侧重于获取顾客对产品质量、价格的满意程度；通过顾客和市场调查，获取竞争对手同类产品的市场价格定位	调查市场和顾客对产品差异性的接受程度，顾客对产品差异的感知或惊喜程度，以及因产品差异而造成的顾客选择偏好及市场份额的变化

三、酒店质量管理与人力资源管理

酒店产品的质量特性决定了酒店的人力资源管理工作在酒店质量管理中的特殊的、重要的作用。人力资源管理工作在这方面的主要作用有以下几点。

（一）建立组织结构并完善岗位责任制

组织结构设计和岗位责任建立是企业人力资源管理工作的基础工作之一。组织结构是组织为实现其目标，对"人员的职责、权限和相互关系的安排"（ISO 9000：2000质量管理认证体系标准）。质量体系的建立和实施首先要在组织上落实。任何一个组织都应明确建立与质量体系相适应的组织机构，并明确其职责、权限及其互相关系，做到责、权、利统一。

岗位责任制是在酒店组织机构中，各个管理层次直至基层服务人员所肩负的工作责任、工作范围，以及完成一项工作或一项服务所应该遵循的程序及达到的质量标准的书面条文。岗位责任制也是实现酒店经济指标和完成各部门目标管理的根本保证；同时，它还是酒店向客人提供各项优质服务所应该遵照和依据的准则。

酒店岗位责任制通常包含以下五项内容。

（1）酒店及部门的规章制度。

（2）工作职责。

（3）服务或工作技能。

（4）工作或服务程序。

（5）工作或服务应达到的质量标准。

对于管理人员，不仅要在岗位责任制中首先列明其职责范围，更应强调他肩负的工作目标。

通过组织结构的设计和岗位责任制的建立，明确部门之间和员工之间的协调关系及督导关系，并做到有文可查，避免服务出现"空白地带"。

（二）人员的招聘、选拔

在建立了科学的岗位职责后，就为酒店的人员招聘和选拔工作提供了标准。酒店是劳动密集型企业，酒店质量几乎完全通过员工的服务语言和行为来体现。因此，在招聘中注重挑选服务意识符合岗位要求的人员就非常重要。

一线服务人员的素质通常包括四个方面，即服务人员的自然素质、服务技能、服务意识和专业知识。

（1）自然素质：人的身体外在条件和性格。对于一线服务人员，通常需要选择身体外在条件不令人反感、性格外向的人。这是挑选员工必须做好的第一关。

（2）服务技能：服务人员对服务标准的掌握，在服务过程中的服务态度和服务效率。

（3）服务意识：自身角色意识、宾客意识、酒店声誉意识和服务团队意识。

（4）专业知识：员工对本岗位工作中涉及的工作目标、工作条件、工作流程、操作方法、工作物资设备等方面的全面了解和掌握。

（三）人员的培训和教育

酒店产品的质量好坏，很大程度上取决于酒店员工的质量意识和服务技能。酒店应通过以下培训工作提升员工的服务意识和工作技能。

（1）入职培训和岗前教育。确保工作岗位上的员工有岗位所要求的服务技能，确保员工明确工作岗位的质量要求及酒店相关的奖惩措施。

（2）多种形式的在职培训。不断强化员工的质量意识，提高工作技能。

酒店还应帮助员工树立"自己的工作自己负责"的意识，养成自主检查工作质量的习惯。员工可通过以下几个问题的回答来检讨自己的服务质量。

（1）日常的每一步工作，是否有可以改善的？

（2）对我所做的工作，自己如果是上级，能满意吗？

（3）对前一道工序中出现的问题，我是否能及时发现并解决？

（4）对自己的工作，是否询问过下一道工序的人是否满意？

通过这种方式，不仅有利于将工作做好，而且有利于提高员工的工作积极性，使其以更高的热情投入维护优良质量的工作中。只有到了这一阶段，整个组织的质量才能有大的提升。

在员工的培训和教育中，最高领导和各层次管理人员的带头示范作用仍然是非常重要的教育手段。如果员工所听到和看到的领导言行与他们所接受的培训及教育的内容不相符合甚至相反，则酒店所做的培训和教育的努力将不会有好的效果。

（四）绩效考核和激励

在酒店等服务行业，员工的工作积极性是影响他们服务质量的重要因素。酒店能否极大地调动员工的工作积极性和服务热情是酒店经营成败的关键。调动、激发员工的工作积极性要突出三项内容，即尊重员工、承认员工的存在价值、承认员工对企业的贡献；在工作或服务中要理解、关心员工；在改进员工服务或工作的同时，要使员工获得事业上的满足感。

总之，在企业中，员工取得良好的业绩取决于三个条件：员工有意愿做，员工有能力做，员工有条件做。而人力资源管理工作可以使得企业通过以下三个方面给员工提供条件。

（1）关注并满足员工需要，及时反馈员工工作状况以保持员工的工作积极性，使员工有意愿做。

（2）让员工得到必要的培训，使员工有能力做。

（3）明确工作职责、要求及质量标准，给予员工以资源的支持和必要的处置权，使员工有条件做。

案例3-1

提高顾客与员工的双满意度

在里兹-卡尔顿酒店，管理者授予员工更大的权限，以满足顾客需求和获得改进的机会并了解顾客需求的变化。这些授权包括：与适当的其他员工联系，以便迅速地为顾客解决问题；可以花费 2000 美元的代价来满足顾客的需要；确定产品和服务是否被顾客接受；参与制定自己工作领域的计划；为了解决问题与他人谈话。

里兹-卡尔顿酒店还着力于通过保护员工和客人的健康及安全，制定员工健康计划、员工交叉培训计划及员工退休计划等实施员工个人保障，提高员工满意度。正是由于人力资源管理相关政策的配套，里兹-卡尔顿酒店的员工保持了低的流动率和最高的工作热情，而这些也是酒店提供高品质服务的基础。

第三节　全面质量管理

一、全面质量管理概述

全面质量管理既是质量管理的重要方法，也是质量管理的重要思想，是系统管理思想在质量管理中应用的最成功的表现形式。

全面质量管理的实践使得全面质量管理的思想逐步完善，全面质量管理是指组织以质量为中心，在全员参与的基础上，对涉及产品质量的所有因素、全部过程和人员，应用各种管理方法进行全面管理，以满足顾客需求并全面提高企业效益的活动。

全面质量管理把以事后检验和把关为主的质量管理方式转变为以预防和改进为主；把以就事论事、分散管理的质量管理方式转变为以系统的观点进行全面的综合治理；从管结果转变为管因素，把影响质量的诸因素查出来，抓住主要方面，发动全员、全企业各部门参加的全过程的质量管理；依靠科学的管理理论、程序和方法，使生产（作业）的全过程都处于受控制状态，以达到保证和提高产品质量或服务质量的目的。

我国自 1987 年推行全面质量管理以来，在实践和理论上发展都较快。全面质量管理正从工业企业逐步推行到交通运输、邮电、商业企业和乡镇企业，甚至有些金融、卫生等方面的企事业单位也已积极推行全面质量管理。质量管理的一些概念和方法先后被制定为国家标准，1988 年我国等效采用、1992 年等同采用了 ISO 9000 质量管理认证体系的标准，广大企业在认真总结全面质量管理经验与教训的基础上，通过宣贯 GB/T 19000-ISO 9000 系列标准，以进一步全面深入地推行这种现代国际通用质量管理方法。

二、全面质量管理的基本特点

全面质量管理的基本特点是全员参与、全过程管理、全面运用一切有效方法、全面控制质量因素、全面提高经济效益。

（一）全员参与

全面质量管理是要求全员参加的质量管理，它不仅要求质量管理部门进行质量管理，还要求从企业最高决策者到一般员工均应参加到质量管理过程中。要求全体职工树立质量第一的思想，各部门各层次的人员都要有明确的质量责任、任务和权限，做到各司其职、各负其责，形成一个群众性的质量管理活动。尤其是要开展质量管理小组活动，充分发挥广大职工的聪明才智和当家作主的主人翁精神，把质量管理提高到一个新水平。

（二）全过程管理

全面质量管理的范围是产品或服务质量的产生、形成和实现的全过程，包括从产品的研究、设计、生产、服务等到全部有关过程的质量管理。任何一个产品或服务的质量都有一个产生、形成和实现的过程，把产品或服务质量有关的全过程各个环节加以管理，形成一个综合性的质量体系。以预防为主，防检结合，不断改进，一切为用户服务，以达到用户满意为目的。

（三）全面运用一切有效方法

全面质量管理要求以提高质量为目的，采取多种多样的管理方法，广泛运用科学技术的新成果。要尊重客观事实，尽量用数据说话，坚持实事求是，进行科学分析，

树立科学的工作作风，把质量管理建立在科学的基础之上。

（四）全面控制质量因素

影响酒店服务产品质量的因素众多，既有物的因素，也有人的因素；既有服务技能方面的因素，也有服务态度方面的因素；既有组织管理的因素，也有个体素质的因素等。全面质量管理就要求对所有影响质量的因素进行全面控制。

（五）全面提高经济效益

酒店提高质量的目的在于创造更大的经济效益，酒店的经济效益来自于顾客的满意，来自于员工的满意，来自于社会相关利益者的满意。为此，酒店在强调顾客满意的同时，也应关注员工和社会：参加各种社会公益活动，为教育事业、环保事业捐款，参加社区活动；重视酒店内外的环境美化和环境保护，实施绿色酒店战略，减少酒店排污对环境的压力，同时满足消费者绿色消费的需求。

另外，全面质量管理还强调以下观点。

（1）用户第一的观点，并将用户的概念扩充到企业内部，即下道工序就是上道工序的用户，不将问题留给用户。

（2）预防的观点，即在设计和加工过程中消除质量隐患。

（3）定量分析的观点，只有定量化才能获得质量控制的最佳效果。

（4）以工作质量为重点的观点，因为产品质量和服务质量均取决于工作质量。

三、全面质量管理的基本工作方法

（一）PDCA 循环方法

PDCA 由休哈特在 19 世纪 20 年代构想，被戴明采纳、宣传，获得普及，所以也被称为"戴明环"。

依据 PDCA 循环把质量管理全过程划分为 P（plan，计划）、D（do，实施）、C（check，检查）、A（action，处理）四个阶段八个步骤，如图 3.3 和表 3.2 所示。

图 3.3　PDCA 的四个阶段

表 3.2　PDCA 的步骤和方法

阶　段	步　骤	主要方法
P	分析现状，找出问题	排列图、直方图、控制图
	分析各种影响因素或原因	因果图
	找出主要影响因素	排列图、相关图
	针对主要原因，制定措施，提出改进计划	回答"5W1H"
D	执行、实施计划	—
C	检查计划执行结果	排列图、直方图、控制图
A	总结成功经验，制定相应标准	制定或修改工作规程、检查规程及其他有关规章制度
	把未解决或新出现的问题转入下一个 PDCA 循环	—

（1）P（计划）阶段，其中又分为四个步骤：①分析现状，找出存在的主要质量问题；②分析产生质量问题的各种影响因素；③找出影响质量的主要因素；④针对影响质量的主要因素制定措施，提出改进计划，制定质量目标。

（2）D（实施）阶段，即按照既定计划目标加以执行。

（3）C（检查）阶段，即检查实际执行的结果，看是否达到计划的预期效果。

（4）A（处理）阶段，其中又分为二个步骤：①如果检查说明计划是有效的，则继续按计划执行，在下一个 PDCA 循环巩固成绩，总结经验；②如果检查发现按计划实施的效果不好或尚有未解决的遗留的问题，则在下一轮 PDCA 循环继续修改计划。由此，经过不断的 PDCA 循环，使得质量管理工作呈阶梯式上升、螺旋式前进。

（二）QC 小组活动

全面质量管理起源于美国，但对全面质量管理进行发扬光大的国家是日本。日本成功的经验就在于他们在美国"全面质量管理"的基础上注入了"全员参与"，而全员参与的主要形式就是 QC 小组活动。

1. QC 小组的含义

QC 小组是职工参与质量管理的重要形式。它是由员工自发组织起来，针对企业经营活动中出现的问题，运用质量管理的理论和方法，改进质量、降低消耗、提高经济效益和人的素质的一种活动形式。

QC 小组活动起源于日本。21 世纪 50 年代起，日本开始对现场负责人进行质量管理教育，并出现了名为"现场 QC 讨论会"的组织，1962 年正式改名为"QC 小组"，开始在全国注册登记。当时第一个注册登记的是日本公社松山搬运机 QC 小组。1964年以后，日本科技联建立了 QC 小组本部。1966 年，在欧洲质量组织年会上，通过朱兰博士介绍，QC 小组开始被国际认知。

在久米均教授等著名质量专家的主持下，日本 QC 小组本部分别于 1980 年和 1985

年编辑出版了英文版《QC 小组纲领》和《QC 小组活动方法》作为 QC 小组活动的指南性文件，在国际上得到了广泛的认同。近年来，尽管质量管理新理论、新方法层出不穷，但在日本运用最广泛、开展最活跃的仍然是 QC 小组活动。日本也是目前世界上按职工比例计算 QC 小组最多的国家。

我国的 QC 小组活动始于 1978 年。1978 年 9 月，北京内燃机总厂学习日本的全面质量管理经验，成立了我国第一个 QC 小组，标志着我国 QC 小组活动进入试点阶段。经过 1980～1985 年的推广阶段和 1986 年以后的发展阶段，QC 小组活动作为企业最基层的质量改进活动不断得到重视和发展，小组活动的深度和广度逐步提高。截至 2007 年，我国共注册 QC 小组 138 万个，QC 小组年创可计算的经济效益达 380 亿元。

2. QC 小组活动的特点

（1）自主性。QC 小组活动是员工自愿参与的活动，酒店应充分调动员工参与质量管理的积极性。为此，需要通过培训让员工认识 QC 小组活动可以给自己带来的好处，同时在激励措施上进行适当的安排，激发并保持员工参与的积极性。

（2）群众性。QC 小组活动是群众性的活动，为此，酒店在组织 QC 小组活动时要发动广泛的群众，从一线员工到后勤保障员工，从最普通的 PA 保洁员到酒店的高层干部，无论职位高低、岗位工种差异，都积极地去发现与他工作密切相关的质量问题，作为 QC 小组的活动内容。

（3）民主性。QC 小组活动是群众性的活动，要发挥广大普通员工的作用，在活动中不能有职位高低、身份贵贱的思想，要充分发挥民主决策，调动每一个成员的积极性。

（4）科学性。QC 小组活动要解决的是酒店管理中的质量问题，要实现这一目标，需要采用科学的方法、质量管理的各种技术工具对问题进行科学的分析。从以往各国、各企业 QC 小组活动所取得的成绩看，往往需要用到科学的系统分析方法、数据收集及统计分析方法等。另外，对于与专业技术相关的问题，必须依照专业的科学理论来进行质量问题的分析、改进和解决。

3. QC 小组的作用

（1）及时发现和纠正问题，提升酒店质量。来自一线的员工最清楚产品或服务中的问题所在。在服务行业，一线员工作为直接接触顾客的人，他们也最了解顾客的需求，因此充分发挥一线员工的作用，将他们纳入质量管理小组中，积极为企业提高质量出谋划策，可以更及时地发现问题和纠正问题。

（2）有效利用企业人力资源。一线员工是企业最丰富和宝贵的人力资源。对这种人力资源的利用不应仅限于要求他们完成日常的工作职责，而应当充分发挥其积极性、创造性。在美国通用电气公司开展"群策群力"活动时，一位员工发出了这样的感叹："25 年来，你们为我的双手支付工资，而实际上，你们本来还可以拥有我的大脑——而且不用支付任何工钱。"

（3）提高员工工作满意度。根据马斯洛的需求层次理论，员工在得到生存需求和安全需求的满足后，还有社交和尊重的需求。倾听员工的声音，使员工参与到管理中，QC 小组活动给了员工表达思想的机会，可以起到这样的作用。同时，QC 小组活动可以使得不同专业、不同部门的人在解决问题时进行良好的沟通，有利于减少工作中的摩擦，提高员工的工作满意度。

4. 在企业中开展 QC 小组活动的方法

QC 小组是员工参与质量管理的重要活动形式，也是管理者应当充分利用以提高员工工作积极性的方法。然而作为一项全员参与的活动，需要占用员工的部分工作时间，赋予员工一定的权力，这些都使得 QC 小组活动在企业的推行过程中可能受到阻力。为了使得这一活动在企业顺利展开，可遵循以下方法和步骤。

（1）指定高层领导负责企业 QC 小组活动的领导工作。群众活动的开展离不开高层领导的积极支持。酒店有必要在高层领导中指派专人负责 QC 小组活动，在酒店中推广、倡导员工参与到 QC 小组活动中，为 QC 小组活动的开展取得各级管理者的支持及资源的支持。

（2）在中高层干部中进行 QC 小组活动及基本的质量管理知识相关宣传，取得中高层干部对 QC 小组的理解和支持。

（3）组成 QC 小组活动组，部门派员参加。在确定 QC 小组活动组的成员时，要与部门经理协商。QC 小组活动组主要负责 QC 小组活动的日常管理、推动工作。

（4）QC 小组活动组讨论活动方案（包括 QC 小组活动方式、备案方式、成果评估、奖励计划），报领导批准。

（5）公示全公司，推出活动方案。

（6）组织培训；活动组成员积极宣传、倡议、推动。

在这个过程中，应特别注意取得中高层干部与业务骨干的理解和支持。与中高层的交流应达到以下目的。

（1）让他知道他所负责的工作在质量管理中的重要性。

（2）听取他对 QC 小组活动的意见，表明希望从他那里得到支持和指导。

（3）让他知道他的员工将参与到 QC 小组活动中，这对他是有意义的。最好能够给出实际的例证，说明 QC 小组活动带来的员工及部门绩效的提高。

（4）表达希望双方多沟通的愿望，谢谢他的支持。

案例 3-2

QC 小组活动结硕果

广州一家宾馆的质量管理培训部曾相继制定了 311 项不同工种的岗位责任制和服务操作程序，在这个基础上，该宾馆开展了广泛的 QC 小组活动。

QC 小组对班组、部门服务工作中的主要薄弱环节和疑难问题开展攻关活动。课题包括客房部提高顾客满意率和员工工作效率的攻关、饮食部饮食卫生及降低餐具损耗的攻关、动力部设备维修保养攻关和保安部处理突发刑事案件攻关。活动要做到有计划、有选题、有安排、有检查、有评比。

客房部南五班共有客房 75 间、床位 155 张、服务员 25 人，每层楼设有大小二个服务台，分三条卫生线，每人负责 12～13 间客房。通过问卷调查的方式，他们发现顾客对三缸卫生及床上用品清洁度的不满意率超过 50%，于是开展了以"抓房间卫生质量，提高顾客满意率"为课题的 QC 小组攻关。他们遵循 PDCA 循环工作方法分析了原因，并绘制了表 3.3。

表 3.3　对策

序号	主要问题	具体对策	负责人	执行时间
1	业务水平低	① 加强业务培训，提高业务素质和工作效率，采取一帮一，以老带新。除每周进行一次业务学习外，定期进行考核。 ② 对员工进行职业道德教育，增强其对职业的责任感	袁×× 张××	2 月 2 日～2 月 9 日
2	督导检查不严	① 增强督导（中班增加一班长），保证管理人员有时间对全班工作进行系统的督促及检查。 ② 坚持落实每天检查制度，制定一整套完整合理的服务规范标准，贯彻到各个岗位	王×× 黄××	2 月 10 日～2 月 20 日
3	保养不完善、完好率差	① 定期进行清洁用具的保养技术培训，使员工了解并掌握工具的性能和操作方法。 ② 定期进行维修保养，并使清洁用具责任到人	邓×× 王××	2 月 21 日～3 月 5 日

在组织实施过程中，他们将培训教育和督导检查贯穿始终，增强员工的责任感。按卫生标准组织卫生班房间卫生操作比赛及规范标准考核。1～5 月共考核五次以上，平均分数在 80 分以上，确保了卫生质量，顾客满意率达到 90%。该 QC 小组被评为"广州市优秀质量管理小组"和"全军优秀质量管理小组"。

南五班 QC 小组紧接着又开展了以"加快卫生操作速度，提高效率"为课题的 QC 攻关。工作效率大大提高，住房卫生只需 25 分钟就能完成，走房卫生只需 35 分钟就能完成。

饮食部新兴厅有 52 名员工、230 个餐位。该厅 QC 小组发现损耗的餐具费用高，为此，开展了以"加强现场管理，降低餐具损耗"为课题的 QC 小组活动，绘制了图 3.4。

针对问题，他们组织人员学习其他宾馆的先进经验，开展业务竞赛，提高全员质量意识和节支降耗意识。餐厅重新装修了前台，增加了餐柜，扩大了洗碗间的面积，解决了餐具积压、周转不当等问题，减少了餐具的碰撞。小组还加强了现场检查督导，由专人负责分拣餐具，并设立备用托盘，取代原来的塑料箱。收餐具由前台服务员用托盘托出，再由专人分拣，避免了倒餐具的现象。经过该 QC 小组 4 个月的齐抓共管，圆满完成了课题的任务。前后相比，损耗费用从活动前的 15.265 元下降到 3.986 元，减少费用 11.279 元，损耗率比以前降低了 70.7%，超过了预期的目标。

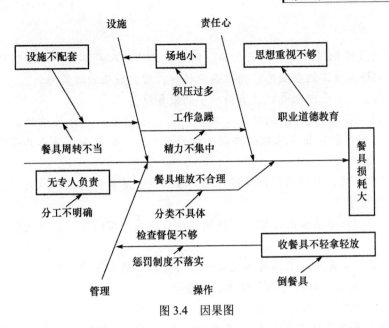

图 3.4　因果图

动力部话务班 QC 小组在历经二个 PDCA 循环，即在解决话务质量准确、亲切两个课题之后，进入了第三个课题，即"如何提高电话的接转速度"的攻关。通过这次活动，该话务班在电话量高峰期再没有出现忙乱现象，电话应答速度大大提高，客人投诉、埋怨现象明显减少。新兴交易团对话务班快捷周到的服务给予了高度评价。该 QC 小组的成果被推荐参加广东省质量管理协会举办的优秀 QC 小组成果展览。

酒店管理体会 100 条

（1）管理人员要在关键的时候出现在关键的部位，抓住关键的问题，这就是管理的技巧。

（2）调整工资要达到稳定骨干的目的，就要掌握调整的时机和比例，使工资真正起到管理的杠杆作用。

（3）劳务管理的预见性和主动性来源于平时对劳务市场资料的积累及分析。

（4）企业要寻求发展，必须有人才和钱财，而企业质量的巩固，则有赖于管理人员素质的提高。

（5）企业的培训应着眼于提高各级人员的素质，使每一个人的内在特征自觉地体现在宾馆的服务原则之中。

（6）企业管理不能依赖于自觉性，关键靠制度管理，要有一套启发员工自觉性的规章制度，以法治馆。

（7）企业一定要注重文化素质的培训，职工文化素质低下将会阻止企业经营管理的深入。

（8）用钱刺激的积极性是不会长久的，因为钱工作的人是不会讲职业道德的。因此，要考虑如何培养员工的企业感，树立企业精神，增加企业的凝聚力。

（9）没有高素质的管理人员就没有高水平的服务质量。

（10）要根据不同层次、不同对象、不同内容、不同重点来开展培训工作。对员工，重点抓好酒店意识和业务基础的培训；对管理人员，则应重点培养其强烈的管理意识。

（11）培训中心对各部门的培训要按计划，按进度，落实到具体人员的督导检查，真正落实培训的质量。

（12）维持酒店服务质量的关键在于培训，培训既是管理的基础，也是管理的方式之一。

（13）企业的质量是靠人来维持和提高的，对员工不教而诛是不对的，无原则地讲人情也是不对的，要处理好人情与管理者的关系。

（14）工作中的惰性来自浮夸的习气。

（15）管理人员在下达工作指令后要进行督导、协调、管理和检查，不能只管下令，不管落实。对于每一项工作、每一个细节都应逐项跟查，逐项落实，一环紧扣一环、一步紧跟一步才能真正抓深抓细。

（16）管理人员要养成良好的工作作风，哪项工作是以扎实、紧凑深入的作风来抓的，哪项工作就会获得良好效果。

（17）酒店的培训工作应从酒店的实际出发，根据企业的特点、经营管理的需要和长期发展的战略目标来制定培训方案，从制度化、系统化入手。

（18）没有一定数量的党员在企业经营中起先锋模范作用，是起不到监督保证作用的。企业需要一支思想过硬、业务技能高的骨干队伍，如不抓紧在青年人中发展党员，将是党的工作失误。

（19）严格管理不仅仅体现在对人的管理上，也体现在对财、对物的管理上。

（20）不要埋怨客源少、生意难做，关键要看我们对现有客人的服务工作是否做足。

（21）没有平时一点一滴的细致工作，就没有企业一定的辉煌。正确的经营决策来源于对市场动态的了如指掌。

（22）优质服务没有捷径，关键在于现场管理要到位及不间断地培训。

（23）生意靠跑（出外促销）回来，效益靠干出来。

（24）管理者与被管理者既是"同一战壕战友"的关系，又是"猫与老鼠"的关系。

（25）酒店的管理人员首先要对自己所从事的职业有自豪感、荣誉感，自己都看不起自己所做的工作，又怎么可以教育培训员工呢？

（26）主管、领班应多到现场与员工一起操作，督导质量。要意识到，质量是竞争的基础，而质量体现在每一件为客人服务的小事上。

（27）整体经营指的是在一个既定目标之下，各部门的工作互相支持、配合、协调、促进、制约，而不能各自为政、画地为牢。

（28）在物资采购上要有市场概念和价格概念，要区分客用物资和自用物资，前者应高雅，后者应实用。

（29）讲究操作流程不是不讲效率，讲究岗位责任制并不是关、卡、压。

（30）发展企业应首先抓好大本营，没有本，就没有利。

（31）顾客评价服务质量是看他所得到的实际效果，而不是看是否尽力。

（32）要使管理人员和员工有压力感，但不能压得他们喘不过气，要给人留有活动余地。

（33）价格是市场动态的反映，也是一个企业经营方针的体现，制定价格要符合市场的规律和酒店的实际，按行规办事，讲商业道德。

（34）酒店的培训目的不是培训全才伟人，而是培训员工的思想及业务的基本功，即素质。

（35）效率应体现在一点一滴的小事上，节约时间从一分一秒着眼，在做好基础工作后才能讲效率。

（36）作为部门经理，对本部出现的问题不能大包大揽，经理对部下的差错"勇于承担责任"只能使差错延续，正确的态度是找根源，提出整改措施。

（37）主管的工作是酒店管理中重要的一环，主管只说不做不行，只做不说也不行。经理对主管的管理要抓得紧一点，标准定得细一点，管理方法要科学点。

（38）部门的培训方式要有竞争性、娱乐性和趣味性。

（39）酒店的工作特点就是如何把有形的设备与无形的服务有机地结合起来。

（40）做酒店工作要按经济规律办事，有市场概念、竞争意识和成本核算观念。

（41）对关键的问题应议而即决，决了即行，否则一事无成。

（42）人员流动是正常的，其他企业来挖人也是必然的，关键是如何针对社会实情做好员工素质提高工作，如何保证人员走一批、培养一批、成长一批，把培养骨干和技术尖子作为常年的工作；作为管理人员来说，则应不断提高领导艺术，考虑问题周到，讲究工作方法，对员工的心理活动要多了解、多分析、多通气、多研究。

（43）没有工作量的限制，就没有质的变化。

（44）管理人员要带着工作标准去巡查，要提高工作效率，就必须坚持现场督导。

（45）素质的培养是在日常一点一滴的培训中累积起来的。

（46）管理人员的级数越高，自觉性越强，对他们实施的管理制度就会越少。

（47）只有抓好平时的工作，关键时候的判断才不会出差错。没有平时的工作质量，就没有关键时的化险为夷。

（48）任何人都有优缺点，做任何工作都有对与错，问题是要分清哪方面是主流。

（49）服务质量和管理水平体现在每一件小事上，一个表情、一个动作都体现出企业服务意识，要有好的服务质量，首先应有好的工作作风和思想意识。

（50）企业首先要了解自己产品的情况、竞争对手的情况和市场情况，然后才能制定正确的经营方针。

（51）企业的路线是由无数小点连接而成的，形成了自己的作风和精神，所以酒店工作无小事，事事关联着声誉。

（52）宣传企业、扩大企业的影响，使企业融于社会中，使社会理解企业。

（53）每一项接待工作都是重要的，对于企业可能是简单的重复，对于客人却是第一次。

（54）把匿名信一概而论说成好或坏都是不对的，一切结论应产生于调查研究之后，而不是在它之前。匿名信多是捕风捉影，企业的工作应是如何驱风消影，而不是撂担子。凡是制度的实行涉及个人利益时，各种舆论都会产生，对其不实之处要大度大量、豁达超然。

（55）人事培训工作要有一条龙的工作意念，招工时要考虑如何培训，培训时则要考虑如何合理地使用人力。

（56）酒店的管理建立在客人的投诉之上，也可以说，酒店的管理建立在对质量事故分析总结的基础之上。

（57）市场的情况是千变万化的，要善于随市场变化而变，捕捉一刹那的效益。

（58）虚心好学、不耻下问不等于一无所有。

（59）销售政策的制定要考虑宾馆的经营管理方式、经营特点、发展方向、客户成分、市场趋势等。

（60）正确的房价制定要考虑对象、流量、信誉、时间四大因素。

（61）公关部与销售部在宣传方面的区别在于，公关部着重于企业形象的整体宣传，帮助社会了解企业，搭好企业与社会的桥梁；而销售部的宣传则是就市场开发而言，为房间的推销而宣传。

（62）国家要有共识，稳定才能有发展。同样，企业的领导班子也要有共识，团结才有生命力。

（63）企业能否巩固、提高、发展，有赖于管理人员素质的提高。

（64）酒店之间的竞争归根到底是人才的竞争，人事培训工作一定要走在各项工作前面，人才的培训是酒店百年大计，是重要的战略方针。

（65）广告要讲究效果，应考虑做给什么人看、针对什么市场、要达到什么目的。

（66）新酒店的开张虽使客源市场有所震动，但只要我们保证质量，客人会"回来"的。

（67）企业在大好形势下不去发展是没有出路的。开拓的阻力来自于头脑中的平均主义，不求上进，不敢承担风险。作为经营者要时刻处于"冲"的姿势，守是守不住的。

（68）管理是为顾客服务的，管理本身如同制作产品的过程一样，要研究市场，讲究产品质量。

（69）酒店工作实际上并不复杂，硬件＋软件＋协调＋素质＝质量。

（70）看不到大好形势是无知，看到了不去发展是无能。

（71）发展企业要有风险意识，否则即使生意在眼前也难以做成。

（72）发展企业要齐心，领导班子不同心协力是难以抓住机遇打主动战的。

（73）要提高和维持服务质量，就要把主管的眼睛与员工的素质结合起来。

（74）党的政策在人人面前是平等的，问题是你会不会用、敢不敢用、善不善于用。

（75）一个企业的质量和声誉并不随着一个人的离开而失去，也不能为一个人所带走。企业的人员可以不断轮换，但质量不能降低，维持一个企业的风格是最重要，也是最艰难的。

（76）人的素质是一流酒店的基础。

（77）社会主义制度下的现代化酒店既要管人，也要育人。

（78）客房主管的工作关键要做到"勤"，即勤走，勤看，勤检查。

（79）有竞争就有压力，有压力才会有动力，有动力才会自觉地为企业创造财富。

（80）在酒店管理上，我们常说客人永远是对的，但事实上并不是每一次都百分之百全对，问题是当投诉内容与事实有出入时，我们是不是能够把"对"让给客人。"让"体现了酒店人员的素质，体现了我们的政策水平，"让"得既不得罪客人，又维护企业的利益。

（81）经理、主管的眼睛应能发现问题，起到控制质量的作用。

（82）管理人员应有一张"婆婆嘴"，久而久之，员工就知道什么该做、什么不该做。

（83）全方位地提高工效就要做到定时、定量、定标准、定进度，从细微之处着手。

（84）服务质量是竞争的基础，是企业生存的根本条件。

（85）要使员工为宾客提供优质服务，企业首先要为员工服务好。

（86）管理作风要具备"三实"：扎实、落实、老实。

（87）酒店档次的高低应由客人来决定，客人投诉的次数及轻重是衡量酒店管理水平的标准。

（88）做酒店工作的一定要重视小事，做到事事落实、件件清楚。

（89）发展企业要有"动"和"变"的观念，市场在不断地变化，酒店工作要常出新招，给人常住常新的感觉。

（90）每个员工的仪表仪容都代表着酒店的格调，要意识到自己在酒店的表现代表的不再是个人，而是整个酒店。

（91）宾馆如同一部机器，各部门如同机器上的各个部件，只有紧密结合才能 24 小时运转自如。

（92）管理人员的以身作则是培训员工企业感的条件之一。

（93）"永远不要得罪客人"是服务行业铁的原则，一个脸色、一个笑容、一句话、一个动作都要符合职业道德。

（94）得罪了所有人的经理不是好经理，不敢得罪人的经理也不是好经理。

（95）在经营上，第一是地点，第二是地点，第三还是地点；而在管理上，第一是人的素质，第二是人的素质，第三还是人的素质。

（96）管理人员对工作的态度应是以完成为准，而不是以小时计算。

（97）作为管理人员应做到有社会道德，晓做人道理，知企业法规，识宾馆大体，而不是把自己划于法规之外。

（98）培训是管理的基础。基础好，管理就顺；基础不好，质量就降。

（99）管理人员在"三不管"地带（几个部门的交接处）、三不管时间（上下班时间、午饭时间）要有主动过问、主动督导、主动管理的精神。

（100）不断地学习国外的先进管理经验，并将其与我国酒店业的实际结合起来，就能走出一条有我国特色的现代化酒店管理的路子。

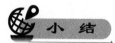 小　结

酒店质量是其内部多种因素组合、作用的结果，不能孤立、片面、静止地看待，只有经过系统的设计安排和管理才能得到好的质量结果。酒店业质量管理体系是在质量方面管理酒店的体系，包括与实施酒店业质量管理有关的组织结构、过程、程序和资源等方面的制度安排。

酒店业质量管理体系具有以下特性：全面性、适用性、相容性、经济性。

构建酒店业质量管理体系的步骤：①确定顾客和其他相关方的需求及期望；②建立组织的质量方针和质量目标；③确定实现质量目标必需的过程和职责；④确定和提供实现质量目标必需的资源；⑤建立持续改进的方法。

酒店业质量管理是酒店各项管理工作中的一个子系统，这一子系统与其他管理子系统密切相关，共同构成酒店管理工作的整体。

全员参与、全过程管理、全面运用一切有效方法、全面控制质量因素、全面提高经济效益是全面质量管理的五大特点。质量管理小组是员工参与质量管理的重要形式。QC小组活动的顺利展开要取得企业各级管理者的支持。

与工作任务相关的作业

（1）论述酒店人力资源管理工作与酒店业质量管理工作的关系。

（2）如果你是酒店的质量管理负责人，你打算如何开展QC小组活动？

（3）阅读下列案例并回答：

① 导致查尔斯夫妇不满的因素有哪些？其中最主要的是什么？

② 克里斯蒂山庄应如何改进？

一次滑雪旅行

查尔斯夫妇决定到金灵顿滑雪场度周末，他们选择了一家全国著名的连锁旅店——克里斯蒂山庄，这家山庄刚在那里开了一个汽车旅馆。

周五的下午他们驾车，行驶了12个小时，最后一段路在大雪中穿过，到达克里斯蒂山庄时已经接近午夜，他们精疲力竭，渴望睡一觉。

克里斯蒂山庄很大，由许多两层楼建筑组成，每座楼有几个房间。前台登记处在一个独立的建筑内，没有同任何房间相连。他们首先来到前台办理入住登记。等待的时候他们同服务员闲聊，询问周末的情况。他们从闲聊中得知，由于受寒流影

响，气温有可能会降到-60～-30℃，但服务员说酒店的保温效果很好，而且暖气非常足。

办完手续后，查尔斯夫妇开车向他们的房间所在的方向驶去，盼望着赶紧走进温暖舒适的房间。但是等待他们的是冷冰冰的房间。室内的暖气根本没有启动，他们将暖气和空调调到最高挡，但是开了 5 分钟后，发现只有一点点暖意，于是他们给前台打了电话。接电话的还是刚才的服务员，她立即道歉并说可以给他们换另一个房间。查尔斯夫妇怀疑酒店的房间已经住满了客人，但服务员肯定地说，如果他们开车来到前台，就可以有房间腾出来了。

然而等他们驱车来到前台时，服务员却再次道歉："我搞错了，房间满了，所以你们只好还住原来的房间。"接着，她指着一个笨重的足有 40 磅重的电暖气说："不过，我们这里有一个电暖气可以供你们使用，打开后房间马上就会温暖起来"。

查尔斯夫妇只好搬起电暖气塞进车后座，回到自己的房间。

第四章 酒店业质量评价

酒店业质量评价体系

评价工作质量的方法

多年前，一个女孩来到某酒店当服务员。这是她做的第一份工作，因此她很激动。然而，上司竟然在新人受训期间安排她负责厕所的清洁工作，每天都把马桶抹得光亮如新才算合格。她出自贵族名门，喜爱洁净，从未做过苦活、脏活、累活，所以每天一接触马桶，她就想呕吐，难以完成上司提出的让马桶光亮如新的要求。因此，她陷入困惑与苦恼之中。但是有一天，她看到一位和她一起工作的"前辈"，在抹完马桶后居然在马桶内舀了一杯水，并且当场喝了下去，向她证明清洁过的马桶干净得连水都可以喝。这件事对她有很大的启示，她痛下决心：就算一辈子洗厕所，也要做一名最出色的洗厕工。在结训那天，她抹完马桶后也盛了一杯水毫不犹豫地喝了下去。她后来成为日本最年轻的内阁成员，也是唯一的女性内阁成员，37 岁的邮政大臣野田圣子！

酒店业质量管理体系。

第一节　酒店业质量评价体系概述

在当今市场总体供大于求、客房出租率下降、竞争异常激烈的情况下，许多酒店认识到了质量的重要性。高质量的服务能够减少因为服务补救带来的成本，最大限度地提高顾客满意度，增加顾客忠诚度，形成良好的酒店口碑。质量已经成为酒店的生命线，也是酒店工作的重点。

酒店业质量的评价是酒店改进质量、提高顾客满意度的基础。一方面，酒店业质量评价是酒店进行质量反馈控制的前提；另一方面，酒店业质量评价的标准是酒店主动调整产品和服务的参照及依据。要进行酒店业质量评价，首先要清楚酒店业质量评价的主体、客体（对象），理清酒店业质量的构成要素并由此确定评价要素。

一、酒店业质量的构成要素

根据国际标准化组织颁布的 ISO 9004:2000 质量管理和质量体系要素——服务指南，酒店业质量包括硬件设备质量要素和软件服务质量要素两大部分（图4.1）。

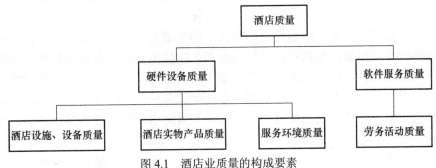

图 4.1　酒店业质量的构成要素

（一）硬件设备质量

酒店产品的硬件设备质量主要是指酒店提供的设施、设备和实物产品及服务环境的质量，主要满足宾客物质上的要求。硬件设备质量的高低决定着酒店产品提供能力的高低。

1. 酒店设施、设备质量

酒店是凭借其设施、设备为客人提供服务的，所以酒店的设施、设备是酒店得以生存的基础，是酒店劳务服务的依托，可以反映出一家酒店的接待能力。同时，酒店设施、设备也是酒店业质量的基础和重要组成部分，是酒店业质量高低的决定性因素之一。

酒店设施、设备包括客用设施、设备和供应设施、设备。

（1）客用设施、设备，也称前台设施、设备，是指直接供宾客使用的设施、设备，如客房设备、康乐设施等。它要求设置科学，结构合理；配套齐全，舒适美观；操作简单，使用安全；完好无损，性能良好。其中，客用设施、设备的舒适程度是影响酒店业质量的重要因素，舒适程度的高低一方面取决于设施、设备的配置，另一方面取决于对设施、设备的维修保养。因此，随时保持设施、设备完好，保证各种设施、设备正常运转，充分发挥设施、设备效能，是提高酒店业质量的重要组成部分。

（2）供应设施、设备，是指酒店经营管理者所需的不直接和宾客见面的生产性设施、设备，如锅炉设备、制冷供暖设备、厨房设备等。供应设施、设备也称后台设施、设备，要求做到安全运行，保证供应，否则也会影响酒店业质量。

2. 酒店实物产品质量

实物产品可直接满足酒店宾客的物质消费需要，其质量高低是影响宾客满意程度的一个重要因素，因此实物产品质量也是酒店业质量的重要组成部分之一。酒店的实物产品质量通常包括以下几个方面。

（1）菜点酒水质量。酒店管理者必须认识到饮食在宾客心目中占有的重要位置及不同客人对饮食的不同要求。例如，有的客人为了寻求新奇感而品尝名菜佳肴，而有的客人为了寻求符合口味的食品而喜欢家常小菜。但无论哪种宾客，他们通常都希望酒店饮食产品富有特色和文化内涵，要求原料使用精细、产品风味适口等。另外，酒店还必须保证饮食产品的安全和卫生。菜点酒水质量是酒店实物产品质量的重要构成内容之一。

（2）客用品质量。客用品也是酒店实物产品质量的一个组成部分，是指直接供宾客消费的各种生活用品，包括一次性消耗品和多次性消耗品。客用品质量应与酒店星级相适应，避免提供劣质客用品，给客人留下极其恶劣的印象。酒店提供的客用品数量应充裕，能够满足客人要求，而且供应要及时。另外，酒店客用品的品种还应切实满足宾客的需要，而不仅仅是摆设，以能够满足本酒店客源需要为佳。最后，酒店还必须保证所提供客用品的安全和卫生。

（3）商品质量。为满足宾客的购物需要，酒店通常设有商场部，而商场部商品质量的优劣影响酒店质量。酒店商品质量应做到花色品种齐全、商品结构适当、酒店陈列美观、价格合理等。更为重要的是注重信誉，杜绝假冒伪劣商品，而且酒店所供商品应符合宾客的购物偏好。

（4）服务用品质量。服务用品质量是指酒店在提供服务过程中服务人员使用的各种商品，如客房部的清洁剂、餐饮部的托盘等。它是提高劳动效率、满足宾客需要的前提，也是提供优质服务的必要条件。服务用品质量要求品种齐全、数量充裕、性能优良、使用方便、安全和卫生。管理者对此应加以重视，否则，酒店也难以为宾客提供令其满意的服务。

3. 服务环境质量

服务环境质量是指酒店的服务气氛给宾客带来感觉上的美感和心理上的满足感。酒店的服务环境质量主要表现在大堂、餐厅、客房楼层、商场和大门外等场所，其中以大堂的环境气氛最为重要。酒店的环境气氛应当宁静、和谐、舒适、温馨、力求典雅，富有文化气息。构成酒店服务环境质量的要素是建筑结构、装潢装饰、设施设备、员工穿着、员工气质、员工举止、背景音乐、客人结构、门前状况等，这些构成了酒店所特有的环境氛围。它在满足宾客物质需要的同时，又可满足其精神享受的需要。可见，酒店服务环境质量既与硬件有关，又离不开酒店管理，还与酒店宾客的素养高低有关。

由于第一印象的好坏很大程度上是受酒店环境气氛影响而形成的，为了使酒店能够产生这种先声夺人的效果，酒店应格外注重服务环境的管理。优雅、舒服的环境气氛往往是客人决定入住或用餐的主要因素，所以酒店应在这方面不遗余力地设法改善。

（二）软件服务质量

酒店产品的软件服务质量指的是无形服务，通常包括以下九个方面。

1. 服务项目

服务项目是为满足客人的需要而规定的服务范围和数目。酒店服务项目的多少，一方面反映了服务的档次，另一方面直接关系到顾客的方便程度。酒店服务项目设置有两个原则：一是本店主要客源的主要需求；二是本店人力、财力与物力的条件，其中以第一个原则更为重要。如果多数客人有某种需要，而酒店现在无法满足，应尽可能快地创造条件予以设置，至少应通过各种途径（甚至在酒店外）设法满足客人。

服务项目设置切忌赶时髦、摆花架子。有些酒店花费很多资金增设服务项目，然而光顾者很少，这些多半是经营者"关在办公室内拍脑袋"的结果；而有些十分简单的项目，诸如大堂提供墨水、邮票、红药水、绳子等零星物品，许多酒店却忽视了，而这恰恰是客人极有可能需要的。

2. 服务效率

服务效率是指员工在其服务过程中对时间概念和工作节奏的把握，应根据宾客的实际需要灵活掌握，要求员工在宾客最需要某项服务之时及时提供。因此，服务效率并非仅指快速，而是强调适时服务。酒店服务效率的规定有以下两类。

（1）用时限来表示服务效率。例如，总台入住登记每位宾客不超过 3 分钟，办理结账离店手续不超过 3 分钟，租借物品服务要求服务人员 5 分钟内送至客人房间，接听电话不超过 3 声铃响等。

（2）有时间概念，但没有明确的时间规定，是靠宾客的感觉来衡量的服务效率。例如，餐厅点菜后多长时间上菜，代购物品何时交送等。这类服务效率问题在酒店中大量存在，若使客人等候时间过长，很容易让客人产生烦躁心理，并会引起不安定感，进而直接影响客人对酒店的印象和对服务质量的评价。

3. 服务态度

服务态度是指酒店服务人员在对客服务中所体现出来的主观意向和心理状态，其好坏是由员工的主动性、创造性、积极性、责任感和素质高低决定的。因而酒店要求服务人员具有"宾客至上"的服务意识，并能够主动、热情、诚恳、耐心、周到地为宾客提供服务。酒店员工服务态度的好坏是很多宾馆关注的焦点，尤其是出现问题之时，服务态度常常成为解决问题的关键，宾客可以原谅酒店的许多过错，但往往不能忍受酒店服务人员恶劣的服务态度。因此，服务态度是无形产品质量的关键所在，直接影响酒店的质量。

4. 礼仪礼貌

礼仪礼貌包括服饰、服装、仪表、仪容、语言、习俗、礼节等方面。员工在上班时应穿酒店规定的岗位服装，且需保持清洁挺括、不破损、不掉扣子。男员工不留长发、怪发，勤剃胡须；女员工适度化妆，不浓妆艳抹或戴过多首饰。员工说话时应音量适中、语调平顺、用词恰当，讲究礼貌用语，给客人以亲切、友好、热情、真挚且富有极强人情味的感觉，站、行、坐等姿势需体现出自身的教养和对客人的尊重，不可漫不经心、随随便便，更不可趾高气扬、盛气凌人。员工对各国、各民族的风俗人情知识应有一定了解，不要在无意间做出伤害客人感情的事。员工要掌握国际、国内已经约定俗成的礼节，如拜访、接待、握手、递送与接收名片、欢迎、道别、介绍、称呼、行礼、送礼、禁忌等。

5. 职业道德

职业道德是人们在一定的职业活动范围内所遵守的行为规范的总和。在酒店服务过程中，服务是否到位实际上取决于员工的事业心和责任感，因此遵守职业道德也是酒店业质量的基本构成之一，它不可避免地影响着酒店的服务质量。作为酒店员工，应遵守"热情友好，真诚公道；信誉第一，文明礼貌；不卑不亢，一视同仁；团结合作，顾全大局；遵纪守法，廉洁奉公；钻研业务，提高技能"的职业道德规范，真正做到敬业、乐业和勤业。

6. 操作技能

操作技能是酒店提供服务质量的技术保证，是指酒店服务人员在不同场合、不同时间，对不同宾客提供服务时，能适应具体情况而灵活恰当地运用其操作方法和作业技能所取得的最佳服务效果，从而显现出服务人员的技巧和能力。操作技能的高低取决于服务人员的专业知识和操作技术，要求其掌握丰富的专业知识，具备娴熟的操作技术，并能根据具体情况灵活多变地运用，从而达到具有艺术性、给客人以美感的服务效果。只有掌握好操作技能，才能使酒店服务达到标准，保证酒店业质量。

7. 清洁卫生

尽管酒店有星级之分，清洁卫生的基本要求是相同的。客人入住酒店的动机可能不尽一致，但他们对酒店的清洁卫生要求是大同小异的。酒店的清洁卫生内容丰富，既包括餐厅、酒吧的食品与饮料卫生，也包括公共区域、客房及其他所有区域的清洁整理状况与员工服装、个人卫生习惯等内容。酒店清洁卫生直接影响着宾客身心健康，是优质服务的基本要求，酒店必须高度重视。

8. 服务时机

服务时机即在什么时候提供服务，包括营业时间（如餐厅营业时间）和某一单项服务行为提供的时间（如整理房间），在一定程度上反映了酒店服务的适应性和准确性。

9. 安全保密

促使客人入住酒店的一个重要原因是酒店较之旅馆、招待所更为安全。因此，酒店必须保障宾客、员工及酒店本身的安全。酒店应制定严格的安保制度，创造出一种安全的氛围，给宾客心理上的安全感。

上述硬件设备质量和软件服务质量的最终结果是宾客满意程度，宾客享受酒店服务后得到的感受、印象及评价。它是酒店业质量的最终体现，因而也是酒店业质量管理努力的目标。宾客满意程度主要取决于酒店服务的内容是否适合和满足宾客的需要，是否为宾客带来享受感，酒店重视宾客满意度自然也就必须重视酒店业质量构成的所有内容。

案例 4-1

餐桌旁的出色实习生

小汪在上海一家餐厅当实习服务员。有一次，她看到其他服务员将一大碟冷盘递给两位广东客人时，其中像是主人的一位客人皱了皱眉头，拿起筷子却没有吃，只是不时地看着身旁一个餐桌上的另一种什锦冷盘。她马上走上去问客人："先生，您喜欢这个菜，还是那个菜？"一边指着他身旁餐桌上的那盘冷盘。客人忙答："那一个。"她一看，原来他想要的什锦冷盘不是有熏鱼的那种，而是有大明虾的那种。客人因为已点了菜，既不愿吃前一种，又不好意思向服务员提出换后一种。小汪看出了他的矛盾心理，觉得应尽量满足客人的要求，况且服务员在介绍菜肴时不够周详，便主动地为客人换了菜。当她给客人端上一盘有大明虾的什锦冷盘时，客人立即站起来，翘起大拇指说："谢谢你，你的服务太出色了！"

接着，该服务员又给两位广东客人陆续上了三道菜后，最后一道菜汤客人等了半天还没上来，就到账台把账给结了。正在这时，服务员把那道汤端来了。客人见了生气地说："我们已结账了，你怎么才把菜端上来？"服务员把这碗汤放到餐桌上就走开了。这令人难堪的场面又被在另外餐桌服务的小汪看在眼里，连忙走上前去问明了情况后，她赶紧道歉："两位先生，实在抱歉！由于我们工作上的疏忽，给你们带来了麻烦和不快，请多原谅！"她想：账已结了，账单都已打入计算机，不便让账台改账。她又看了看菜单，最后是一道例汤，价格 15 元（外汇券），便对客人说："先生，我给你们 20 元现金，作为损失补偿，你们看如何？"两位客人的脸色顿时"多云转晴"，笑着回答："不必了，你们的服务做到这种程度，我们已心满意足了，谢谢你了！"她又说："先生，如果你们喜欢这道菜，我为你们免费提供一瓶啤酒。"客人非常感动地说："这个菜端走吧，你的一片心意我们领了。难为你这么为我们着想，下次来一定还请你为我们服务。"听到客人由衷的赞扬，小汪心里甜滋滋的。

本案例中餐桌岗位上的服务员"服务"不称职姑且不谈，值得一提的是实习生小汪的出色服务。

首先，是她主动补位的服务意识。两件事都不是发生在她负责的服务岗位上，但她时刻留意着周围服务区域客人的一举一动，当同伴的服务跟不上时，就及时赶上去补位。当她发现另桌客人不想吃已点好的菜而想换别的菜，又不好意思开口之时，就主动上前，道出客人心思，满足客人需求；当她察觉邻桌的客人与服务员因一道菜晚上气氛不妙时，又主动前去安抚客人。这种主动补位的服务意识值得在酒店服务中大大提倡。

其次，是她灵活敏捷的应变能力。她从客人不寻常的表情动作中敏锐地捕捉他想换菜而不好开口的心理，迎合了客人的潜在要求；她又针对服务员晚上一道菜给客人造成的不快，采取了灵活多变的补救措施，使客人的脸色由"多云转晴"直至心满意足。这种灵活敏捷的应变能力是酒店服务员应具备的基本素质。

二、酒店业质量评价的要素

酒店业质量对顾客而言就是服务的使用价值，可以用可靠性、反应性、保证性、移情性和有形性五个基本要素来评判。

（一）可靠性

可靠性是指可靠地、准确地履行服务承诺的能力，它意味着如清扫房间、做晚床、结账等服务以相同的方式、无差错地准确完成。可靠性要求酒店在提供服务的过程中严格按照服务规程操作，使服务差错的可能性尽量减少，确保客人的消费权益不受损害。可靠性是客人消费酒店产品时最重要的一个因素。

（二）反应性

反应性是指帮助酒店客人并迅速提供酒店各种服务的愿望及反应快慢程度。研究表明，在服务过程中，等候服务的时间长短是决定客人的感知服务质量优劣的重要因素，让客人等待或不及时解决问题都会给质量感知带来消极的影响，因此，酒店提供各项服务时应尽可能减少客人等候的时间。与反应性有直接关系的服务效率始终是客人关心的问题，服务效率的低下可能会让酒店失去已有的客人。例如，希尔顿酒店联号十分强调自己的服务特色"快"，这种"快速反应"的服务迎合了现代社会消费者尤其是商务客人的需要。

（三）保证性

保证性是指酒店员工所具有的知识、礼节及表达出自信与可信的能力，包括完成服务的能力、对顾客的礼貌和尊重、与顾客有效沟通的能力等。酒店员工亲切友好的问候和微笑将缩短宾客与新环境之间的距离，员工高超、熟练的操作技能和非同一般的应变能力则可使宾客备感放心和安全。因此，员工应尽可能地拓宽知识面，掌握服务过程中需运用的记忆、表达、分析、理解公关等方面的技能和技巧，娴熟的外语运用能力则能增强国外宾客对酒店业质量的信任与安全感。

（四）移情性

移情性是指设身处地为酒店客人着想并对他们给予充分的关注，这是酒店对于客人的关心体贴与尊重的体现。例如，酒店为误机的住店客人着想并努力找出解决问题的方法。服务人员的友好态度、对客人无微不至的关怀，能够最大限度地满足客人情感上的需要；反之，则会使消费者感到不快与失望。酒店是客人的家外之家，酒店服务应该具有家的情感色彩。

（五）有形性

有形性是指有形的设施、设备、环境、人员的可视性和无形服务的有形化，包括酒店员工对顾客的细致服务和体贴关心的有形表现，如床头的晚安卡、天气预报等。由于酒店产品的无形性，经营者常常在有形的服务设施与酒店建筑等硬件上下功夫，力求给客人以形感、美感与关爱。

三、酒店业质量评价的范围

确定酒店业质量评价范围的目的是缩小评价的范围，以保证评价内容的准确性。酒店业质量评价范围包括以下内容。

（一）质量的内容

质量的内容是酒店业质量评价的核心内容，包括硬件组成部分和软件组成部分。酒店业质量的硬件组成部分因酒店实际情况和客人需求有所差异，但一般有现实客观的衡量标准。因此，酒店业质量内容评价的关键在于考察酒店服务是否遵循了所规定的标准和程序。对于酒店各项服务而言，其服务质量标准是早已制定好的，并要求每一位服务人员都执行和遵守。服务质量标准作为酒店业质量管理体系的前提，为酒店业质量评价提供了依据，并通过评价来确保其执行。

（二）服务过程

评价酒店服务的过程是要考察酒店服务运作中的各环节的顺序是否科学合理，服务活动的逻辑顺序安排是否人性化，对服务资源的利用是否协调。以客房服务员打扫房间为例，服务员应该先做走客房，还是住客房或是 OOO（out of order，待修）房？房间清理的顺序如何？通过对酒店服务过程、作业流程的规定与评价，可以发现和改正服务工作中的协调性与活动顺序上的问题，以满足服务的需要和方便员工服务操作。

（三）服务结构

服务结构主要是评价服务组织结构和酒店服务项目结构。服务组织结构包括服务管理结构和服务运作结构两部分，前者主要考察其组织设计的科学性、人员结构的合理性和管理的效率性，后者主要考察其岗位设计的合理性、服务流程的科学性、服务操作的标准性。服务项目结构主要考察服务项目设置和服务提供的市场性、经济性和顾客满意性等。

（四）服务结果

服务结果是酒店业质量评价的重要内容之一。服务结果不仅是客人评价酒店业质量的重要方面，也是酒店进行质量管理的主要内容。酒店服务质量评价所考察的酒店服务结果包括顾客满意度、投诉与抱怨情况、员工与顾客意见，以及诸如"酒店的服务会导致哪些状况的改变"等涉及酒店服务最终结果的问题。

（五）影响

影响是酒店服务结果的后续和延伸，因此也是酒店业质量评价的范围。酒店业质量评价从两个方面考察酒店业质量的影响。一方面是酒店服务对客人的影响，这是酒店服务最直接、最重要的影响。例如，通过客人的回头率可衡量酒店业质量的优劣。另一方面是对酒店服务易获取性及其对社会公众的影响。例如，一家提供优质服务的酒店在本社区中形成良好的公众形象，也积极参与社区活动，能得到社区的认可和好评，并通过社区的宣传与口碑吸引更多的顾客。

四、酒店业质量评价要达到的效果

酒店业质量评价最终应为酒店业质量管理服务，应通过酒店业质量评价达到以下效果。

（一）以人为本，内外结合

酒店的质量管理一方面必须坚持顾客至上，把顾客的需要作为酒店业质量的基本出发点，酒店业质量目标的确立、质量标准的制定及酒店业质量管理活动的组织均应以此为依据。另一方面，酒店管理者心中必须有员工，注重员工的塑造、组织和激励，以提高员工的素质，并使其达到最佳组合和积极性的最大限度发挥，从而为保证质量的稳定提高奠定良好的基础。

（二）全面控制，"硬、软"结合

酒店业质量构成复杂、影响因素众多，既有硬件的因素，也有软件的因素；既有物质的因素，也有精神的因素；既有酒店的因素，也有社会的因素；既有员工的因素，也有顾客的因素。所以，要提高服务质量，必须树立系统观念，实行全员、全过程和全方位的管理。既要注意硬件设施的建设和完善，又要重视智力投资，抓好软件建设。

（三）科学管理，点面结合

酒店的服务对象是人，来酒店消费的顾客既有共同需求，又有特殊的要求。作为酒店，既有酒店的共性，不同的酒店又有自己的特点。所以，酒店的质量既要注重顾客的共同需要，又要注意照顾顾客的特殊要求；既要坚持贯彻国家的服务标准，抓好面上的管理，又要根据自身特点，具体情况具体处理，确定具有特色的服务规范和管理办法。

（四）预防为主，防管结合

酒店服务具有生产和消费同一性的特点，因此，要提高酒店业质量，就必须树立预防为主、事前控制的思想，防患于未然，做好事前预测和控制。同时，各级管理者要坚持走动式管理，强化服务现场管理，力求把各种不合格的服务消灭在萌芽状态。

第二节　酒店业质量评价体系

一、酒店业质量评价体系的构成要素

酒店业质量评价体系的构成要素包括评价主体、评价客体和评价媒体三个方面，如图 4.2 所示。

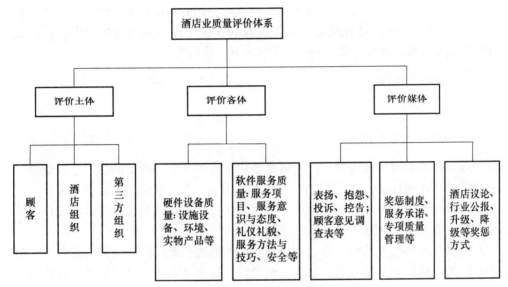

图 4.2　酒店业质量评价体系的构成要素

（一）评价主体

评价主体即由谁进行评价。酒店业质量评价主体应当包括顾客、酒店组织及第三方组织。第三方组织是指独立于顾客和酒店方的组织，如酒店协会、星级评定机构等。顾客是酒店服务的消费者和直接受益者，顾客对酒店业质量的满意程度直接影响到酒店业质量的评价结果。因此，要对顾客满意程度实施持续的评价，并积极寻求顾客评价中正面和反面的意见，以保证酒店业质量评价的客观性。酒店组织既是服务的提供者，也是酒店服务的受益者。酒店组织通过自我批评可以了解、检验和改造服务项目提供、服务过程运作中的不足和缺陷，保证向顾客提供优良的质量。第三方作为独立于服务消费者与服务提供者之间的非受益者，其评价具有较高的客观性和可信性，能让消费者对酒店业质量产生正确的预期并予以信赖。

（二）评价客体

评价客体即评价哪些内容。酒店业质量的评价客体应当包括酒店业质量的各个方面：由设施设备、环境、实物产品等构成的硬件设备质量；由服务项目、服务过程中的服务意识与态度、礼仪礼貌、服务方法与技巧、安全与卫生等构成的软件服务质量，顾客的评价应集中在服务项目、服务规范、服务提供过程是否满足顾客需要，酒

店组织评价应侧重于服务设施设备、服务用品、服务意识与态度等方面，第三方评价则应侧重于对硬件质量的考察与评价。

（三）评价媒体

评价媒体即对酒店业质量评价的表现形式及各评价主体反映评价结果的渠道。通常，顾客通过表扬、抱怨、投诉甚至控告来表现出其对酒店业质量的评价，通过顾客意见调查表得出的结果可以反映顾客对酒店业质量不同的满意程度。酒店组织以奖惩制度、服务承诺、专项质量管理等方式来反映其评价结果。第三方评价则以酒店议论、行业公报及升级、降级等奖惩方式公布和公开评价结果。

二、酒店业质量的三方评价

（一）顾客方评价

1. 顾客作为评价主体的依据

（1）顾客是酒店服务的接受者。顾客是酒店服务的对象，满足酒店的需求是酒店的"天职"。酒店内的一切，包括各种大小设施、设备、豪华装潢、典雅氛围及训练有素的员工，都是为宾客而设置的。因此，由服务接受者来评价服务提供者的工作与质量是最直接、最无可厚非的。

（2）顾客是酒店服务的购买者。作为酒店服务的购买者，顾客在酒店进行各种消费的同时，为酒店带来经济效益。从这一角度看，顾客是酒店产品的最关键评价者。顾客对酒店业质量的评价反映出顾客对酒店的满意度和忠诚度。好的酒店业质量评价不但能促使顾客经常光临酒店，还能带亲戚、朋友经常光临。

（3）顾客是酒店管理决策层的"成员"之一。顾客对酒店业质量的评价是酒店管理者做出决策的重要依据。酒店的经营管理是紧紧围绕如何满足顾客需求而进行的，对宾客服务质量评价的分析与解剖是管理者发现问题，找到宾客期望的服务与宾客感知到的服务之间的差距，促使管理者加强对"真实瞬间"的管理，是弥补宾客与酒店在接触过程中的不足之处的依据。因此，顾客对酒店业质量的评价在酒店业质量管理中起到十分重要的作用，是酒店管理决策的重要依据之一。

（4）顾客是酒店发展的推动力。顾客对酒店业质量的评价是酒店建立良好口碑的关键。当酒店的服务达到或超过客人的期望时，酒店就会获得顾客的良好评价，形成良好的口碑，有利于在公众面前树立良好的酒店形象，并建立酒店独特的品牌，提高酒店的竞争力，从而推动酒店的发展。

2. 顾客评价的影响因素

酒店业质量最终是由客人的满意程度来体现的，而酒店与顾客之间的互动质量决定了顾客的满意度。影响顾客满意的因素归纳起来有以下三项：顾客预期的服务质量、顾客经历的服务质量和顾客的感知价值。

（1）顾客预期的服务质量。是指顾客对以往酒店消费的经验，加上各种渠道的宣传（服务品牌、广告、口碑）及自身的心理偏好所形成的对未来酒店服务的预期。具体而言，顾客预期的服务质量受以下四个方面的影响。

① 酒店的市场营销。酒店可能利用各种市场渠道进行产品宣传，但片面夸大其词的宣传会使顾客形成较高的期望，若实际体验的服务质量不能与其相符，则顾客感知的服务质量会很低。因此，酒店要严格把握市场沟通的准确性，使其与提供的服务质量相吻合。

② 酒店的品牌形象。酒店在长期的经营过程中会逐渐树立起自己的形象，这对顾客评价服务质量有重要的影响，良好的酒店形象会使顾客较容易接受各种宣传，对酒店在服务过程中的失误也更宽容。反之，市场形象差的酒店，顾客的要求也会更加苛刻。另外，形象好的酒店，顾客对其服务产品有较高的期望，若它不能保持高质量的服务，其形象会逐渐受损。

③ 其他顾客的口碑宣传。有过类似经历的顾客向亲朋好友或其他人进行正面或反面的宣传，这是酒店难以控制的因素。需要注意的是，有的顾客由于受到特别的优待或对服务非常满意，往往会夸大宣传的效果，这在无形之中会使其他人对服务有较高的期望，从而影响顾客感知的服务质量。

④ 顾客自身的状况。顾客形成的服务期望与其自身的状况有很大关系。首先是顾客过去的经历会影响服务期望。例如，高级商务客人由于经常出入高档次的场合，他们对服务质量的期望较高；其次是顾客的心理偏好（这是一个比较复杂的问题，与其成长环境和遗传因素有关系，在期望形成的过程中会自觉地起作用）；最后是顾客的需求，不同的需求会有不同的期望，需要强度越大，期望值越高。

（2）顾客经历的服务质量。顾客经历的服务质量是由其所实际经历的消费过程决定的，评价自身所经历的服务质量往往较主观。一般而言，顾客经历的服务质量受到酒店服务标准化及个性化程度的影响。

① 服务的标准化程度。酒店提供标准化、程序化、规范化服务的可靠程度，是提供优质服务的基础。研究表明，提供标准化服务可以消除顾客的不满，但不能带来顾客的满意，因此，仅提供优质的标准化服务并不能使顾客真正满意。

② 服务的个性化程度。指酒店针对顾客不同的选择、不同的需求、不同的偏好，提供有针对性的个性化服务的程度。例如，里兹-卡尔顿酒店安装了一个可以记录客户爱好并自动把信息传递到世界各地的知识系统，酒店因此可以根据客人的不同偏好提供有特色化的个性服务。

（3）顾客的感知价值。指顾客所感受到的价值相对于自己所付出的货币价格后所感受到的价值（顾客的物有所值的感觉程度）。价格的概念使不同价位、不同酒店的服务质量之间具有可比性。在一定条件下，顾客感知的价值越高，则满意度也越高。酒店有必要深入研究酒店自身的价值链及顾客的价值链，用服务创新来提升顾客的满意度。

除了以上三个因素外，影响顾客对服务质量衡量的因素还有以下几个方面。

① 吸引力因素。如果某项服务的吸引力大，宾客就会感到满意；虽然有时该项服务的质量不一定很好，但宾客也能接受，而且不会表示不满。

② 理所当然因素。宾客主体上认为该项服务必须确实存在，也就是与宾客期望相符，宾客就会迅速认可，并进一步强化为原来的"必须存在"的主观认识；如果不存在或提供的服务不完整时宾客可能会立即表示不满，或感到不满，从而对服务的评价大打折扣。

③ 无关系因素。无论该部分服务情形如何，都不会创造满意或引起不满。在宾客看来，这些因素是可有可无的。

④ 逆反因素。服务热情过高、态度太好，反而会引起宾客的不满和使其产生戒心；反之，则可能有更好的效果。无干扰理论的依据即在于此。

⑤ 求全因素。服务过程完整、无暇则令顾客满意，服务不完整、有缺陷即令顾客不满。

3. 顾客评价的形式

（1）顾客意见调查表。顾客意见调查表是被酒店广泛采用的一种顾客评价的方式。其具体做法是，将设计好的有关酒店业质量具体问题的意见征求表格放置于客房内或其他易于被客人取到的营业场所，由客人自己填写并投入酒店设置的意见收集箱内或交至大堂副理处。此种调查方式的好处在于：评价完全由顾客自愿进行；评价范围广泛，几乎所有的客人都很容易参与评价。这种评价方式因在没有任何酒店工作人员干预的情况下进行，因此评价客观性比较强。

当前，国际上许多酒店开始利用互联网和其他在线服务进行顾客意见的调查，并取得满意的效果。酒店将需要顾客评价的内容发布在网上，顾客只要单击"确定"就可以直接将结果传输给酒店，这种方法不仅保证了获取顾客评价信息的快速与及时性，也大大降低了酒店为取得顾客评价而耗费的成本。

（2）电话访问。电话访问可以单独使用，也可以结合销售电话同时使用。电话访问可以根据设计好的问题而进行，也可以没有固定问题，因此自由度与随意度比较大，如酒店总经理或公关部经理打给老顾客的拜访电话。

（3）现场访问。又称为突击访问，其做法是抓住与顾客会面的短暂机会尽可能多地获取顾客对本酒店服务的看法与评价。一名成熟的酒店管理者应善于抓住并创造机会对顾客进行现场访问调查。事实上，可以利用的机会很多，如对特殊 VIP 顾客在迎来送往中的现场访问；对大额消费者的现场访问；对偶然遇到的老朋友、熟客的现场访问等。

（4）小组座谈。小组座谈是指酒店邀请一定数量的有代表性的顾客，采用聚会的形式就有关酒店业质量方面的问题进行意见征询、探讨与座谈。酒店利用小组座谈的方式展开顾客评价时，一般结合其他公共活动同时进行。例如，酒店贵宾俱乐部会员的定期聚会、节日聚会等形式不宜办得过于严肃，参与聚会的店方人员应尽可能与被邀请的顾客熟悉，同时要向被邀请的顾客赠送礼物或纪念品。

（5）常客拜访。《哈佛商业评论》的调查显示，对于酒店来说，20%的常客可以产生 150%的利润；商家向潜在客户推销产品的成功率大约是 15%，而向常客推销产品的成功率则达 50%。可见，常客的购买频率高、购买数量大，因而顾客价值和对酒店的利润贡献率也最大。因此，酒店管理者也应把常客作为主要目标顾客和服务重点，对常客进行专程拜访显示出酒店对常客的重视与关心，而对酒店富有忠诚感的常客也往往能对酒店服务提出有益的宝贵意见。

4. 顾客方评价的特点

（1）顾客评价的多元性。由于顾客消费需求各种各样，顾客的素质也相差悬殊，因此顾客对酒店业质量的评价必然呈多元性。个别带有偏见甚至有意挑刺的客人的评价是欠公平的。因此，对任何酒店业质量的评价都应是综合的。获得美国最高质量奖的里兹-卡尔顿酒店联号的宾客满意率是 97%。其总经理坦言，100%是不可能的，因为需要、满意、评价本身就有合理与不合理之别。

（2）顾客评价的被动性。客人一般不主动评价，只在特别满意或不满意的情况下才会主动表扬、批评或投诉酒店，在大多数情况下并无外在的表示。对此，酒店除应采取必需的措施诱导与刺激宾客积极参与评价外，还可以从投诉率、回头率等角度进行综合分析与评估。例如，北京一家获得五星钻石奖的高档酒店，投诉量与年接待总量的比例是 1：10 000；香港半岛酒店的年回头客率为 40%。这些经验数据也可作为宾客对酒店业质量的评价依据之一。

（3）顾客评价的模糊性。顾客对所提供服务的评价通常以主观评定为主，也就是说，大多数人缺乏检验服务质量的有效工具与手段，难以评测服务效率、产品构成。同时，一般客人不了解酒店服务的规范、程序和评价的尺度。因此，顾客的评价具有模糊性。

（4）顾客评价的兴奋点差异性。顾客有不同的文化背景、心理特质、个人经历。因此，影响他们满意度的要素不尽相同，即具有相同满意度的顾客会关注不同的服务要素，也就是说，顾客对各类服务会给予不同的权重。

（二）酒店方评价

1. 酒店作为评价主体的依据

（1）酒店是服务的提供者。由于酒店消费具有生产与消费统一性的特点，因此，酒店服务与其他产品相比有其特殊性，酒店服务的这种特殊性要求酒店注重服务的事前、事中与事后的评价。酒店对自身所提供的服务进行事前考评与事中控制能有效提高服务水平，而酒店服务的事后评价则能使酒店吸取经验教训，以防止不合格产品再次出现。

（2）酒店是服务产品的相关受益者。酒店靠出售酒店产品，即酒店服务来获取经济效益，酒店员工通过工作获得应有的工资报酬，从而实现自身价值。因此，酒店通过对自身服务产品的评价，知道所提供产品的品质优劣、市场适应性及产品的盈利水平，从而做出调整服务产品、开发新的服务产品等一系列管理决策，以获取更大的效益。

（3）质量评价是酒店业质量管理的环节之一。酒店对自身提供的服务水平进行评价是酒店业质量管理中的重要环节。酒店业质量是酒店内各个部门和全体员工共同努力的结果，是酒店整体工作和管理水平的综合体现，是酒店管理工作中的重点和中心。酒店在制定和实施质量方针之后，对质量进行评价是考核质量方针的落实与最终贯彻情况。通过酒店组织的自我评价，可以在了解服务实际情况的基础上，不断修正与完善质量标准，避免出现顾客不满意或不符合顾客需要的情况。

2. 酒店方评价的组织形式

在具体实施酒店自我质量评价的过程中，各个酒店采取了不同的形式：有些酒店成立了专职的部门——酒店业质量检查部，简称质检部；有些酒店在培训部或总经理办公室内设立相应的检查评价机构；有些酒店采取非常设的酒店业质量管理委员会来执行酒店业质量的评价工作。这些都是为了做好酒店的质量评价工作而建立的相应评价机构。

上述各种组织形式各具有优缺点，设立专职质检部门的优势在于有机构和人员上的保障，其不足之处在于机构设置繁杂，有限的人员很难对酒店各个部门的情况都十分了解，故评价的水准会打折扣；检查评价机构设置于培训部之内有利于酒店业质量评价与培训工作密切结合，从技术和业务的角度来完善酒店业质量，但这样的形式缺乏权威性与其他部门的参与；检查评价机构设置于总经理办公室之内将赋予质量评价工作更大的行政权威，加强了质量评价工作的分量，但缺乏专业性及其他部门的参与；非常设的酒店业质量管理委员会兼顾评价的权威性与专业化，实现了各个部门的参与，但由于没有专职的部门和专职的人员，委员会成员对自己部门以外的业务不熟悉，往往造成自己人评自己部门，因此对存在的问题不够敏感，不宜查出深层次问题，且容易出现各部门护短的情况。

酒店在进行自我质量评价的过程中，到底采用哪种组织形式，应根据自身的具体情况决定。例如，考虑整个酒店的管理方式是集权式还是分权式，酒店业质量考查所面临的主要问题是缺乏权威还是缺乏技术或部门重视等。总之，最适合解决自身问题的组织形式就是最好的形式。

3. 酒店方评价的形式

（1）统一评价。这种评价形式由酒店业质量管理的最高机构组织定期或不定期实施。由于它是酒店业质量评价的最高形式，因此具有较高的权威性，容易引起各部门的重视。在这种形式的评价中，要注意对不同部门的重点考核，因为即使是在一家质量管理水平较高的酒店，部门与部门之间的质量也是会有较大差异的；要注意评价的均衡性，酒店业质量最终是通过一线部门来实现的，但这并不意味着二线部门的工作对质量没有影响，恰恰相反，二线部门有时会起到决定性的作用，如采购部对餐饮部所需食物原料的准备等；应重视酒店业质量评价的严肃性，对于不达标、有问题的当事人和责任人必须依照酒店有关管理条例来处理。此外，对影响酒店业质量的员工素质及出勤状况的考评也往往由酒店统一展开。

（2）部门自评。部门自评是按照酒店业质量的统一标准，各个部门、各个班组对自己的服务工作进行考核与评价。酒店自我评价应该是多层次的，大致可分为三个层次，第一层是店一级的，第二层是部门一级的，第三层是班组、岗位一级的。店一级的考评不可能每日进行，但必须保证酒店业质量的稳定性，因此，部门与班组的自评就显得尤为重要。需要强调的是，尽管是部门自评，但一定要按照酒店统一的质量标准进行，不能自立标准、各行其是，否则，酒店的质量系统就会出现混乱。此外，酒店的质量管理机构也要加强对部门考评结果的监督，随时抽查部门质量考评记录，并随时对考评记录中的当事人进行核对，防止可能出现的"糊弄"行为。若部门考评结果与酒店考评结果存在较大的差异，酒店应引起足够的重视，并找出原因。

（3）酒店外请专家进行考评。酒店内层的各层次考评固然重要，但检查人员长时间处在一个环境之中，难免会因"身在此山中"而"不识庐山真面目"。因此，外请专家进行考评，不仅能使质量评价表现出较高的专业性，这些专家还会带来其他酒店在质量管理方面取得的经验，有利于酒店业质量管理的改进。此外，这些"局外人"在协助进行质量考评时，会帮助酒店发现一些容易被内部考评人员"麻痹"的问题。

（4）随时随地的"暗评"。随时随地的"暗评"是由酒店中高层管理者来实现的，即将质量考评工作融入酒店管理人员每一次的基层考察中。酒店管理者的每一次考察都应作为对酒店业质量的一次考评，对这一过程中发现的每一个问题都应及时纠正。这就如同酒店的培训绝不仅仅是在教室内完成一样，而应纳入管理人员对每一个实际操作行为的纠正与训导之中。无论是请专家考评还是管理者进行暗评之后都应该有考评报告，以反映考评的结果，并将考评报告作为酒店业质量管理的成果及员工奖惩、晋升的依据之一。

（5）专项质评。专项质评是指酒店针对特定的服务内容、服务规范进行检查与评估。酒店通常对自己的优势服务项目在特定的时间内开展专项质评，并以服务承诺或服务保证的方式向顾客展示质评后的服务效果。

案例 4-2

增设的服务项目

2011 年 11 月，杭州市旅游委员会为迎接西湖博览会的召开，对以杭州市贸中心酒店为代表的多家优选出来的酒店进行了专门的质量考评，并做出了优质服务的承诺，包括设立西湖博览会的专门咨询服务台，指定西湖博览会联络员；为嘉宾提供 VIP 服务；实行明码标价，保证质价相符；总服务台与值班经理 24 小时接待客人；提供不少于 12 小时的餐厅服务和 24 小时的送餐服务；当日处理宾客投诉并给予答复等。

4. 酒店方评价的特点

（1）评价的全方位性。酒店业质量的高低取决于各部门每一位员工的工作结果，对质量的评价不仅是对被服务者的需求质量进行评价，还要对酒店的工作质量进行评价。酒店业质量管理是全方位的，因为优质服务的提供不仅仅是酒店前台人员努力的结果，也需要后台人员所提供的保障，而酒店考评的全方位性正好可以做到这一点。

（2）评价的全过程性。在多数情况下，酒店业质量的控制通常是由控制提供服务的过程来达到的。因此，过程的评价与测量对达到和维持所要求的质量水平是不可缺少的。而从酒店或部门角度可以做到对酒店服务工作的全部过程的考评，还包括服务前、服务中和服务后三个阶段。这样的考评不仅仅是对面对客人所进行的服务的考评，还包括之前所做的准备工作和之后所做的善后工作的考评，有利于做质量考评后的总结和完善工作。

（3）评价的片面性。酒店进行自我评价时，由于考评人员长期处于一个固定的环境之中，难免会出现"不识庐山真面目"的情况。同时，还会因为走过场、搞形式等原因，使内部考评人员"麻痹""忽视"一些质量问题。

（4）评价的"完美"性。酒店自我评价中不论是哪层次的考评一般是事先通知的，即了解到的是被考评者在做好较为充分的准备之后的质量状况。因此，可能会因经过过多的"装饰"而缺乏真实性。同时，存在各部门、各班组之间的相互包庇现象，所以酒店自我评价反映的是酒店业质量临近最高水平的一个基本状态。

 案例 4-3

"神秘客人"出现后

W 市某三星级酒店，总经理为了提高酒店的服务质量，改变传统管理模式的弊端，转变观念，树立正确的服务意识，决定从国内请一位服务质量检查和管理方面的专家对酒店的服务质量进行一次暗访，专家以"神秘客人"面目出现。专家来到酒店后以客人身份入住、消费，一天后，专家向总经理提交了一份报告，记录了该酒店在服务质量中存在的 140 多个问题，现将主要部门的问题列出：

（1）客房（1205 房）：

① 电视开关控制不灵，31 个频道中有六个频道有麻点；

② 热水瓶盖腐烂；

③ 床单有三个小洞，浴巾大小、厚度不一；

④ 脸盆热水管出凉水；

⑤ 浴缸把手松动；

⑥ 圆珠笔出油不畅；

⑦ 柜子里棉被折叠不规范；

⑧ 抽风机有噪声，空调过滤网错位；

⑨ 缺晚安卡、航空信封、价格表。

（2）前厅：

① 前台没有客人使用的保险柜；

② 前台接待生问候语机械，推销意识差；

③ 酒店正在进行"微笑大使"活动，而员工不知道进行多久、评选多少人、有何奖励；

④ 23:30 打电话至前台要求早叫，服务员答"请找总机"。

（3）餐厅：

① 点菜后服务员没有复述菜名；

② 自助餐食品前没有放置食品牌；

③ 餐厅有蚊蝇；

④ 厨房与餐厅之间没有设置隔声、隔热、隔气味、进出分开的弹簧门，满餐厅都是厨房的味道；

⑤ 餐厅地毯太脏；

⑥ 用英语同三名服务员交流，都没有回应，等等。

当总经理把专家发现的 100 多个问题公布于众的时候，所有管理者都非常吃惊："我们有这么多问题吗？"

（三）第三方评价

第三方指除消费者和酒店组织以外的团体和组织。目前我国酒店业质量评价的第三方主要有国家及各省、市、县的旅游行政部门和行业协会组织。

1. 第三方作为评价主体的依据

（1）独立于利益相关者。第三方既不代表接受服务的顾客利益，也不代表服务提供者的酒店利益，是独立于酒店服务供应方和需求方的评价主体。由于没有利益关系，第三方的评价在客观性方面将胜于其他两方主体的评价。也是因为第三方能够客观地对酒店服务做出考评，其评价的结果较能让大众信服。

（2）实行行业管理。我国对酒店的行业管理主要通过相关的行业标准来评价和控制。已实施的涉及酒店方面的国家标准有《旅游酒店星级的划分与评定》（GB/T 14308—2010）《绿色酒店》（GB/T 21084—2007）等，这些标准由国家旅游局制定，由第三方——国家及各省、市、县的旅游行政部门来执行。通过开展星级评定等制度、对全国酒店业质量进行考核、评价，不仅规范了全国酒店的市场次序，提高了酒店业质量水平，而且实行了行业的科学管理，带动了旅游业整体的发展。

（3）推行标准化。第三方评价的重要作用还在于推行标准化。标准化是对共同的重复出现的问题制定并实施切实可行的、统一的措施的过程。要对整个酒店行业制定、实施统一的活动规则，这一任务无论是酒店的消费者还是酒店、集团都无法做到，而必须由第三方来完成。

2. 第三方评价的形式

（1）等级认定。目前，我国酒店业存在两大等级认定体系：星级酒店体系与等级酒店体系。两者在等级标志、认定对象、评价项目、评价内容等方面均有差别。例如，星级酒店体系以各种经济性质的旅游酒店为对象，以五角星的多少为等级标志，星越多等级越高；等级酒店体系则以政府宾馆和餐饮业为主要认定对象，以文字反映被评对象的档次，如特级宾馆、一级宾馆、二级宾馆等。我国酒店的两大等级认定也是由第三方——国家及各省、市、县的旅游行政部门或相关的劳动管理部门来认定的。

（2）质量认证。质量认证是指由可以充分信任的第三方证实某一产品或服务的质量符合特定标准或其他技术规范的活动，是第三方依据程序对产品、过程或服务符合规定的要求给予书面保证（合格证书）。质量认证包括产品质量认证和质量管理体系认证两部分。目前酒店业有 ISO 9000 质量管理认证体系族标准和 ISO 14000 质量管理认证体系族标准两大质量认证体系。我国自从 1993 年开始实施质量体系认证工作以来，已有不少酒店取得了这两个认证体系的认证证书。

（3）行业组织、报刊、社团组织的评比。这是由第三方的代表，如行业组织、社团组织、民意调查所、市场研究公司、报纸杂志等，通过各种不同的形式与方法对酒店业质量进行评价。例如，我国的酒店"百优五十佳"评比是在原来排行榜（评比星级酒店的经营实际，即"评强"）的基础上，结合服务质量和宾客意见，从 1994 年起开始评比的。国际上知名的美国的《公共机构投资者》杂志每年以打分方式评出 100 家全球最佳酒店。其他如美国质量协会（American Society for Quality，ASQ）、餐饮协会评比的"五星钻石奖"，中国台湾省商会评比的"年度最佳酒店"，日本旅游业工会的"最佳休闲度假场所"等。

3. 第三方评价的特点

（1）客观性与权威性。第三方既没有酒店所要考虑的成本及要求回报的经济利益，也没有酒店顾客希望得到的与自己付出相对等的享受利益。因此，第三方评价一般不会受偏好和利益等因素的影响，评价结果较具客观性。酒店的等级认定及评价工作是由国家、各省市旅游行政管理部门履行的职能，其评定后的结果将在国际旅游市场上分别代表整个中国旅游酒店业质量的形象，所以他们的评价具有权威性。

（2）局限性。一般而言，第三方评价只局限于产品或服务的主要功能、基本特征和通用要素，而未能也无法规定出顾客对酒店业质量的全面、特定、隐含的和日益提高、不断变化的需求。同时，因为必须考虑到整个酒店行业的现有水平，评价标准也不可能定得太高，所以第三方评价的评价标准往往会考虑其普遍适用性，而表现出一定的局限性。

（3）重结果性。以星评为例，"星级评定标准"只是对结果进行评价的标准，它更强调酒店的总体结果而难以全面反映酒店服务过程质量。

（4）滞后性。第三方评价遵循统一的标准，这些标准需要根据实践的发展不断更新。然而标准的更新往往是滞后的，因为制定出来的标准有一个贯彻执行期和相对稳定期，通常是 3～5 年修订一次，标准的更新周期与飞速发展的市场需求之间客观上存在着不协调而造成标准的滞后性。

（四）酒店业质量评价主体的逻辑关系

酒店业质量的评价主体之间存在着现实的逻辑关系：顾客评价是质量评价的最终

目的；酒店评价是提高酒店业质量、进行顾客评价的参考和第三方评价的依据；以第三方为主体的评价则是整个酒店业质量评价体系的基础。

1. 顾客评价是酒店业质量评价的最终目的

酒店的任何经营活动和管理手段的最终目的都是满足顾客的需求，从而实现酒店的经营目标。酒店业质量评价体系也不例外，因为酒店的生存与发展有赖于顾客的厚爱和忠诚。顾客评价是酒店业质量评价体系的焦点。以顾客为中心，以顾客满意为酒店追求的最终目的，既是酒店业不可动摇、不容辩驳的主题，也是对国际标准和准则的遵循。第三方评价所提供的基础也都是为顾客的最终满意而服务的。

2. 第三方评价是整个酒店业质量评价体系的基础

一方面，第三方评价可以规定酒店产品或服务的主要功能、基本特征和通用要素，起到最低门槛的作用，作为酒店的进入标准，并为顾客评价提供客观依据。另一方面，第三方评价可以综合酒店行业现有的和顾客评价的特性，制定比较客观且为顾客和酒店双方都能接受的标准，从而规范酒店服务，促进整个酒店业的标准化进程。

3. 酒店评价是酒店改进、提升质量的必经之路

酒店评价属于自我评价。酒店通过自我评价的结果，对服务过程、服务人员素质进行控制从而向顾客提供稳定、高质量的服务。其他各方评价的结果只有为酒店所接受后，才能起到改进酒店业质量的作用。酒店组织应在第三方评价的标准上，制定适合自身的服务标准、服务程序和服务规范。

三、酒店业质量评价体系的评价指标

酒店服务或服务提供的特性可以是定量的（可测量的）或者是定性的（可比较的），取决于如何评价，以及是由酒店组织、第三方还是由顾客进行评价。由顾客做出主观评价的许多定性特性，也是组织定量测量的选择对象。酒店的服务标准必须依据可以观察到的和需经顾客评价的特性加以明确规定，而提供的服务过程也必须依据顾客不能经常观察到的，但又直接影响服务业绩的特性加以规定。

酒店业质量评价中的质量特性包括设施、能力、人员的数目和材料的数量；等待时间、提供时间和过程时间；卫生、安全性、可靠性和安保性；应答能力方便程度、礼貌、舒适、环境美化、胜任程度、可信性、准确性、完整性、技艺水平、信用和有效的沟通联络等。因此，酒店业质量的评价指标应包括以下内容。

1）顾客满意指标

顾客满意指标包括顾客满意率、平均顾客满意度、顾客投诉率、投诉回复率、二次购买率等。

2）服务硬件质量指标

服务硬件质量指标包括房间数量、设施设备档次与数量、设备完好率、设备维修率等。

3）服务软件质量指标

服务软件质量指标包括服务限时、服务人员高素质率、服务人员外语水平等。

4）酒店经济指标

虽然各项经济指标与酒店业质量评价并没有直接的关系，却可以从侧面反映出该酒店的质量水平。因为只有质量优良的酒店才会吸引顾客，并在竞争中取得优势，从而赢得较好的经济效益，而质量差的酒店必然失去顾客而没有经济效益。当前的星级酒店评定中并没有对酒店的经济指标做出规定，但这是必然趋势，只有加入对酒店经济状况的考核，评定才是完整的。酒店经济指标包括利润总额、销售利润率、利润增长率、资产利润率等。

酒店业相关国家标准、行业标准一览

中国酒店协会于 2013 年 11 月公布了国家标准化管理委员会、商务部新近发布的国家标准、国家行业标准。

已经发布的国家标准有《绿色酒店》（GB/T 21084—2007）《旅游酒店星级的划分与评定》《酒店业职业经理人执业资格条件》（GB/T 19481—2004）。

已经发布的国家行业标准有《绿色旅游酒店》（LB/T 007—2006）《餐饮业职业经理人条件》（SB/T 10478—2008）《经济型酒店经营规范》（SB/T 10475—2008）《饭店业星级服务人员资格条件》（SB/T 10420—2007）《酒店业星级侍酒师条件》（SB/T 10479—2008）《饭店服务礼仪规范》（SB/T 10476—2008）《农家乐经营规范》（SB/T 10421—2007）《饭店枕类产品技术要求》（SB/T 10477—2008）。

已经列入国家标准的计划项目有《酒店业服务质量综合评价体系》《住宿业态分类标准》《温泉度假酒店经营服务规范》。

已经列入国家商务部行业标准的计划项目有《菜系分类》《餐饮品牌竞争力评估体系》《餐饮业现场管理规范》《餐饮业服务质量星级划分》《餐饮业技术考核规范》《餐饮业海鲜发制工艺技术规范》《火锅店设施条件及经营服务规范》《健康客房技术规范》《酒店信息化管理设备条件与规范》《酒店职能化设备条件与规范》《酒店智能保险箱》。

酒店业质量包括硬件设备质量和软件服务质量两大类。

酒店业质量的评价应从可靠性、反应性、保证性、移情性和有形性五个要素来评判。

酒店业质量三方评价指顾客方评价、酒店方评价和第三方评价。其中顾客方评价是酒店业质量评价的最终目的；第三方评价是基础；而酒店方评价则是酒店改进质量的必经之路。

与工作任务相关的作业

（1）酒店业质量的构成要素和评价要素有哪些？

（2）酒店业质量评价的主体有哪些？它们之间存在何种逻辑关系？

（3）酒店业质量三方评价的优缺点分别是什么？

第五章 酒店业质量第三方评价

（1）熟悉酒店业质量管理的第三方评价的种类、酒店星级评定的步骤、质量认证的种类。

（2）掌握 ISO 9000 质量管理认证体系标准的主要思想：ISO 八大原则、PDCA 方法、重视记录和可追溯性，运用 ISO 9000 质量管理认证体系标准的思想进行质量管理。

（3）了解 ISO 9001 质量管理认证体系的认证与星级评定的区别。

酒店业质量第三方评价

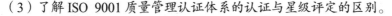

案例导入

五一饭店的 ISO 9001 质量管理认证体系的认证

餐饮业被认为是一个进入门槛较低的行业，因此在经营上的随意性非常大，导致餐饮业总是在一个较低的水平上竞争。"实行 ISO 质量管理认证体系认证对于中餐业是历史性的突破"，西安五一饭店的总经理张建荣在接受采访时这么认为。他说："ISO 的核心是标准化，通过 ISO 质量管理认证体系的认证意味着餐饮企业把'最大限度使顾客满意'的经营理念建立在一套规范、完整的现代管理体系之中。"

对于业内人士提出的标准化泯灭个性的担心，张建荣认为是多余的：ISO 的核心虽然是标准化，但这一标准化监控的只是生产、安装和服务的质量保证过程，是上一道工序和下一道工序的科学规范管理。评审专家会要求企业"写你所做的，做你所写的"，因此，企业在认证的过程中形成的各种文件具有鲜明的个性化色彩。例如，五一饭店的炒鳝糊非常有名，通过把烹制的手法、火候的把握形成书面的东西后，确保每一盘炒鳝糊在外形、口感上都是相同的。张经理拿着一叠认证材料说："这些文件都是五一饭店根据自己的实际情况让专家确定的，是不会适用于其他的企业的。"

尽管还没有拿到 ISO 9001 质量管理认证体系的认证证书，但五一饭店通过认证的过程已经建立起一套科学规范的管理机制，取得的直接好处是运营成本下降了 4 个百分点。

必备的理论知识

酒店业质量评价体系。

在酒店业质量评价体系中，第三方评价由于其评价主体独立于利益相关方，能够做出客观公正的评价而使人信服。第三方评价须依据一定标准进行。与此同时，标准化工作是酒店产品设计的重要工作，也是酒店业质量管理体系建立的重要工作。通过对酒店服务标准化定制，满足目标顾客群的需求，确定其产品标准，是酒店业质量管理的基础工作。本章主要对酒店产品设计时，可自愿选择执行的质量管理标准，也是第三方评价时所依据的标准进行介绍。总的说来，这些标准均非强制执行的标准。但如果酒店进行合理选择，可以很好地运用这些标准来有效地帮助自己实现质量目标。酒店在选择下列标准时应遵循以下原则：根据行业特点进行选择；根据酒店市场营销的需要进行选择；根据现有的或潜在的主要顾客的要求进行选择；根据企业发展规划进行选择；根据企业发展现状（企业发展阶段、财务状况、人力资源状况等）进行选择；根据质量经济性原则进行选择。

第一节　酒店星级评定

一、酒店星级评定制度概述

对旅游酒店进行星级评定是国际上通行的惯例。实行这一制度，不仅能使酒店管理向正规化、科学化的目标迈进，也可以方便旅游者选择。星级制度以"星"来标志酒店等级，以"星"来反映酒店的硬件、软件水平，是一种国际化的通用标识。只有评上星级的酒店才有权在其酒店的广告和各种宣传品上使用相应的星级标志。

在我国，为了使酒店管理理念和接待服务水平迅速与国际接轨，适应旅游业的发展，国家旅游局根据国务院的要求，1984 年 1 月在天津召开酒店经理会议，首次提出划分酒店等级的设想，1986 年参照国际上通行的酒店管理和服务要求，开始同国务院有关部委协商，正式启动起草酒店等级评定的标准，1988 年经国务院批准，国家旅游局颁布实施《中华人民共和国评定旅游（涉外）酒店星级的规定》及《中华人民共和国旅游涉外酒店星级标准》，1993 年 9 月 1 日经国家技术监督局（现为国家质检总局）重新审核修订作为国家标准，正式颁布了《旅游涉外酒店星级的划分及评定》（GB/T 14308—1993）。这是我国第一个酒店行业管理的国家标准。1997 年，国家技术监督局对其进行修订并以国家标准颁布（GB/T 14308—1997）。2003 年，国家旅游局和国家技术监督局根据形势的变化和十几年星级酒店评定的经验，第三次重新修订并颁布了《旅游酒店星级的划分与评定》（GB/T 14308—2003），并于 2005 年实施。伴随着中国旅游星级酒店的发展，为适应市场发展趋势和满足行业转型升级的要求，《旅游酒店星级的划分与评定》（GB/T 14308—2010）在 2003 版标准的基础上进行了完善与进一步的创新，标准高度重视各星级酒店必备项目的严肃性和不可缺失性，高度重视酒店服务的实际效果与顾客感知，高度重视酒店服务质量和产品品质的提升，高度重视酒店节能减排的全面实施，高度重视酒店运营的安全建设、制度完善与规范化建设。新标准的主要变化如下。

（1）更加注重酒店核心产品，弱化配套设施。

（2）将一星级、二星级和三星级酒店定位为有限服务酒店。

（3）突出绿色环保的要求。

（4）强化安全管理要求，将应急预案列入各星级的必备条件。

（5）提高酒店服务质量评价的操作性。

（6）增加例外条款，引导特色经营。

（7）保留白金五星级的概念，其具体标准与评定办法将另行制定。

二、星级标准对于酒店管理的意义

（1）酒店取得的星级是酒店业质量和经营管理水平的重要标志。

（2）有利于顾客对酒店进行选择，在很大程度上避免因顾客个性化需求对酒店业质量的置疑。

（3）星级标准是酒店经营管理的质量标准，通过星级认证，可以极大提高酒店的管理水平。自 1988 年国家旅游局发布《中华人民共和国评定旅游（涉外）酒店星级的规定》以来，我国旅游酒店业有了飞跃的发展，在硬件标准化、软件规范化、管理科学化方面均已成为增进国际间交流、加速社会经济发展、提高人民生活水平的不可忽视的推动力。同时，随着我国的国际化进程不断深入，酒店参与星级评定有利于管理理念和服务水平同国际接轨。

三、星级评定制度的主要内容

（一）星级评定的机构及其分工

在我国，旅游酒店星级评定的领导机构是国家旅游局。在国家旅游局的统一领导下，各省、自治区、直辖市旅游局设立酒店星级评定机构，负责本行政区域内的旅游酒店星级评定工作。国家旅游局设立酒店星级评定机构，负责全国旅游酒店星级评定工作，并具体负责评定五星级酒店；省、自治区、直辖市旅游局酒店评定机构具体负责评定本地区一星级、二星级、三星级、四星级酒店，评定结果报国家旅游酒店星级评定机构备案，并负责向国家旅游局酒店星级评定机构推荐五星级酒店。

（二）星级划分及评定依据

根据《旅游酒店星级的划分与评定》，旅游酒店星级评定实行五星制，就是分为一星级酒店、二星级酒店、三星级酒店、四星级酒店和五星级（含白金五星级）酒店。最低为一星级，最高为白金五星级，其评定依据如下。

（1）必备及选择项目的达标。《旅游酒店星级的划分与评定》中对各星级应达标的必备项目和选择项目做出了相应的规定。

（2）"设施、设备及服务项目"（附录 A）的评分满足各星级应得的最低分数。

（3）"设施、设备维修保养及清洁卫生"（附录 B）的检查评分分别满足各星级的规定得分率。

（4）"服务质量"（附录 C）的检查得分满足各星级的规定得分率。

（5）"服务与管理制度"（附录 D）的检查符合要求。

（6）各星级应达到的宾客满意率：一星级为 70%，二星级为 70%，三星级为 75%，四星级为 85%，五星级为 90%。

（三）星级评定对酒店服务质量的总体要求

1. 服务基本原则

（1）对宾客礼貌、热情、亲切、友好，一视同仁。
（2）密切关注并尽量满足宾客的需求，高效率地完成对客服务。
（3）遵守国家法律法规，保护宾客的合法权益。
（4）尊重宾客的信仰与风俗习惯，不损害民族尊严。

2. 服务基本要求

（1）员工仪容仪表要求：①遵守酒店的仪容仪表规范，端庄、大方、整洁；②着工装、佩戴工牌上岗；③服务过程中表情自然、亲切、热情适度，提倡微笑服务。
（2）员工言行举止要求：①语言文明、简洁、清晰，符合礼仪规范；②站、坐、行姿势符合各岗位的规范与要求，主动服务，有职业风范；③以协调适宜的自然语言和身体语言对客服务，使宾客感到被尊重、舒适；④对宾客提出的问题应予耐心解释，不推诿和应付。
（3）员工业务能力与技能要求：掌握相应的业务知识和服务技能，并能熟练运用。

（四）旅游酒店星级的评定方法

旅游酒店星级评定由星级评定机构组织专家按照《旅游饭店星级的划分与评定》对酒店进行检查评分。

1. 酒店参与星级评定的具体程序

第一步，酒店学习《旅游饭店星级的划分与评定》，自查自评，达标后将《中国星级饭店评定报告书》送至当地旅游酒店星级评定机构。
第二步，地方旅游酒店星级评定机构发放宾客意见表，了解客人对酒店的满意程度。
第三步，地方旅游酒店星级评定机构派出检查员对提出申请的酒店进行检查审核，检查的方式为明查和不定期暗访，检查后与店方就检查中出现的问题交换意见，指出不足，并提出改进意见的方案和设想。
第四步，地方旅游酒店星级评定机构对检查合格的酒店，如是申报一星级、二星级、三星级、四星级酒店即可准予，并报全国旅游酒店星级评定机构备案。对申报五星级的酒店写出推荐书，报全国旅游酒店评定机构审批。
第五步，全国旅游酒店星级评定机构对地方报的五星级酒店逐一进行检查，对申请的一星级、二星级、三星级、四星级酒店有重点地进行检查，对合格的酒店予以公布并颁发星级标志牌和星级证书，对不合格的酒店发送暂不确认星级通知书并附原因说明。
第六步，星级酒店的复核。复核工作由各省、自治区、直辖市旅游涉外酒店星级评定机构制定计划组织实施。全国旅游涉外酒店星级评定机构有计划、有重点地进行复核，对已评上星级的酒店至少半年复核一次，复核工作的方式方法及具体程序与评

定星级相同。

目前，星级酒店的申报材料的上报及星级评定员检查的结果均在网上公布。

2. 旅游酒店星级检查和复核

旅游酒店星级检查实行星级评定检查员制度。星级酒店的检查员分为国家级检查员和地方级检查员二个等级。国家级检查员负责对全国各星级酒店进行星级评定前后的检查；地方级检查员则负责对本地区各星级酒店进行星级评定前后的检查。

旅游酒店星级检查员在国家旅游局及各省、自治区、直辖市旅游局旅游涉外酒店星级评定机构的统一领导和组织下，对申请星级的旅游涉外酒店进行评定，行使检查职能。检查员在检查酒店时，除须持有检查证外，还须持有星级评定机构的介绍信，否则检查员身份无效。

旅游酒店被评定星级后，并非一劳永逸。根据相关评定规则，对已经评定星级的酒店实行复检制度，至少每年复核一次。复核工作由省、自治区、直辖市旅游局酒店星级评定机构组织实施，国家旅游局酒店评定机构则是采取有计划、有重点的方法进行复核。复核采取定期的明查和不定期的暗访相结合的方法进行，依据标准为《星级饭店访查规范》（LB/T 006—2006）。

3. 使用星级标志的注意事项

评上星级的酒店有权在其广告和各种宣传品上使用相应的星级标志，但应自觉遵守《旅游饭店星级的划分与评定》的国家标准和维护星级标志严肃性，不允许做不符合事实的虚假宣传。星级标志证明商标的使用规则受《中华人民共和国商标法实施细则》的约束，并遵循有关规定。

（五）星级酒店访查

星级酒店访查是具备检查资格的专业人员受各级旅游星级酒店评定机构委派，以普通客人身份入住酒店，针对已评定星级的酒店落实和执行星评标准的情况进行检查，或在不通知酒店管理方具体检查时间的情况下，以"神秘客人"的形式对酒店业质量进行暗访的一系列检查活动。

《星级饭店访查规范》是访查人员对星级酒店进行一系列质量检查活动的依据和要求。标准分为前厅、客房、餐饮、其他服务、安全设施及特殊人群设施、酒店总体印象、员工要求等七个大项。其中前厅、客房、餐饮等核心产品是访查的重点。各检查项目总分 610 分，要求各级酒店达到相应星级的总体达标率要求。例如，三星级为 70%，五星级为 90%，白金五星级为 98%。除此之外，七个大项也应按要求达到各星级相应的达标率。如其中任何一个大项达标率达不到规定要求，也将视为未达标。

值得一提的是，《星级饭店访查规范》对员工的应变能力提出了要求。员工应变能力评价是为考察星级酒店员工在访查人员设置的特殊情景下的危机处理能力、变通能力，目的是通过此项评价促进星级酒店提高个性化、定制化服务能力，提高宾客满意度。

对于访查结果达标酒店给予的奖励有口头表扬、通报表扬、酒店申请更高星级评定时予以加分、在评选各个级别的最佳酒店时予以加分；对于访查结果未达标酒店，给予的处罚有口头提醒、书面警告、通报批评、限期整顿、降低星级或取消星级。

案例 5-1

逐渐完善的酒店星级评价体系

国内自行管理的酒店缺乏规范的质量培训与检查体系，导致服务质量、管理水平与国际先进水平有较大的差距。这些因系统管理体系缺乏导致服务质量不稳定的因素，已经成为我国酒店业从数量扩张到质量提升的制约因素。而如家连锁酒店的成功发展是因为建立了一套完善的质量控制系统，从质量标准的制定、培训、执行到检查，形成了自身完整的质量控制和质量保证体系，使得如家品牌在客人心目中树立了良好的形象。

2006 年 3 月，国家旅游局正式颁布的《星级酒店访查规范》明确了星级酒店的各项服务的基本程序，这是对酒店星级标准的创新与补充，作为星级酒店复核、检查工作的主要方式。《星级酒店访查规范》和《旅游酒店星级的划分与评定》共同构成了酒店星级评价的完整体系。这将对我国酒店业的持续、健康发展大有裨益。

第二节　ISO 9001 质量管理认证体系的认证

一、质量认证

（一）质量认证的起源

在生活中经常见到这样的情形：企业打出标语"祝贺×××企业通过 ISO 9001 质量管理认证体系的认证"；在米、面、油、酱油、醋等食用产品上都有一个"QS"标志；在电视机、洗衣机等电气设备上有"CCC"标志。

这些标志其实就是企业在获得某种质量认证后的结果。质量认证是第三方依据规定的程序对产品、过程或服务符合规定的要求给予书面保证（合格证书）。

质量认证的起源可以追溯到 19 世纪下半叶。最初的认证是以对产品的评价为基础的，这种评价开始是由产品提供方（第一方）进行的自我评价和由产品的接受方（第二方）进行的验收评价。随着科学和生产技术的发展（蒸汽机、柴油机、汽油机和电的发明），以及工业化大生产的出现，也产生了许多锅炉爆炸和电器失火等大量恶性事故。民众意识到科学技术的发展如果没有质量的保障，往往会给人们带来更大的灾难。于是社会开始广泛关注产品的质量问题，而当时采取的第一方和第二方评价由于各方利益的影响而存在着一定的局限性。因此，需要有独立于产销双方不受其经济利益制约的独立第三方，用公正、科学的方法对产品特别是涉及安全、健康的产品进行评价，并给公众提供一个可靠的保证。第三方评价已成为市场的需求，为适应市场需求，由民间自发组建的第三方认证机构应运而生。

世界上实行产品质量认证最早的国家是英国。1903 年，英国工程标准委员会首创用于符合标准的认证标志，即"BS"标志或称"风筝标志"。该标志开始时用于符合尺寸标准的铁道钢轨，后来，该标志按英国 1922 年的《商标法》注册，成为受到法律保护的认证标志，一直使用至今。英国标准机构率先以英国国家标准为依据，对英国铁轨进行合格认证并授予"风筝标志"，标志着现代产品质量认证制度的正式启用。

除产品认证外，人们还考虑到用户的要求通常由标准规范来体现，如果提供产品的企业没有质量管理体系或质量管理体系不完善，仅靠产品的标准规范本身是不能始终稳定地满足用户要求的，从而导致质量体系认证工作的产生。20 世纪 50 年代，质量认证已基本上普及所有工业发达国家，从 70 年代起，在发展中国家也得到推广和普及。

（二）质量认证的分类

按认证对象可将质量认证分为产品质量认证和质量体系认证。其中产品质量认证又分为安全认证和合格认证。

按国家法律是否强制要求企业进行认证可将质量认证分为强制认证和自愿认证。只有安全认证是强制认证，其他都属于自愿认证，如表 5.1 所示。

表 5.1　质量认证的分类

按认证对象划分	产品质量认证		质量体系认证
	安全认证	合格认证	
按是否强制要求划分	强制认证	自愿认证	自愿认证

产品质量认证是指依据产品标准和相应技术要求，经认证机构确认并通过颁发认证证书和认证标志来证明某一产品符合相应标准和相应技术要求的活动。其中，安全认证通过法律、行政法规或规章规定强制执行认证；而合格认证属于自愿认证，是否申请认证，由企业自行决定。

安全认证标志有美国 UL 标志、欧盟 CE 标志、我国的 CCC 标志和 QS 标志，等等。UL 标志是美国保险商实验室颁布的标志，该实验室主要从事电气、电子设备、机械产品、灯具、建材、防火器材及化学品等公共安全方面的检验工作。UL 标志是美国及北美地区公认的安全认证标志。

"CCC"（China Compulsory Certification）认证又称 3C 认证。我国规定自 2003 年 8 月起，未经 3C 认证的产品将不得生产、销售。涉及安全、电磁兼容、环境保护的产品是 3C 强制认证的主要应用范围，目前儿童玩具也已被列入 3C 强制认证的范围。

QS 标志主要用于食品。2001 年，国家质检总局组织全国质检系统的执法人员和技术人员，在全国范围内对生产与人民群众日常生活关系密切的米、面、油、酱油、醋等五类食品的 60 余万家企业，开展了企业保证产品质量必备条件专项调查和国家监督抽查（简称"两查"）。"两查"结果表明，五类食品的平均合格率仅为 59.9%，在 60 多万家生产企业中，近 2/3 的企业不具备保证产品质量的基本生产条件，4/5 的企业不具备成品检验能力或甚至产品出厂不经过检验。由此可见，食品质量安全问题已到了非整治不可的地步。为此，国家质检总局从 2002 年 7 月开始借鉴国外成功经验，按照事前审查与事后监督相结合、分类管理和分步实施等原则，经过近一年的研究准备建立了一套符合社会主义市场经济要求、运行有效的国内食品质量安全监管新机制，即食品质量安全市场准入制度。获得市场准入的企业必须在其产品上标识 QS 标志。QS标志自 2004 年 1 月 1 日起实施，目前有肉制品、乳制品、方便食品、速冻食品、膨化食品、调味品、饮料、饼干、罐头等十大类食品纳入质量安全市场准入制度的范围。

（三）质量认证的选择

质量认证有很多种，企业应根据国家规定并结合自身情况进行认证或选择认证。有以下情况适合申请产品认证。

（1）有国家标准、行业标准并大批大量生产的产品。

（2）我国法律、法规规定实行强制认证管理的产品，如电器产品、儿童玩具、汽车安全带、摩托车驾驶员头盔、某些建筑材料等。

（3）希望在产品上使用认证标志时。

以下情况适合申请质量体系认证。

（1）单件小批量生产的产品。因为无法对每种产品进行质量合格认证，只能对生产这些产品的机构的整体质量能力做出认证，说明它们具有生产合格产品的能力。

（2）服务行业、专业设计单位等。

（3）买方（包括国内外）要求提供质量体系认证证明时，申请质量体系认证。

二、ISO 9001 质量管理认证体系

（一）ISO 9000 质量管理认证体系论证的依据——ISO 9000 质量管理认证体系标准的起源

质量认证产生于市场经济中，并在贸易活动中得到发展。20 世纪初期，国际贸易的迅速发展，使人们逐渐感觉到在国际贸易活动中，出于对质量的需求而对货物供应方提出的各种要求非常烦琐，并且缺乏统一的解释。供应商和采购商为了宣传和证实产品质量满足人们的要求，都需要投入相当大的人力和物力，这不仅增加了成本，还要不断地进行重复的检验和检查，从而延误成交的时间。国际贸易需要一种质量语言，对各种质量要求进行规范并使参与贸易的各方都遵照执行，于是产生了有国际影响力的质量标准、质量标准化组织。

国际标准组织成立于 1947 年 2 月 23 日，总部位于瑞士日内瓦，已制定了很多国家标准，其中 ISO 9000 族标准是国际标准化组织颁布的在全世界范围内通用的关于质量管理和质量保证方面的系列标准，主要是为了促进国际贸易而发布的，是买卖双方对质量的一种认可，是贸易活动中建立相互信任关系的基石。众所周知，对产品提出性能、指标要求的产品标准包括很多企业标准和国家标准。但这些标准还不能完全解决客户的要求和需要。客户希望拿到的产品不仅要求当时检验是合格的，而且希望生产这一产品的体系符合质量要求。ISO 9000 质量管理认证体系族标准正是通过对产品

的全部生产和使用过程中的人、设备、方法和文件等一系列工作都提出明确要求，通过工作质量来保证产品实物质量，最大限度地降低它隐含的缺陷。

（二）ISO 9001 质量管理认证体系的作用、目的和适用范围

目前，ISO 系列标准已在全球产生广泛而深刻的影响，已被 170 多个国家等同或等效采用。许多国家把 ISO 9000 质量管理认证体系标族准转化为自己国家的标准，鼓励、支持企业按照这个标准来组织生产，进行销售。同时，这些国家为了保护自己的消费市场，还鼓励消费者优先采购获得 ISO 9001 质量管理认证体系认证的企业产品。可以说，符合 ISO 9000 质量管理认证体系族标准已经成为在国际贸易上买方对卖方的一种最低限度的要求，而通过 ISO 9001 质量管理认证体系认证已经成为企业证明产品质量、工作质量的一种重要甚至必不可少的途径。

1. ISO 9001 质量管理认证体系认证的作用

（1）帮助被认证方系统建立质量管理体系，以顾客为关注焦点和持续改进的管理原则及 PDCA 循环帮助企业不断改进质量，提高质量管理水平。

（2）随着管理科学和技术的发展，ISO 9000 质量管理认证体系族标准本身能够不断更新，从而促使被认证企业不断进步。

（3）通过 ISO 9001 质量管理认证体系认证后，企业要不断接受外部审核，由此促使企业必须随时关注质量、重视质量管理。

（4）被认证方可借此获得证实其质量体系符合规定的标志，以获得在商业活动中（特别是国际贸易中）的相对优势，也有助于提升企业外部形象。

（5）可以作为买卖双方之间的质量保证协议，也可作为合同前评定供方质量体系的准则，是国际贸易中的质量"国际通用语"。

2. ISO 9001:2008 标准应用的目的

（1）要证实其有能力稳定地提供满足顾客要求和适用的法律法规要求的产品的情况。

（2）除保证产品符合要求外，通过体系的有效应用及持续改进，增强顾客满意。

3. ISO 9001:2008 标准的适用范围

（1）规定的所有针对质量管理体系的要求是通用的。

（2）要求适用于各种类型、不同规模和提供不同产品的组织。

（3）根据自身的特点及产品的特点，可以删减不适用的要求，但前提必须同时满足以下条件：①仅限于标准的第 7 章；②不影响组织提供满足顾客和适用法律法规要求的产品的能力或责任要求。

（三）ISO 9000 质量管理认证体系族标准

1. ISO 9000 质量管理认证体系族标准内容

ISO 9000 质量管理认证体系族标准包括以下一组密切相关的质量体系核心标准。

（1）ISO 9000：2008《质量管理体系-基础和术语》，表述了质量管理体系的基础，并确定了相关的术语。ISO 9000：2008 质量管理认证体系标准在我国的通行标准号为 GB/T 19001—2008。ISO 标准作为"国际质量通用语"，它首先对许多质量概念给出了严谨的定义。

（2）ISO 9001《质量管理体系-要求》规定了质量管理体系的要求，用于证实组织具有提供满足顾客要求和适用法规要求的产品的能力，目的在于增进顾客满意。

（3）ISO 9004《质量管理体系-业绩改进指南》提供考虑质量管理体系的有效性和效率 2 个方面的指南。该标准的目的是促进组织业绩改进和使顾客及其他相关方满意。

（4）ISO 19011《质量体系审核指南》提供了审核质量和环境管理体系的指南。

2. ISO 9001 质量管理认证体系的认证在企业中存在的文件形式

企业通过 ISO 9001 质量管理认证体系的认证，最终形成 3 个层次的 ISO 质量管理体系文件（图 5.1）。

（1）质量手册（第一层次文件）。包括公司的质量方针及对标准中每一款的政策，它提供了一个质量体系的大纲。内容应包括标题、手册应用范围、修订页（非常适用，最好有）、目录、机构简介、质量方针、组织结构、质量体系概略（也可加入详细程序，与第二层次文件合一）、机构程序与标准要求之间的对应表。

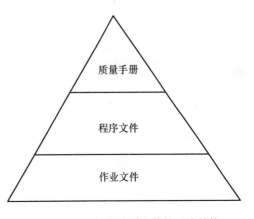

图 5.1　质量管理体系文件的层次结构

（2）程序文件（第二层次文件）。程序应包括以下内容：该程序的目的或意图、应用范围、程序具体要求（何时、何处、何人、何事、如何进行）、执行此程序时相关的文件。

（3）作业文件（第三层次文件）。作业文件是对活动过程更为详细的规定，如酒店中各部门存在的具体的操作规范或行为要求。

另外，也有人提出"第四层次文件"，这一层次的文件主要指依据上述文件要求所做的质量记录（表格、会议记录或其他）。

（四）组织推行 ISO 9001 质量管理认证体系认证工作的步骤

通常，企业应在充分分析企业发展目标、顾客要求、业务特点、内部人员情况，决定是否在本企业建立 ISO 9001 质量管理认证体系后，选择一家 ISO 9001 质量管理体系认证咨询公司，在咨询人员的辅导下进行以下工作。

1. 培训和职能分工

（1）培训。全员培训教育和 ISO 9001 质量管理认证体系内审员的培训和准备。

（2）建立组织。为了推行 ISO 9000 质量管理认证体系族标准，公司应成立专门的工作机构，负责全公司推行 ISO 9000 质量管理认证体系认证的组织协调工作，作为一个办事核心；应确定管理者代表，由最高管理者指定公司管理层成员之一担任。

（3）确定质量体系标准。根据组织的实际情况，选择合适的质量体系标准。在此过程中一般应参照某一合适的质量体系标准、主要合同和本单位的基本法规。

（4）职能分工和体系设计。

① 制定质量方针。

② 确定管理者代表的主要责任。

③ 选择质量体系要素。

④ 设计调整组织机构：各部门职责清楚并覆盖标准要求；各部门

我国饭店业将进一步整治"准星级"乱象

工作合理衔接；将职能分工形成书面文件，并经充分讨论；反映有关质量的策划、控制、协调、检查、改进工作；确定新体系中的文件结构；典型文件层次。

2. 编写文件并试点运行

1）编写文件

（1）列出文件清单。

（2）明确哪些旧文件作废、哪些保留。

（3）分配文件编写任务：各部门参与，质管部（ISO 9001 质量管理认证体系小组）集中整理。

（4）起草文件：工作流程清楚；阐述简洁；语言标准；文件传递路线明确。

（5）讨论和发布文件。

2）试点运行

通过试点运行做到以下几个方面。

（1）补充完善基础工作：边运行，边完善第三层次文件。

（2）修改体系文件：边运行，边修改不合适的文件。

（3）作为记录并保存好记录以提供证据。

3. 内部审核、正式运行

通过内部审核，对体系文件中不切合实际或规定不合适之处及时进行修改，之后发布第二版质量手册、程序文件进行正式运行。

4. 模拟审核，准备认证

为了减少认证一次通过可能存在的某种风险，在由第三方正式审核之前，可以由内部审核组成模拟的外部机构进行一次模拟审核或请已确认的认证机构进行预审。

5. 正式审核，体系维持

（1）接受正式审核。

（2）体系维持与提高：检查现场中存在的问题，不断地改进和巩固；进一步完善体系文件，加强协调监督工作；定期开展内部质量审核和管理评审。

三、运用 ISO 质量管理认证体系思想进行质量管理

ISO 9000 质量管理体系族标准是产品质量是否符合要求的认证，是企业质量管理的基础，并不是质量管理的终极目标。事实上，国外的知名酒店，特别是世界著名的酒店管理集团并不积极实施 ISO 9000 质量管理体系族标准，并不是因为标准对他们不适用，而是因为他们的管理体系比标准所规定的要求更健全。

此外，根据各类型企业推行 ISO 9001 质量管理认证体系认证的经验和教训，有时对企业来说，除非业务所必需，能够切实运用 ISO 思想进行质量管理比仅仅有一纸证书更为重要。抓住这些关键的思想，其实也就抓住了 ISO 9000 质量管理认证体系标准的精髓。这些重要的思想包括以下几个方面。

（一）ISO 9000 质量管理认证体系族标准的八大原则

1. 以顾客为关注焦点

组织依存于顾客，因此，组织应当理解顾客当前和未来的需求，满足顾客要求并争取超越顾客期望。在此原则下，组织将采取以下措施。
（1）调查、识别并理解顾客的需求和期望。
（2）确保组织的目标和顾客的需求及期望相结合。
（3）确保在整个组织内沟通顾客的需求和期望。
（4）测量顾客的满意程度并根据结果确定相应的活动或措施。
（5）系统地管理好与顾客的关系。

2. 领导作用

领导者确立组织统一的宗旨及方向。他们应当创造并保持使员工能充分参与到组织目标中的内部环境。在此原则下，组织将采取以下措施。
（1）考虑所有相关方的需求和期望。
（2）为本组织的未来描绘清晰的远景，确定富有挑战性的目标。
（3）在组织的所有层次上建立价值共享、公平公正和道德伦理观念。
（4）为员工提供所需的资源和培训，并赋予其职责范围内的自主权。

3. 全员参与

各级人员都是组织之本，只有他们充分参与，才能使他们的才干为组织带来利益。在此原则下，组织将采取以下措施。
（1）让每个员工了解贡献的重要性及其在组织中的角色。
（2）以主人翁的责任感去解决各种问题。
（3）使每个员工根据各自的目标评估其业绩状况。
（4）使员工积极地寻找机会增强他们自身的能力、知识和经验。

4. 过程方法

将活动和相关的资源作为过程进行管理，可以更高效地得到期望的结果。在此原则下，组织将采取以下措施。

（1）为了取得预期的结果，系统地识别所有的活动。

（2）明确管理活动的职责和权限。

（3）分析和测量关键活动的能力。

（4）识别组织职能之间与职能内部活动的接口。

（5）主动地改进组织的活动的各种因素，如资源、方法、材料等。

5. 管理的系统方法

将相互关联的过程作为系统加以识别、理解和管理，有助于组织提高实现目标的有效性和效率。在此原则下，组织将采取以下措施。

（1）建立体系，以最佳效果和最高效率实现组织的目标。

（2）理解体系内各过程的相互依赖关系。

（3）更好地理解为实现共同的目标所必需的作用和责任，从而减少职能交叉造成的障碍。

（4）理解组织的能力，在行动前确定资源的局限性。

（5）设定目标，并确定如何运作体系中的特殊活动。

（6）通过测量和评估持续改进体系。

6. 持续改进

持续改进总体业绩应当是组织的永恒目标。在此原则下，组织将采取以下措施。

（1）在整个组织范围内持续改进组织的业绩。

（2）为员工提供有关持续改进的方法和手段的培训。

（3）将产品、过程和体系的持续改进作为组织内每位成员的目标。

（4）建立目标以指导、测量和追踪持续改进。

7. 基于事实的决策方法

有效决策是建立在数据和信息分析的基础上的。在此原则下，组织将采取以下措施。

（1）确保数据和信息足够精确及可靠。

（2）让数据或信息需要者能得到数据或信息。

（3）适用正确的方法分析数据。

（4）基于事实分析，权衡经验与直觉，做出决策并采取措施。

8. 与供方互利的关系

组织与供方是相互依存的，互利的关系可增强双方创造价值的能力。在此原则下，组织将采取以下措施。

（1）在对短期利益和长期利益综合平衡的基础上，确立与供方的关系。

（2）与供方或合作伙伴共享专门技术和资源。

（3）识别和选择关键供方。

（4）进行清晰与开放的沟通。

（5）对供方所做出的改进和取得的成果进行评价并予以鼓励。

 案例 5-2

"预诊"实习医生

某医院发生过这样的情况：经过漫长时间候诊的病人，在经过医生简单询问病情之后，有 90% 以上被告知应做 ×× 项化验后再来，而当患者好不容易拿到化验结果时已经到了医生下班的时间，患者必须下午或者次日再来，还要再次排队挂号。后来，该医院遵循"以顾客为中心"的原则对业务流程进行了调整，在消化科增加一名"预诊"实习医生，向病人提出是否需要事先化验的建议。这一流程重组缩短了病人候诊时间。

（二）强调 PDCA 方法的应用

PDCA 方法可适用于所有过程，也是企业进行 ISO 9001 质量管理认证体系内部质量审核（内审）和外部质量审核时常采取的一种思路。它也是实施任何项目、做任何工作时的一个基本逻辑思路。

（三）重视记录和可追溯性

ISO 质量管理体系中将所有与质量相关的记录称为质量记录。ISO 要求人们"说到的要做到，做到的要有记录"。良好的记录可以不断地将企业优秀的思想沉淀保存下来，减少因为人员（特别是重要的管理干部和业务骨干）离职给企业造成的损失。

可追溯性是指追溯所考虑历史、应用情况或所处场所的能力。用通俗的话讲，可追溯性就是企业对自己的所作所为有查证的能力。对某项服务的可追溯性可涉及顾客提出要求的时间、地点和内容等，顾客要求的受理者，对顾客服务决定人，酒店的服务承诺，承担顾客服务的人，服务方式、时间、地点，顾客对服务的意见及意见收集人等。

可追溯性是酒店改进质量的基础，如果服务的质量记录没有可追溯性，则改进工作无从做起。如果酒店服务质量差，对所做服务又缺乏可追溯性，将加深顾客的不满。这在第二章第二节酒店业质量管理的基础工作之一——质量信息工作中有详细的介绍。

四、星级标准和 ISO 9000 质量管理认证体系族标准的区别

许多人对于酒店有了星级标准，还要执行 ISO 9000 质量管理认证体系族标准感到困惑不解，认为这是多此一举。然而，尽管都是第三方认证，星级标准与 ISO 9000 质

量管理论证体系族标准有着巨大的差别。

总体说来，星级标准是一个更具有酒店行业特征的标准，它针对酒店硬件部分所要达到的要求进行详细规定，对服务项目进行规范，较少涉及后台管理。相对 ISO 9000 质量管理认证体系族标准来说，星级标准缺乏企业主动以顾客满意为目标，持续改进质量的机制。而 ISO 9000 质量管理体系族标准强调企业形成质量管理体系、持续改进的机制，强调过程管理，特别是对后台运营的管理、对最高管理者的要求。这些是星级标准所无法做到的。同时，星级标准的行业针对性、对酒店各方面的细节规定，又是 ISO 9000 质量管理认证体系族标准无法做到的。因此，许多酒店都要执行两个标准。依靠星级标准达到行业要求，依靠 ISO 9000 质量管理认证体系族标准完善管理体系。在执行这两个标准时，酒店应该注意标准间的相容性。

第三节　其他第三方评价

一、ISO 14000 环境质量管理认证体系族标准

环境管理体系（environmental management system，EMS）是组织整个管理体系中的一部分，用来制定和实施组织的环境方针，管理其环境因素，包括为制定、实施、实现、评审和保持环境方针所需的组织机构、计划活动、职责、惯例、程序、过程和资源。

ISO 14000 环境质量管理认证体系族标准是由国际标准化组织中的环境管理技术委员会制定的旨在规范各企业及组织的环境行为及环境管理体系的国际标准。此标准的总目的是支持环境保护和环境污染预防，协调组织与社会需求及经济需求的关系。基本思想是引导组织按照 PDCA 的模式建立环境管理的自我约束机制，从最高领导到每个职工都以主动、自觉的精神处理好自身发展与环境保护的关系，不断改善环境绩效，进行有效的污染预防，最终实现组织的良性发展。通过 ISO 14001 环境管理认证体系认证的企业，表明该企业在环境管理方面达到了国际先进水平。

由于 ISO 14001 环境管理体系认证体系的认证可以带来节能降耗、增强企业竞争力、赢得客户、取信于政府和公众等诸多好处，所以自发布之日起即得到广大企业的积极响应，被视为进入国际市场的"绿色通行证"。同时，由于 ISO 14001 的推广和普及在宏观上可以起到协调经济发展与环境保护的关系、提高全民环保意识、促进节约和推动技术进步等作用，因此受到了各国政府和民众越来越多的关注。为了更加清晰和明确 ISO 14001 环境质量管理认证体系族标准的要求，国际标准化组织于 2004 年 11 月 15 日颁布了新版标准 ISO 14001：2004《环境管理体系要求及使用指南》。

二、绿色酒店

（一）绿色酒店的概念

绿色酒店是指以可持续发展为理念，为旅客提供的产品与服务符合充分利用资源、保护生态环境要求和对人体无害的酒店。"绿色酒店"的英文是 green hotel，或 eco-efficient hotel（生态效益型酒店）、environmental friendly hotel。绿色酒店的本质是

正确处理人与自然环境的关系，合理利用资源，改善酒店的环境质量，提高酒店的服务水平。

要建设绿色酒店，就需要从酒店的选址建造、发展战略、经营理念、管理模式、服务方式到企业文化的全过程，都贯穿可持续发展思想，正确处理人与自然环境的关系，实现保护地球环境、增进经济效益的双赢发展，为顾客提供安全、卫生、舒适、健康的产品和服务。

（二）建设绿色酒店的重要意义

建设绿色酒店具有以下几个重要意义。

1. 节约成本

首先，节约能耗可直接降低酒店的经营成本。据统计，采用绿色酒店相关措施后，可降低酒店能耗 10%左右，节水达到 15%左右。其次，酒店排放的各种废物在收集、运输和倾倒等方面的费用不断上涨，政府的有关处罚力度也在加大，酒店需要承受越来越大的成本压力。酒店把这些废料再循环使用，或者通过使用小包装的客用品或员工用品都可以为酒店节约不少成本。

2. 增加酒店收入

建设绿色酒店，可吸引具有环保意识的顾客，增加酒店收入。绿色酒店往往能吸引一批国际上的绿色消费客源。美国旅游协会做过相关的调查，仅美国国内就有 4300 万人自称是"生态旅游者"，即使生态旅游产品与服务的价格高出 8.5 个百分点，他们也愿意接受。

3. 提高酒店竞争力

一方面，从保护客人身体健康出发，提供绿色服务，可增加顾客满意度，提高酒店业质量和酒店竞争力；另一方面，能耗的节约和收入的增加，可以使酒店为顾客提供更多的增值服务，从而增强酒店的市场竞争力。

4. 酒店产品质量的长期保障

建设绿色酒店，能从长远保证酒店产品的质量，应是酒店业质量战略规划的一个重要部分。随着国家对环保立法的完善和公众关注程度的提高，酒店必然要采取措施来适应这一大环境的变化。不符合环境保护要求的酒店，其产品质量既不能让顾客满意，也不能得到社会的认可。

案例 5-3

旅馆的环境管理

1991 年，威尔士王子商业领导论坛创建了国际旅馆环境倡议机构，该机构由世界 11 个著名的酒店管理集团组成一个委员会，由英国查尔斯王子任主席。1993 年，英国查尔斯王子倡议召开了旅馆环境保护国际会议，通过了这 11 个国际旅馆集团签署的倡议，并出版了《旅馆环境管理》一书，目的是指导旅馆业实施环保计划，改善生态环境，加强国际合作，交流旅馆环境保护工作的经验和有关信息，促进政府、社区、行业及从业人员对旅馆环境保护达成共识并付诸实践。从那时起许多欧美国家的酒店纷纷重新审视企业的经营方式和服务程序是否符合环境保护的要求，并着手改进经营和服务方式，其中最主要的就是采用先进的节能设备；加强排放物的污染控制；尽量回收可再生物资，同时倡导绿色消费。在全球性的绿色浪潮的推动下，我国一些大城市的酒店也开始重视环境保护，加强员工的环保意识，注意在经营中节能、降耗、减少污染。

（三）我国绿色酒店标准

《绿色饭店》（GB/T 21084—2007）由中国酒店协会制定并由国家标准化管理委员会发布的标准是我国酒店和餐饮业首部绿色标准，适用于我国境内的所有酒店、餐馆、宾馆、酒家、度假村等企业。

1. 绿色酒店的等级和标志

依据《绿色饭店》将绿色酒店分为五个等级，即 A 级、AA 级、AAA 级、AAAA 级和 AAAAA 级，其中 AAAAA 级为最高级。

（1）A 级：表示酒店符合国家环保、卫生、安全等方面的法律法规，并已开始实施改善环境的措施，在关键的环境原则方面已做出时间上的承诺。

（2）AA 级：表示酒店在为消费者提供绿色服务、减少企业运营对环境的影响方面已做出一定的努力，并取得初步的成效。

（3）AAA 级：表示酒店通过持续不断地实践，在保护生态和合理使用资源等方面卓有成效，在本地区酒店行业处于领先地位。

（4）AAAA 级：表示酒店的服务与设施在提高生态效益的实践中获得了社会的高度认可，并不断提出新的创举，处于国内酒店行业的领先地位。

（5）AAAAA 级：表示酒店的生态效益在世界酒店业处于领先地位，其不断改进的各项举措为国内外酒店采纳和效仿。

绿色酒店以银杏叶为标志，对达到或超过绿色酒店标准的酒店和餐馆，将准许使用我国绿色酒店标识。绿色酒店标志牌由绿色酒店评定机构统一制作、颁发，任何单位或个人未经授权或许可不得擅用。

2. 绿色酒店的评定

绿色酒店的等级评定采取企业自愿申请，并组织相关人员参加培训的方式进行。按标准规定一个企业评定一个等级，如果企业由若干分店组成，应按各店的实际情况分别评定等级。如果是连锁店，可以统一申报，一次评定。

首先，由企业参照绿色酒店评定条件及自我评估表开展实施活动。根据企业的需要，绿色酒店评定机构将派专家进行具体指导。其次，企业根据实施结果，填写有关评估材料报绿色酒店评定机构。最后，绿色酒店评定机构对材料进行书面审核后，委派审核组对该企业进行现场评审。审核组由经过专业培训与考核、获得资格证书的审核员组成。

绿色酒店审核员资格分为初级、中级、高级三级，并实行注册制度。注册初级审核员有资格实施绿色酒店的企业内部审核，注册中级审核员有资格实施绿色酒店的外部审核，注册高级审核员有资格担任绿色酒店外部审核组组长。审核员只能在接受执行绿色酒店评定机构委派书后方能行使审核职责。审核员在 4 年内要定期接受再培训及验证，以确定其注册资格。

经评定的绿色酒店，由绿色酒店评定机构每两年进行一次年审，每 4 年进行一次复评。在此期间，应企业的申请可安排进行晋级评定。绿色酒店评定机构将做不定期暗访。在年审、暗访、复评人员出示审核员证书及绿色酒店评定机构委托书后，酒店应积极配合开展相关工作。评审企业的绿色酒店标志的有效期为 4 年。

神秘的米其林
评委

3. 绿色酒店评定的标准

绿色酒店的评定有一系列前提条件。它从绿色设计（包括环境设计、建筑设计、流程设计）、安全管理、节能管理、降耗管理、环境保护、健康管理（包括绿色客房、绿色餐饮）、绿色宣传等方面对酒店提出了要求，要求酒店做到以下几点。

（1）严格遵守国家有关环保、节能、卫生、防疫、食品、消防、规划等法律法规和标准，各项证照齐全、合格。

（2）绿色酒店必须有最高管理者发布的专人（绿色代表）负责该企业创建绿色酒店的任务书；有创建绿色工作计划；有明确环境目标和行动措施；有健全的公共安全、食品安全、节能降耗、环保的规章制度，并且不断更新和发展；有酒店管理者定期检查目标实现情况及规章制度执行情况的记录。

（3）酒店有关于公共安全、食品安全、环境保护的培训计划。不断提高员工安全和环保意识，分管创建绿色酒店工作的负责人必须参加有关安全、环境问题的培训和教育。

（4）客人活动区域以告示、宣传牌等形式鼓励并引导顾客进行绿色消费，使顾客关心绿色行动。酒店被授予"绿色酒店"后，必须把牌匾置于醒目处。

（5）有建立绿色酒店的相关文件档案。

三、主题旅游酒店

随着体验经济时代的到来和酒店行业市场竞争的日益激烈，为了提升综合竞争能力，创造行业新的品牌，使消费者享受更温馨、更丰富的服务产品，形成更为深刻的消费体验，特色化、主题化建设已成为 21 世纪我国酒店发展的方向之一。

主题旅游酒店是指以某种特定的主题为核心，在酒店建筑设计、环境设计、装饰用品设计、服务方式设计、产品形态设计、企业形象设计等方面表述同一的文化理念，展示同一的文化形象，传递同一的文化信念，并能够以个性化的具象存在为服务对象提供物质享受，产生精神感染力的旅游酒店。

为进一步探索主题旅游酒店的特性与规律，引导酒店在创建过程中立足市场，开拓资源，完善服务，从而提升整个行业的服务水平和综合效益，四川省旅游局提出了主题旅游酒店的评定标准。

该标准规定了主题旅游酒店的划分条件、评定规则、服务质量及管理制度要求。以三星堆金面具头像为蓝本设计主题旅游酒店的标志符号。以头像的数量表示旅游酒店特色化、主题化建设的程度与水平，分为特色一级、特色二级、特色三级、特色四级和特色五级。按照酒店的服务功能，将主题化建设划分为特色环境与建筑、特色前厅、特色客房、特色餐饮、特色康乐五大类型。酒店可结合自身实际情况选择性地逐步推行。酒店完成一个类型的主题化建设，达到标准的相关要求，即获得镶嵌有一个头像的主题旅游酒店标志。获得的标志越多，表示旅游酒店的特色化、主题化程度越高，文化内涵越深。从严格意义上讲，只有五大类型都实现主题化建设的旅游酒店才是真正完整意义上的主题旅游酒店。

四、美国马尔科姆·波多里奇国家质量奖

（一）美国马尔科姆·波多里奇国家质量奖概述

美国马尔科姆·波多里奇（Malcolm Baldrige）国家质量奖由 NIST（National Institute of Standards and Technology，国家标准与技术研究院）执行，它设立的最初意图是力图通过一个竞争性的评审和奖励过程来提高美国企业的竞争力。它建立在不断改进的基础上，而不是像 ISO 9000 质量管理认证体系族标准那样是一个"合格/不合格"的测试。在评审结束后公司将得到一张评分表，评分范围为 0～1000 分，表示公司运营系统执行马尔科姆·波多里奇标准的有效程度，侧重于顾客满意度及经营绩效。表 5.2 是美国马尔科姆·波多里奇国家质量奖标准。

表 5.2　美国马尔科姆·波多里奇国家质量奖标准

标准内容	要点描述	分值/分
领导	评估领导层对价值、方向、执行绩效的设定的理解，以及他们对于顾客其他受益人在授权、创新和学习方面的关注，还检查企业对公众的责任感和社区的支持情况	120
战略策划	评估企业确定目标及计划的方法，以及目标及行动如何分解、进步如何衡量	85
以顾客和市场为焦点	评估企业如何确定顾客及市场的要求、期望企业如何与顾客建立关系，采取哪些主要措施来获得顾客，满足顾客	85
信息与分析	检查企业信息管理及测量体系，以及企业结果分析绩效数据及信息	90
以人力资源为焦点	检查企业如何激发和鼓励员工的积极性、潜力，企业如何创造并保持一个良好的工作环境，确保企业与员工共同发展	85
过程管理	对过程管理的主要环节进行评估，如以顾客为焦点的设计、产品和服务、关键经营和支持过程，这部分包括所有关键过程和工作单位	85
经营结果	检查组织在主要经营方面的表现和改进，如顾客满意、产品及服务表现、财务及市场绩效、人力资源及经营表现、竞争者的优劣等	450

该标准在增强美国竞争力方面起到了以下三个重要的作用。

（1）有助于提高组织绩效改进的实施能力。

（2）促进交流并分享美国所有组织中的最佳运作方法。

（3）是了解并控制组织的行为，指导策划和培训服务的工具。

获得马尔科姆·波多里奇国家质量奖的著名酒店有里兹-卡尔顿酒店。

（二）美国马尔科姆·波多里奇国家质量奖对于酒店业质量管理的借鉴意义

马尔科姆·波多里奇国家质量奖评奖注重以下两方面的结果来帮助组织提高其绩效。

（1）使顾客在不断改进的价值观中获益，带来市场上的成功。

（2）改进组织整体效率和能力。

酒店业质量管理可从以下几个方面借鉴马尔科姆·波多里奇国家质量奖的重要思想。

（1）高层领导的承诺与领导。高层领导的承诺与领导是保证质量管理顺利实施的根本，也是质量管理最主要的推动力，因为没有这一保障，企业无法做任何事，或者即使能做一些事，也都是短期行为。

高层领导在组织活动中，首先要明确酒店未来的发展动向，以及为了实现酒店的目标所制定的质量方针策略。国际酒店业在这个思维过程中特别强调关注顾客和股东的利益、高度重视社会责任。可以看到，他们把质量管理和企业领导人的价值观和社会责任感联系在一起，质量管理已远远超出单纯谋求企业利润这一目标。高层领导的承诺和领导还体现在组织保障上，即最高管理者就是质量的第一责任人。第一责任人必须承担质量责任，引导企业有正确的发展方向并实施强有力的领导。

（2）战略计划的制定。在制定战略计划时必须考虑到，质量是实现酒店目标的重要保障，也是酒店最有力的竞争要素，要充分发挥这一要素的重要作用。在战略计划中，还应充分考虑顾客和市场的需求及期望，因为这不仅是酒店制定质量标准的依据，也是酒店新的市场机会。

此外，在战略计划中，酒店还应对自身的资源状况、经营状况、能力和需求等方面进行认真分析，并在此基础上设计出有特色的经营战略。特色是酒店形成竞争力和征服消费者的核心要素。

（3）以顾客为中心，以人力资源为重点。质量的标准是顾客的满意度，也就是说，酒店在经营中应以顾客满意度为指针，从顾客的角度，用顾客的观点来分析顾客的需求，并提供其所需的服务。要做到这一点，关键在于使酒店的每一位员工，包括从最高管理层到普通员工，都认识到质量的重要性，并真心投入其中。为此，就必须激励、培训员工，为员工创造良好的工作环境，提高员工的满意度，发挥每个员工的潜能。

（4）过程管理。过程是将企业的资源转化为符合质量的产品或服务的一系列增值活动，这些活动是相互关联或相互作用的。

过程管理就是将复杂的生产和经营管理活动分解为若干个过程，以便于确定关键过程、管理和改进的重要环节，更好地解决系统中存在的问题。同时，企业要对过程各要素，即输入资源和各种活动进行策划和控制，将过程输出的变化限制在预期范围之内，通过过程改进提高过程输出的效率和有效性。

酒店运营包括若干个过程，管理层可将其分为主要过程和次要过程，并对每个过程实施管理、控制和改进。每个酒店的关键过程各不相同，因此，必须对关键过程进行更加严格的管理。因为过程结果涉及顾客的满意、员工的满意、社会的影响和企业的效益。

与酒店业质量管理相关的法规、政策

酒店在其经营过程中，首先应遵守国家的相关法律法规的要求，这是确保酒店业质量所"必须满足的"要求，也是酒店所要履行的标准中的最高标准。与酒店业质量管理相关的法规、政策主要有以下几种。

（1）《中华人民共和国产品质量法》。酒店的食品生产和商品销售应符合相关规定。

（2）《中华人民共和国消费者权益保护法》。1993年10月，八届人大常委会第四次会议通过了《中华人民共和国消费者权益保护法》，各省（市、区）也先后颁布了《保护消费者合法权益条例》。这些消费者权益保护法律和法规明确规定："消费者有权要求经营者提供的商品和服务符合保障人身、财产安全的要求。""因购买、使用商品或者接受服务受到人身、财产损害的，享有依法获得赔偿的权利。""经营者向消费者提供商品或者服务，应依照《中华人民共和国产品质量法》和其他相关法律、法规的规定履行义务。""对消费者就其提供的商品或服务质量和使用方法等问题提出询问，应做出真实、明确的答复。""应当保证其提供的商品或服务的实际质量与表明的质量状况相符。"

（3）《中华人民共和国食品卫生法》。

（4）《中华人民共和国环境保护法》。

（5）《中华人民共和国传染病防治法》。

（6）《中国旅游酒店行业规范》。该规范是我国酒店行业的第一部规范。

（7）一些临时的政策通知，如《旅游经营单位预防控制传染性非典型肺炎应急预案》。

此外，各地的相关法规中对酒店设施的《工程质量竣工核验证书》《消防验收合格证明》《安全许可证》《高层建设给水设施卫生许可证》《食品生产经营单位卫生许可证》《公共场所卫生许可证》等均有相关规定，这也是酒店经营必须遵守的。将未通过国家相关部门验收的场所投入经营，这种行为实际上埋下了安全隐患。例如，2005年6月10日，广东省汕头市华南宾馆发生特大火灾，共造成31人死亡、16人受伤。事后查明，该宾馆未申报建筑消防设计审核验收和消防安全检查；2000年3月29日，河南省焦作"天堂"影视厅突发大火，造成74人丧生，该录像厅改造时未向消防部门申报，并使用易燃装饰材料，未安装配备必要的消防设施，没有《消防安全证》，《营业执照》是通过造假骗取的。

总之，酒店要及时关注政策和相关法律、法规的变更，要在国家法律、法规及政策许可的前提下进行经营活动。这也是酒店应对外界突发事件，保障酒店业质量的重要手段之一。例如，在非典期间，我国颁布了《旅游经营单位预防控制传染性非典型肺炎应急预案》。该预案就酒店应对非典型性肺炎的宣传方法、人员组织方法、防范步骤、紧急情况的处置方法进行了详细的介绍，只要酒店认真贯彻执行，就可以避免非典型性肺炎在酒店的传播，同时可以对顾客起到良好的安抚稳定作用，减少他们的担忧。

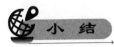 小　结

　　酒店业质量的第三方评价标准主要包括酒店星级评定、ISO 9001 质量管理认证体系的认证，ISO 14000 环境质量管理认证体系族标准、绿色酒店、主题旅游酒店、美国马尔科姆·波多里奇国家质量奖。
　　星级标准侧重于酒店行业的硬件和服务规范，而 ISO 9000 质量管理体系族标准侧重于酒店内部管理。

与工作任务相关的作业

　　（1）酒店适合选择哪种质量认证，为什么？
　　（2）为什么有的酒店通过了星级评定，有了较系统的质量评价标准，还要申请通过 ISO 9001 质量管理体系认证？
　　（3）酒店选择的第三方评价标准可能不止一个。例如，一家酒店不仅会遵照星级标准，还会申请绿色酒店评定、主题酒店评定，甚至 ISO 9001 质量管理认证体系和 ISO 14001 环境质量管理认证体系的认证。在执行这些标准时，酒店应如何做好标准之间的"相容性"？

第六章　酒店业质量管理方法

 **学习目标**

（1）了解 5S 活动、7S 质量管理、6σ方法的含义及其对于酒店业质量管理的意义。

（2）熟悉质量管理的七种工具及其在酒店业质量管理中的应用。

（3）掌握五常法及其在酒店业质量管理中的应用。

酒店业质量管理方法

案例导入

追求"先进"的质量管理方法

情境一：衡继股份前任 CEO 王振华深信质量是企业的生命，因此一直致力于找出一种可以提高产品质量、企业竞争能力的办法。他先后花费了 1300 万元人民币为企业引进 ISO 认证、SPC 统计过程管理方法，学习海尔的零缺陷、零库存管理方法，推广海尔的 EVA（economic value added，经济附加值）理论，派专人去美国学习 6σ，然而无一成功。为此，他在退休后受到了公司的指责。

情境二：在 2006 年的质量月，中国质量协会举办了"百千万质量专家企业行"活动。在一次质量讲座中场休息时间里，许多企业的质量管理人员都谈到自己所在的企业推行过不止一种质量管理的方法，但收效甚微，于是认为自己所采用的方法"不够先进"，要求专家多介绍一些新的质量管理方法，如 6σ、精益生产、零缺陷管理等。"哪种方法最有效？"他们问。

对此专家认为，现在一些企业在运用质量管理的方法上存在着严重的"赶时髦"现象，就像猴子掰玉米，掰一个扔一个。其实质量管理方法没有好坏之分，只有适合不适合之分。

目前企业界对质量的重要性颇有共识，然而如何能够获得良好的产品质量或服务质量，除了应借力于合适的质量管理标准外，还应当为企业选择适当的质量管理方法。那么，质量管理的方法有哪些？它们各有何特点？如何具体地实施？这些正是本章要探讨的内容。

 **必备的理论知识**

质量管理发展的三个阶段。

第一节　5S 活动和五常法

我们首先来看这样一个场景：酒店工程部的小王正在干活，急需一把扳手。他打开自己的工具箱，发现工具箱里除了工具之外，还有雨伞、茶杯、鞋、报纸等杂物。小王花费了好长时间才找到扳手，却发现它已破损不能使用，只有停下手中的活向别的岗位人员借……

在工作中，我们是否会被这样的问题困扰？如果我们的学习、生活和工作的环境混乱不堪，将会对效率产生何种影响？

要解决这种类似的问题，需要开展 5S 活动、运用五常法进行现场管理。

一、5S 活动

（一）5S 活动的基本思想及其起源

5S 活动起源于日本，它的提出基于清洁的工作场所和高素质的员工是工作效率和质量的保障的思想。

由于工作现场的脏乱，导致工作效率下降，甚至导致事故的发生。例如，在工厂中，工人将成品、半成品乱放在一起，还夹杂一些原材料和废品，非常影响工作效率，也威胁工人的安全；乱七八糟的接线板由于短路引起火灾；工厂地面上横七竖八的钢筋导致工人摔倒受伤……凡此种种使得日本的企业管理人员开始认识到良好的、有秩序的工作环境对于质量的重要性，于是在企业开展了一系列现场管理活动。1955 年，日本的现场管理的宣传口号为"安全始于整理，终于整理整顿"。当时只推行了前两个 S，即整理（sort）、整顿（seiton），其目的仅是确保作业空间和安全。后来又逐步提出了 3S，即清扫（seiso）、清洁（setketsu）、修养（shitsuke），从而使这一活动的应用空间及适用范围进一步拓展。1986 年，日本有关 5S 的著作纷纷问世，从而对整个现场管理模式起到了冲击的作用，并由此掀起了 5S 的热潮。

日本人不仅在国内企业广泛开展 5S 活动，也要求其供应商做到工作环境整洁。例如，我国广东有一家工厂的主要业务是根据日本客户提供的订单进行加工生产，该工厂的工人素质相对较低，他们经常在工作场所随意丢弃杂物，虽然工厂对其进行过多次教育，但都没有取得明显的效果。而日本客户对于工厂环境的要求非常苛刻，他们提出如果再出现类似的情况，就减少一半的订单，这意味着工厂一半的工人将要失业。这一决定迫使厂方花大力气整治工作环境，最终取得较好的成果。

5S 活动的开展对于日本企业产品质量的提高起到了积极作用，随即被各国质量管理工作者学习和采用，目前已成为企业管理中的基础管理活动之一。

（二）5S 活动的内涵和实施步骤

1. 5S 活动的内涵

5S 活动是指通过上述五个 S 的实施来改善工作环境，提高全员素质，进而提高效率和企业利润的现场管理方法。其中前三个 S（整理、整顿、清扫）是 5S 工作的基础，当前三个 S 进行得很充分的时候，再通过第四个 S 的实施不断提高水平，达到预期的第五个 S 的效果，即实现员工素质的整体提高。其具体含义如下。

（1）整理：重点是检查所有工作场所，清点所有的物品，保留需要的物品，处理不需要的物品。

（2）整顿：对保留的物品进行组织，使其易于使用并放回原处。简言之，整顿就是人和物放置方法的标准化。

（3）清扫：彻底地将自己的工作环境四周打扫干净，并且检查设备，发现异常时马上维修，使之恢复正常。清扫活动应遵循下列原则。

① 自己使用的物品，如设备、工具等，要自己清扫，不要依赖他人，不增加专门的清扫工。

② 对设备的清扫要着眼于对设备的维护保养，清扫设备要同设备的点检和保养结合起来。

③ 清扫的目的是改善工作环境。在清扫过程中发现设备有异常状况时，必须查明原因，并采取措施加以改进，不能听之任之。

（4）清洁：对前三项活动的坚持和深入，指对整理、整顿、清扫之后的工作成果要认真维护，使现场保持完善和达到最佳状态。实施清洁活动时需要秉持以下三个观念。

① 只有在"清洁的工作场所才能产生高效率、高品质的产品"。

② 清洁是一种用心的行动，不要只在表面下功夫。

③ 清洁是一种随时随地的工作，而不是上下班前后的工作。清洁活动的要点：坚持"三不要"的原则，即不要放置不用的东西，不要弄乱，不要弄脏；不仅物品需要清洁，现场工人同样需要清洁，工人不仅要做到形体上的清洁，而且要做到精神上的清洁。

（5）素养：要努力提高人员的素养，树立讲文明、积极敬业的态度，如尊重别人、爱护公物、遵守规则，有强烈的时间观念等。素养是 5S 活动的核心，没有人员素质的提高，各项活动就不能顺利开展，即使开展了也会失败。

2. 5S 活动实施的步骤

5S 的实施一般有以下几个步骤。

（1）成立推行组织。

（2）拟订推行方针及目标。

（3）拟订工作计划及实施方法。

（4）教育。

（5）活动前的宣传造势。

（6）实施。

（7）确定活动评比办法。

（8）查核评比及奖惩。

（9）检讨与修正。

（10）纳入定期管理活动中。

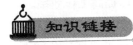知识链接

酒店 5S 之间的关系

酒店业五个 S 之间的关系可以用几句口诀表达：

只有整顿没整理，无法取舍乱糟糟；整理整顿没清扫，物品使用不可靠；

3S 效果怎保证？清洁出来献一招；标准作业练素养，酒店管理水平高。

二、五常法

5S 活动中的整理、整顿、清扫、清洁、素养等五个词对于我国人来说从文意上理解有一定困难。例如，"清扫"和"清洁"两个概念就极容易混淆。因此，我国的质量管理实践者在日本的 5S 方法基础上，总结出质量管理的五常法，同时在餐饮行业进行了广泛的推广应用，取得了显著的成效。

（一）五常法的主要内容

五常法指的是常组织、常整顿、常清洁、常规范、常自律的现场管理方法。该方法原理简单、操作简便、以人为本、成效明显，特别适合在从业人员素质普遍有待提高、工作场所脏乱、高深复杂的管理方法无法推行的我国餐饮行业使用。下面对五常法各项要求实施的目的、要点及其意义进行阐述。

1. 常组织

1）目的

常组织的目的是使工作场所只保留日常所用的东西，把"空间"腾出来，尽量使工作场所存放的物品简单。

2）实施的要点

对物品进行分类，判断必需与非必需，留下少量必需的，清理所有非必需的。首先，要发动全体员工，对职责区域的物品进行全面清点。按需要和不需要进行判别，对需要的物品按使用频率决定用量，进行分层管理（重在下，轻在上，常用在中间）。对不需要的物品进行及时清理并分析其产生原因，避免再次浪费。

3）意义

（1）减少物品数量，为整齐、整洁奠定基础，是非常关键的一步。

（2）清理非必需物品，可以节省空间，消除积压物品，避免重复采购、浪费、误用，起到节约、环保的作用。

（3）对物品进行分层管理充分体现了为员工着想和人性化管理，有利于提高工作效率。

2. 常整顿

1）目的
常整顿的目的是使物品"有名有家"，摆放整齐，方便取放物品，提高工作效率。

2）实施的要点

（1）将常组织后的必需物品摆放集中、整齐，定位定量，明确标示，摆放在最方便使用的位置上。

（2）通过画线、着色等方法明确定位，使物品都"有名有家有量"。在五常法中，提倡对部分物品使用五常胶盒（透明的储藏盒，有扣子、存量线）。使用五常胶盒有利于一目了然地了解物品及其存量，也有利于物品的分类存放。

3）意义

（1）通过定位，防止杂乱。

（2）通过"有名有家"，使得物品分开、专用，避免交叉感染，杜绝误用、乱用，同时可快速找到所需物品。

（3）通过集中存放，使得物品整齐；通过使用胶盒，使物品整洁，杜绝生熟混放、交叉污染。

（4）通过明确标示，掌握物品保质期限，可以做到"先进先出"，保持原料新鲜，杜绝过期、变质食品。

（5）通过定量限量，节约周转奖金，消除过多积压。

图 6.1～图 6.6 为企业实施五常法前后的图片对比，其中图 6.1 和图 6.2 是实施五常法以前的厨房仓库和操作间，图 6.3～图 6.6 是实施五常法后干净整洁的厨房仓库和操作间。

图 6.1　实施五常法前的厨房仓库　　　图 6.2　实施五常法前的操作间

图 6.3 实施五常法后的厨房仓库

图 6.4 厨房用具"有名有家"

图 6.5 清洁工具"有名有家"

图 6.6 使用透明胶盒——原材料"有名有家"

3. 常清洁

1）目的

常清洁的目的是使工作环境保持清洁状态，物品、设备随时都能正常使用。

2）实施的要点

（1）定期将工作场所和有用物品清扫和净化，彻底去除垃圾、灰尘、污垢，追查污染源并予以杜绝。建立清洁责任区，分配每个人负责清洁、整顿、检查的范围，并进行标示（区域责任标牌）。为了使清洁更容易进行，应注意不制造死角，物品尽量离地放置；处理食品、使用设备时要防止弄脏其他物品、设备和场所；每次作业后立即清洁场所、物品、设施等，使其经常保持干净状态；分析易脏的原因，并设法预防、消除污染源。

（2）对工作场所的每个地方、每台设备、每个物品进行有规律的清洁和护理，保持设备、物品处于良好的可用状态。

3）意义

（1）通过明确到因人而定的区域、物品，责任到人，而不只是岗位、班组，做到相互促进、相互配合、相互提醒。

（2）通过人人参与，使得员工明白清洁是每个人工作的重要组成部分，养成良好的工作习惯。

（3）通过把清洁卫生由突击转到常态，抛弃传统的日后大扫除式清洁方式。

（4）通过日常的维护、检修，保证取出的物品能正常使用。

（5）使得环境整洁、明亮。在达到安全卫生要求的同时，给员工提供一个舒适的工作环境。

这样的酒店
你敢住吗

4. 常规范

1）目的

常规范的目的是维持持久有效的整洁习惯和行为方式。

2）实施的要点

（1）连续不断地坚持常组织、常整顿、常清洁，进行自查自纠。

（2）注重预防。例如，预防不必要物品的产生，出现不必要的物品要找原因，想举措；预防杂乱，想办法让物品不会杂乱，如通过吊起来、贴上标示、装入五常盒等方法；采用预防弄脏式作业，如使用托盘传送菜品，可有效防止菜汤洒落在地面。

（3）运用视觉管理：运用画线、红牌、看板、标牌、颜色等方法，让任何人一看便知异常问题所在。

3）意义

（1）视觉管理使得问题较容易被发现，可查出常组织、常整顿、常清洁存在的问题。

（2）通过规范化的要求，将对空气质量、废弃物排放、食品原料采购标准、绿化、消防安全等要求明确下来，形成制度。

5. 常自律

1）目的

常自律的目的是使员工养成良好的行为习惯。

2）实施的要点

（1）强调提高员工素质，从着装、礼仪、个人卫生等方面着手。

（2）强调人人参与、天天参与。要求员工今天的事今天做，坚持每天执行五常法，尤其倡导下班前 5 分钟执行五常法：将当天不需要的东西回仓；把所有用过的物品都放在应放的地方；抹净自己用过的工具和工作台面，并清扫地面；固定可能脱落的标牌，检查整体是否保持规范，不符合规范的应及时纠正；检查当班工作是否完成，检查服装状况和清洁度，预备明天的工作。

（3）不断培训，特别是对新从业人员一开始就要灌输五常法，使员工自觉遵守规章制度，而不是靠纪律的约束强迫员工做事。

（4）定期检查，不断纠偏。持之以恒，坚持每天应用五常法，使五常法成为日常工作的一部分。

3）意义

前面的"四常"既是基本动作，也是手段，通过这些无形中能使员工养成良好的习惯。这是五常法成功的关键。

（二）五常法的特点

作为一种现场管理的方法，五常法相比其他质量管理方法具有以下特点。

（1）五常法营造了空间宽敞、物品整齐、清洁的环境。从腾出空间着手，定位整齐，放置必需物品，使普遍厨房面积偏小、物品众多的餐饮业变得宽敞、整齐。将清洁卫生纳入员工日常工作的重要部分，倡导工作时要有防止弄脏、随脏即清的理念，并把清洁卫生由突击转到常态，抛弃传统的定期大扫除式清洁方法。

（2）五常法倡导简单、标准的现场化管理。从小事做起，从细节做起。职责、要求、方法、注意事项等在工作现场明确标示，采用公开、透明、易懂、易会的"傻瓜式"管理模式，抛弃传统的由上层制定制度，层层下达指令，且把制度、操作方法等"锁在办公室抽屉里"的经验式、临时决策式、员工较难接受的管理方式。

（3）五常法倡导以人为本，实行人性化管理。先从员工角度出发，创造标准易懂、操作简便、环境整洁的工作条件。

（4）五常法倡导全员参与。责任到人、到岗、到点，全覆盖，无盲区，无交叉，人人参与"五常"管理。

（5）五常法倡导长效管理理念。习惯成自然、习惯成自律、习惯成素养。

（三）酒店业推行五常法管理的目的

（1）改善和提升酒店形象。整齐、清洁的优美环境容易吸引顾客，让顾客有信心；同时，由于口碑相传，该企业会成为其他酒店企业的学习对象。

（2）促成效率的提高。良好的工作环境和融洽的工作气氛，有修养的工作伙伴，物品摆放有序，可以使员工集中精神工作，提高工作兴趣，效率自然会提高。

（3）改善物品在库周转率。整洁的工作环境，有效的保管和布局，彻底进行最低库存量管理，能够做到必要时立即取出有用的物品。物流通畅，能够减少甚至消除寻找、滞留时间，改善物品在库周转率。

（4）减少直至消除故障，保障品质。优良的品质来自优良的工作环境。通过经常进行周期性的清扫、点检，不断净化工作环境，避免污物损坏机器，维持设备的高效率，提高品质。

（5）保障企业安全生产。储存明确，物归原位，工作场所宽敞明亮，通道畅通，不在地面随意摆放不该放置的物品。如果工作场所有条不紊，意外的发生也会减少，当然安全就会有保障。

（6）降低生产成本。通过实施五常法，可以减少人员、设备、场所、时间等的浪费，从而降低生产成本。

（7）改善员工精神面貌，使组织活力化。人人都变成有修养的员工，有尊严和成就感，对自己的工作尽心尽力，并带动改善意识（可以实施合理化建议改善活动），增加组织的活力。

（8）缩短作业周期，确保交货期。由于实施了"一目了然"的管理，使异常现象明显化，减少人员、设备、场所、时间等的浪费，生产顺畅，提高了作业效率，缩短了作业周期，从而确保了交货期。

第二节　7S 质量管理

一、7S 质量管理的基本思想

7S 质量管理就是要以环境质量管理为切入点，提升酒店整体质量管理水平 7S，即整理、整顿、清扫、清洁、安全（safety）、节约（save）、修养七项内容。7S 来源于日本的 5S，是在移植 5S 的基础上与时俱进地加入安全、节约两项内容形成的。7S 质量管理的思想就是从物品定置化切入，通过对物品定置化行为的规范化实现自我改造和自我提高的过程，实现员工由被动管理向自我管理的转变。

在推行 7S 质量管理的过程中，管理者从思想导入，重视细节环节，养成凡事认真的习惯，遵守规定的习惯；养成自觉维护工作环境整洁明了的习惯及文明礼貌的习惯。让员工知道将工作纳入每个人的日常生活当中是工作的一部分；知道 7S 是对工作场所的检查和改善；知道 7S 是日常工作习惯的体现，提高工作效率就是提高经济效益；知道 7S 是提升员工素质的过程。

洲际酒店集团推出全新"洲游"360 虚拟全景移动平台

二、7S 质量管理的具体实施

为更好地落实 7S 质量管理工作，管理者亲自指挥安排，由酒店质量管理委员会具体负责，部门经理层层落实，把整理、整顿、清扫作为员工日常工作的规定动作，提高设备、物品、原材料的使用效能。按部门和岗位制定工作流程，将企业经营管理的理念标准化、规范化、制度化，以提高工作的质量和效率。同时，将安全与节约作为员工开展 7S 的前提原则，成为员工必须具备的职业修养。

首先，整理思想。改变思维方式，将最易引起客人投诉的问题点作为切入点，杜绝投诉，做好细节工作；思维要完整，把认识转变为实际操作，转换成工作能力，使细节管理向纵深发展。酒店质量督查组加大检查力度，强力推进。例如，通过照片做出质量产品点评和要求，各部门要从观念上由以往的被动接受检查演变成主动要求酒店质量督查组检查指导。

其次，整顿环境。提高环境质量标准，提升环境管理控制能力。对公共区域的环境卫生特别是大堂地面日常保养列出详细操作细则，适时地跟踪监督检查并相应进行培训指导，避免黑线、黑边、黑角的产生。在实施 7S 质量管理的过程中，采取点、线、面相结合的监督检查方式。点就是指部门结合 7S 的每日自查改进；线就是酒店质量管理部的每周预告性例行检查，并发布"质量管理周讯"；面就是酒店质量管理委员会每月进行 7S 环境管理全面大检查，采取检查与测评相结合的方式，由主管各部门经理亲自参与，部门交叉检查，进行现场打分，拍照记录下来，并在店务会上公布打分排序，点评问题，播放前后对比照片，收效很好。通过一次次多角度的检查不断发现问题，不断通过完善工作流程加以解决，并不断补充到酒店 SOP（standard operation procedure，标准作业程序）手册中，将流程固化下来，成为指导工作的指南。

7S 质量管理方法体现在每一个工作流程中，并将其转化成一系列标准和制度，编写酒店 SOP 手册，使之成为员工工作的标准化指南。7S 质量管理的运用让员工做事更有规范，更有标准，人员素质得到提升，让酒店的工作更有效率，资金使用更加合理，人员编制更加科学，降低了成本，提高了劳动效率和酒店效益。

第三节　6σ 方 法

我们首先来思考这样一个问题：如果一件工作需要经过 100 道工序，每道工序的正确率为 99%，这件工作最终被正确完成的可能性是多少？

答案是 36.6%。

而如果每道工序的正确性为 99.9999% 呢？

答案是 99.999%。

以上计算提示我们，如果在酒店服务中，当每个员工面对顾客时，能够保证以 99% 的概率正确工作，即每个员工让顾客满意的程度是 99%，那么，当顾客在酒店接受服务后，酒店实现顾客满意的可能性将远远低于 99%。而如果能够让每个员工对顾客的服务接近完美（99.9999%），那么酒店实现顾客满意的可能性将非常接近 100%。

湖北宾馆业探索
优质服务新高度

这正是 6σ 方法的力量。

一、6σ 方法的思想及起源

6σ 方法是一项以顾客为中心、以数据为基础、以追求几乎完美无瑕为目标的管理理念。其核心是通过一套以统计科学为依据的数据分析，测量问题，分析原因，改进优化和控制效果，使企业在运作能力方面达到最佳境界。

在 20 世纪 70 年代，摩托罗拉公司面对日本企业严峻的挑战，其董事会主席决定在品质上改善以迎接日本高品质的挑战。在 1981 年，他要求其产品必须在 5 年内有 10 倍的改善。摩托罗拉公司于 1987 年建立了 6σ 方法。基于统计学上的原理，6σ 方法代表着品质合格率达 99.9997% 以上。换句话说，每 100 万件产品只有 3.4 件次品，这非常接近"零缺陷"的要求。σ 的定义是根据俄罗斯数学家的理论形成的。根据他的计算，如果有 68% 的合格率，便是 ±1σ（或标准差），±2σ 有 95% 的合格率，而 ±3σ 便达至 99.73% 的合格率。在 20 世纪 70 年代，产品如果达到 2σ 便达到标准。但在 80 年代，品质要求已提升至 3σ。这就是说产品的合格率已达到 99.73% 的水平，只有 0.27% 为次货。很多人以为产品达到此水平已非常完美了。然而如果质量标准为 3σ，以下事件便会继续在美国发生：每年有 20000 次配错药事件；每年有超过 15000 个婴儿出生时会被抛落地上；平均每年有 9 小时没有水、电、暖气供应；每星期有 500 宗手术失误事件；每小时有 2000 封信邮寄错误。

摩托罗拉公司的 6σ方法要求不断改善产品、品质和服务，他们制定了目标、工具和方法来达到目标和客户完全满意（total customer satisfaction）的要求。在过程上他们利用拥有黑带（black belt）和绿带（green belt）资格的有经验工程人员和顾问推行整个计划，并成为品质改善的先锋。1989 年，摩托罗拉公司成功地获得马尔科姆·波多里奇国家质量奖。1989 年，摩托罗拉公司董事会主席又提出 10 倍品质改善的要求，并于 1991 年完成。至此，自 1981 年起，摩托罗拉公司已取得 1000 倍的品质改善。其他公司，如波音公司、通用电气公司、Digital Equipment 和 IBM 公司等都采用 6σ方法改善品质。

通用电气公司前董事长杰克·韦尔奇疯狂地迷上了 6σ 方法，他说 6σ 方法"是通用电气公司从来没有经历过的最重要的发展战略"；"质量问题可以真正使通用电气公司从最了不起的公司之一这个地位上升到全球商界绝对最了不起的公司"。事实上，通过 6σ 方法，通用电气公司获得了巨大的效益，如表 6.1 所示。

表 6.1　通用电气公司通过 6σ 管理所获得的收益　　　　　　　　　单位：美元

对比项	实施 6σ 方法战略前后的对比	
节约的成本收益	1996 年：投入期，大约投入 2 亿元	1999 年：15 亿元
利润率	1995 年：13.6%	1999 年：16.7%
股票市值	1981 年：120 亿元	1999 年：突破 3000 亿元

二、用 6σ 方法进行酒店业质量管理

根据美国质量协会研究的结果，6σ 方法要求企业质量管理运作达到一个相当高的层次。假如，一个产品交样合格率只有 85%，就不必用 6σ 方法。此时可用比 6σ 管理更简单的办法，将 85%提高到 95%即可，如推行 ISO 9001 质量体系认证、顾客满意度、零缺陷管理等。另外，6σ 方法对企业员工的素质提出了较高的要求，需要员工参与测量、分析、改进和控制的各种项目，要进行自我管理而不像 ISO 9000 质量认证体系的认证需要人督促。这就要求准备实施 6σ 方法的企业必须具备长远发展规划准备参与全球竞争；必须具有一个比较扎实的管理基础；必须拥有一支素质比较高的员工队伍；必须能得到企业最高管理者的大力支持。

尽管 6σ 方法采用的统计学方法看起来非常高深复杂。但究其根源，6σ 方法的核心思想源于全面质量管理。摩托罗拉公司在 1986 年提出 6σ 品质管理方法，就是建立在全面质量管理上并加以改善的结果。他们的"不断改善"（continuous improvement）、七步骤方法（seven-step method）和客户完全满意等都是源自全面质量管理概念。与全面质量管理最大的不同是，6σ 方法增加了企业要实现的明确的质量目标。由于 6σ 实施的复杂性及对参与人员在统计学知识上的要求，因此在酒店中用 6σ 追求零缺陷的思想进行质量管理工作的指导更具现实意义。这就要求：①每个员工在对客服务、接触客人的关键时刻，都要做到让客人 100%满意。②6σ 方法还有一个重要特色就是全业

务流程变革，即通过去除非增值过程，精简流程，降低周期时间，减少出错机会。根据这一思想，酒店应合理设置业务流程，用最精简的流程为客人提供服务，既能满足高效快捷的要求，又能够减少出错的机会。

6σ 是面向制造性业务流程的质量管理方法，也是一种有效地提高服务性业务流程的管理方法和战略。因此，当前有越来越多的服务性企业，如美国的花旗银行、亚马逊等公司也成功地采用 6σ 战略来提高服务质量。作为服务行业的酒店业，最早引入 6σ 并成功实施的是喜达屋酒店集团（以下简称喜达屋），该集团于 2001 年引进了 6σ 的文化与理念，并在其全球旗下的酒店进行全面推广。

6σ 追求的是量化的综合管理，其核心方法是量化行为模式，用数据说话。制造业在测量一个程序或量化产品的缺陷或错误率时，比其他行业更为直观。但是酒店业的很多服务流程则较难量化，因为酒店的服务主要是给客人提供一种体验和感受，而如何分析量化并改进这些服务程序又非常重要，因为客户对酒店的喜好程度不完全受酒店硬件的影响。喜达屋酒店集团在 6σ 的实施过程中较好地解决了这些问题，积累了一些宝贵的经验，取得了较为显著的成果。

 案例 6-1

喜达屋实施 6σ 管理带给服务业的启示

难以想象，支撑斐济的传统篝火舞蹈、我国的水彩画等这些十分感性节目的，竟会是抽象且理性的 6σ 管理。

2006 年以来，这项名为"闲适时光"的 6σ 项目在喜达屋与度假村国际集团（总部位于美国纽约州的一家酒店业连锁公司）高档连锁酒店推行，服务内容达到 120 个。

为什么要做这样的一个 6σ 项目？长期为喜达屋提供 6σ 咨询服务的美国毕威特管理咨询有限公司老总彼得·潘介绍，该酒店通过一项调查发现：在经常出行的旅客中，有 34%的人会有孤独感，于是酒店从中觅到了商机，实施了"闲适时光"项目，其目的是通过策划多样的晚间娱乐活动，把客人从房间吸引到大堂来彼此交流。

"闲适时光"只是喜达屋众多 6σ 项目中的一个。喜达屋 6σ 运营创新及客房支持副总裁布赖恩·迈耶介绍，自 2001 年以来，他们实施了上百个 6σ 项目，培养了 150 名黑带和 2700 多名绿带，使喜达屋成为目前世界上最赚钱的酒店运营商之一，并成为业内实施 6σ 的标杆企业。

6σ 是怎样帮助喜达屋成功的呢？迈耶指出，成功的关键在于：同制造业不同，他们的项目流程基本采取基层创意—高层评价—项目实施推广的步骤。

彼得·潘介绍，喜达屋的创意几乎全部来自内部的员工。当某个酒店向迈耶团队提出新的创意后，由 14 名高管组成的 6σ 委员会会根据各部门的实际情况来评价这个创意的优缺点。如果委员会批准了一个项目，黑带和绿带就会像突击队一样被派驻到酒店来实施计划。黑带负责监管项目，绿带负责制订详细计划。喜达屋高管西蒙塞利曾说过："这样做的出错概率要比我亲自设计一个项目低50%。"

"闲适时光"作为成功的范例之一，有人把它称为是针对客户需求的"外向型"项目，而在此之前的减少工伤项目，则是喜达屋实施的典型的"内向型"项目。

2004年，针对员工工伤事故增多的现象，一支6σ团队发现滑倒摔伤是造成工伤的罪魁祸首；此外，腰酸背痛在女服务员中也很常见。这个团队据此设计了新的工作流程，包括放宽所有女服务员的工作时限及更换长把柄的清洁工具等。项目实施3年后，员工的索赔数量减少了一半，费用降低了69%。还有一些节能项目，如提示员工随手关计算机，将客房里75%的白炽灯更换成节能灯等，仅2007年就为公司节省能耗开支1100万美元。

为保证项目的实施，他们还利用先进的软件系统来监测项目运营的一系列指标，并将每个成功的项目都输入项目库里保存，以利于喜达屋在旗下800多家酒店推行。目前，该项目库已有3000~4000条条目，条目内容包括图片、项目描述及帮助指示等详尽信息。

"如果把服务的质量仅仅定义在100万次出现缺陷的概率仅为3.4次，这是不符合6σ精神的，作为一家酒店，增强客人对酒店的忠实度，并刺激他们产生更多消费，才是最终的目的。"迈耶强调。

第四节　质量管理的七种工具

质量管理的七种工具有新七种工具和老七种工具，新七种工具包括系统图法、关联图法、亲和图法（KJ法）、矩阵图法、矩阵数据分析法、过程决策程序图法（process decision program chart，PDPC法）、矢线图法；老七种工具包括调查表、排列图、因果图（鱼骨图）、分层法、直方图、散布图、控制图。

在质量管理工作中，用事实说话、用数据说话非常重要。本节主要介绍质量管理的统计分析工具——质量管理的老七种工具。

一、调查表

调查表法又称检查表法或统计分析法，是指利用统计表来进行数据整理和粗略的原因分析的一种方法。与酒店常用的顾客意见调查表等不一样，这里的调查表主要指对调查结果进行统计分析的表格。例如，某酒店对9月顾客抱怨的内容开展调查，调查的途径有发放顾客意见调查表、向一线员工询问等，结果统计如表6.2所示。

微信扫码打赏制

从表6.2可以看出该酒店顾客抱怨的原因集中在手续办理慢、客房清洁等问题方面。

表 6.2 某酒店 9 月客人抱怨问题调查（1）

问题类别	检查统计	小 结
手续办理慢	正 丁	7
服务人员态度不好	一	1
设备问题	一	1
餐品质量	丁	2
客房清洁问题	正 下	8
其他	一	1
汇总		20

调查表法是一种基础的、必不可少的质量统计分析方法，后面的分析方法都建立在调查表统计的结果上。

二、排列图

（一）排列图的内涵

排列图又称帕累托图。帕累托（Pareto）是意大利经济学家，他在调查分析社会财富分布状态时发现：少数人占有大量财富，绝大多数人处于贫困状态，即"重要的少数和次要的大多数"的问题。后来，朱兰博士将其思想引进质量管理中，用于阐明在影响质量的因素中，少数因素导致了绝大多数产品的质量不合格。从调查表得到的结果，可以用排列图进行分析，找出影响质量的重要因素。

排列图是由两个纵坐标、一个横坐标、几个直方块和一条折线构成的（图6.7）。

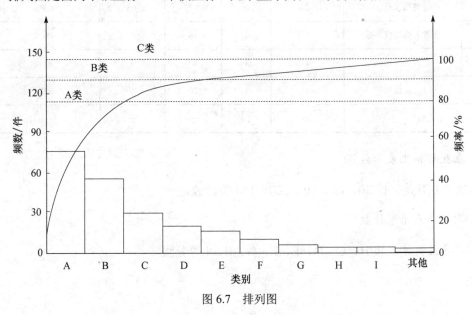

图 6.7 排列图

图 6.7 横坐标表示影响产品质量的因素或项目，按影响程度的大小，从左到右依次排列。左边的纵坐标表示频数，即某事件出现的次数；右边的纵坐标表示频率，即频数占总次数的比例。直方块的高度表示某个因素的影响大小，从高到低，从左至右，按顺序排列。折线上的点表示累计百分数，由左到右逐渐上升，这条折线就被称做帕累托曲线。

通常，将要分析的因素分为 A、B、C 三类。A 类包括累计百分数在 80% 以下的各因素；B 类包括累计百分数为 80%～90% 的因素；C 类包括累计百分数为 90%～100% 的因素。

（二）制作排列图的步骤

下面用表 6.2 的统计资料来介绍排列图的制作方法。

1. 收集数据

数据如表 6.2 所示。

2. 整理数据

按数据大小的顺序列出项目并编成表，将数据值很小的各项都包括在"其他"项目中。计算出累计数和累计百分比，如表 6.3 所示。

表 6.3 某酒店 9 月客人抱怨问题调查（2）

编 号	问题类别	出现次数	频数	累计数	频率/%	累计频率/%
5	客房清洁问题	8	8	8	40	40
1	手续办理慢	7	7	15	35	75
4	餐品质量	2	2	17	10	85
2	服务人员态度不好	1	1	18	5	90
3	设备问题	1	1	19	5	95
6	其他	1	1	20	5	100
汇总		20	20	—	—	—

3. 在坐标轴上表示数据

从数字 0 开始，按 30、60、90、120、150 等计数。

4. 用折线表示累计数

以字母 A 开始，按 B、C、D、E、F、G、H、I 等分级。

5. 写上必要事项（图的说明项）

可参照图 6.7 自行完成。

（三）排列图的作用

从上面的例子所绘制的排列图中可以非常清楚地看到，如果要解决 75% 以上的顾客抱怨问题，我们至少应当着手哪些工作；而要解决 85% 以上的质量问题，我们又应当将什么问题列入考虑范围。由此可以看出，排列图的作用在于它可以非常直观地看清以下几个问题。

（1）问题在哪里？
（2）造成问题产生的各项因素的顺序。
（3）各项目及几个项目合起来在整体中所占的比例。
（4）去除哪些项目后，能在多大程度上解决问题？

三、因果图

通过排列图，我们可以找出影响质量问题的重要因素。而要解决这一问题，则首先需要对这一问题产生的原因进行系统的分析，这就需要用到因果图。

质量问题往往由多种因素造成，为分析和描述这些因素与质量问题之间的关系而采用的树状图就叫因果图。它是由日本质量管理学者石川馨在 1943 年提出的，因此也称为石川图。它形象地表示了探讨问题的思维过程，利用它可以顺藤摸瓜、步步深入地找出产生质量问题的原因，以及这些原因之间的层次关系。

因果图的绘制方法是，首先找出影响质量问题的大原因，其次找出大原因背后的中原因，最后从中原因中找出小原因和更小的原因，如图 6.8 所示。

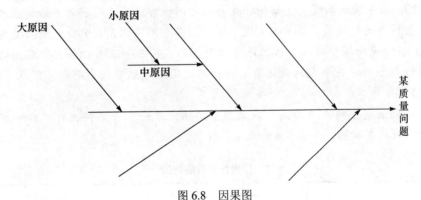

图 6.8　因果图

图 6.9 是某餐厅为解决"餐具洗不干净"这一质量问题而进行的因果图分析。由此，我们可以看出因果图有以下几个用途。

（1）系统分析质量问题产生的原因。
（2）看清原因同结果的关系。
（3）便于分层次地解决问题。

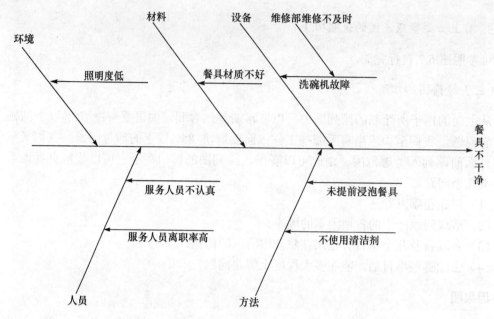

图 6.9　某餐厅解决"餐具洗不干净"问题的因果图

四、分层法

分层法是指按一定分类标准，收集并整理原始数据，并由此分析出造成质量问题的因素。分层的方法可以按操作者划分，按操作方法划分，按原材料划分，按不同服务阶段划分等。分层法可以使杂乱的数据系统化、条理化，从而在众多影响质量的因素中找出产生质量问题的真正原因，为改进指出方向。

下面我们通过例题说明分层法的方法和作用。

【例 6.1】　在某装配车间，气缸体和气缸盖之间经常漏油，对密封不好的原因需进行调查。数据调查的结果是，调查总数是 50 个，其中漏油的是 19 个，漏油发生率为0.38（19/50）。经现场调查得知，该工序是由甲、乙、丙三个工人担任的。漏油的原因可能是，在涂黏合剂时三个人的做法有差异；所使用的气缸垫来自两个协作厂（A、B两厂），规格有差异。

为了弄清漏油发生的真正原因，应采用分层法，进一步分别按操作者和按零件的协作单位分层地收集数据，如表 6.4 和表 6.5 所示。

表 6.4　按操作者分层数据

操作者	漏油/个	不漏油/个	漏油发生率
甲	6	13	0.32
乙	3	9	0.25
丙	10	9	0.53
合计	19	31	0.38

表6.5 按零件协作厂分层数据

协作厂	漏油/个	不漏油/个	漏油发生率
A	9	14	0.39
B	10	17	0.37
合计	19	31	0.38

根据上述分层结果，要降低漏油发生率，最好采用乙工人的操作方法，并使用B厂的气缸垫。但是为了找准问题的症结所在，还需做进一步的分层调查，如表6.6所示。

表6.6 按操作者和协作厂分层数据

操作者和协作厂		气缸垫		合 计
		A 厂	B 厂	
甲	漏油/个	6	0	6
	不漏油/个	2	11	13
乙	漏油/个	0	3	3
	不漏油/个	5	4	9
丙	漏油/个	3	7	10
	不漏油/个	7	2	9
合计	漏油/个	9	10	19
	不漏油/个	14	17	31
总计		23	27	50

根据进一步分层的结果，要降低漏油发生率，采取前述措施就不适宜了，而应采取下述措施：在使用A厂的气缸垫时，应向甲、丙工人推广乙工人的操作方法；在使用B厂气缸垫时，应向乙、丙工人推广甲工人的操作方法。

五、直方图

（一）直方图的概念

直方图又称质量分布图，是一种几何形图表，是根据从生产过程中收集的质量数据分布情况，画成以组距为底边、以频数为高度的一系列连接起来的直方形矩形图。如图6.10所示。

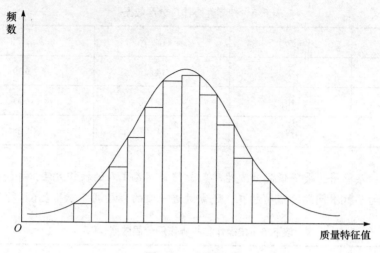

图 6.10　直方图

（二）直方图的绘制方法

（1）集中和记录数据，求出其最大值和最小值。数据的数量应为 100 个以上，在数量不多的情况下，至少也应为 50 个。

（2）将数据分成若干组，并做好记号。分组的数量以 6～20 较为适宜。

（3）计算组距的宽度。用组数去除最大值和最小值之差，求出组距的宽度。

（4）计算各组的界限位。各组的界限位可以从第一组开始依次计算，第一组的下界为最小值减去组距的一半，第一组的上界为其下界值加上组距。第二组的下界限位为第一组的上界限值，第二组的下界限值加上组距，就是第二组的上界限位，依次类推。

（5）统计各组数据出现的频数，绘制频数分布表。

（6）绘制直方图。以组距为底长，以频数为高，绘制各组的矩形图。

（三）直方图的意义

直方图中有二个重要数据：均值和标准差。均值即平均值，反映了被考查样本的集中趋势；标准差反映了被考查样本数据的离散程度，说明数据的稳定性。在进行质量分析中，通常人们会重视均值，如平均的上菜时间、平均的处理单据的时间，往往忽略了标准差。下面举例说明标准差在质量分析中的重要作用。

【例 6.2】　某项服务的完成时间要求为 13 分钟，现拟选派两名服务人员参加技能比赛，对他们进行了八次预赛，测定时间如下。

甲：12.1，12.2，13.0，12.5，13.1，12.5，12.4，12.2

乙：12.0，12.4，12.8，13.0，12.2，12.8，12.3，12.5

酒店应选派谁参赛？

首先，计算两人平均值均为 12.5，似乎谁参加都可以。

其次，计算标准差：

$$S_{甲}^2 = 0.12$$
$$S_{乙}^2 = 0.10$$

因此，乙的成绩标准差小，相对稳定，应选派乙参赛。

同理，我们可以知道，在服务质量的评定中，不能只考虑某项服务的质量平均值。如果标准差大，质量波动大，即便平均值达到要求，仍有可能产生大量的顾客投诉，影响服务质量。

六、散布图

散布图是通过分析研究两种因素的数据之间的关系，控制影响产品质量的相关因素的一种有效方法。通常这种关系有三种情况：正相关、负相关、无关（零相关），如图 6.11～图 6.13 所示。

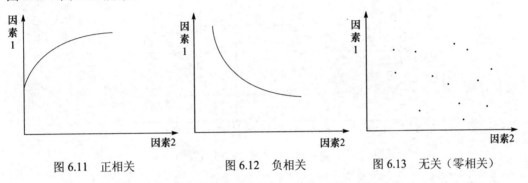

图 6.11　正相关　　　　　图 6.12　负相关　　　　　图 6.13　无关（零相关）

例如，某酒店欲研究服务人员的学历与顾客满意度之间的关系，结果发现两者有如图 6.14 所示的关系。由此说明，顾客满意度与学历并不成正比关系，大专学历的服务人员更能获得顾客的认同。

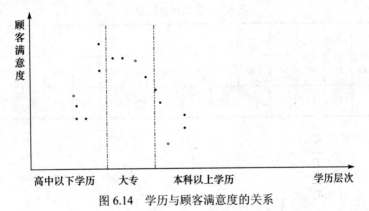

图 6.14　学历与顾客满意度的关系

注：实心点代表学历，空心点代表满意度，这是散布图中无关（零相关）因素的应用。

七、控制图

控制图又称为质量评估图，是用数理统计理论对生产过程中的质量状态进行控制的一种图表。简要地说，它的方法是，针对某一观察对象，以特定时间间隔从生产过程或服务过程采集大量观测值，假定这些数据服从正态分布，据此计算出有关参数，确定控制图的中心线和上下控制线。对生产或服务过程的每一个观测值描出一个点，如果这些点落在规则要求的范围内，则说明过程是受控的；反之，说明过程含有异常波动源。控制图有各种类型，如均值图、标准差图、极值图、缺陷数图和缺陷率图，但在图形结构上控制图都是相似的。

通常应用最广泛的控制图是 W.A.休哈特在 1925 年提出的，一般称为休哈特控制图，如图 6.15 所示。它的基本结构是在直角坐标系中画出三条平行于横轴的直线，中间一条实线为中线（CL），上、下两条虚线分别为上、下控制界限（UCL 和 LCL）。横轴表示按一定时间间隔抽取样本的次序，纵轴表示根据样本计算的、表达某种质量特征的统计量的数值，我们结合实例来探讨控制图在酒店管理实践中的应用。

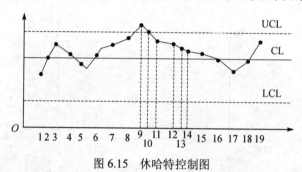

图 6.15　休哈特控制图

表 6.7 中描述了该酒店 2012 年 1 月～2013 年 4 月的销售额，其中第三行列出了每相邻 2 个月之间的销售差额。根据这些数据，我们可以绘制相应的控制图，如图 6.16 所示。

表 6.7　餐饮销售额变化　　　　　　　　　单位：万元

月份	1	2	3	4	5	6	7	8	9	10	11	12	1	2	3	4
销售额	120	60	70	60	100	90	95	90	80	95	75	90	90	95	80	40
比上月差额	—	60	10	10	40	10	5	5	10	15	20	15	0	5	15	40

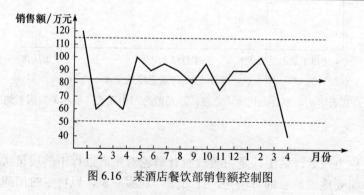

图 6.16　某酒店餐饮部销售额控制图

图 6.16 中位于中间的水平实线是所列各月销售的平均水平，这里约为 83 万元，两条虚线是控制边界，是由平均水平分别加减由中心到边界的距离所得，这个距离是由表 6.7 第三行的各月差额的中间值乘以 3.14 得到的，这里为 $10 \times 3.14 = 31.4$。用 83 加上 31.4 得到上边界为 114.4，用 83 减去 31.4 得到下边界为 51.6。

图 6.16 中各折点代表每月的销售水平。根据控制图的基本原则，在控制边界以外的点意味着其所代表的客观情况是由特殊原因引起的，而落在控制边界以内的点所代表的水平一般是由共同原因引起的。这样，我们就有理由推定 2013 年 4 月的销售情况是由特殊原因而不是共同原因造成的。接下来我们就需要进一步检查导致 4 月销售额发生变化的特殊原因。当对 4 月内外部环境的新变化、新情况进行逐一检查之后，该酒店发现，导致出现该问题的特殊原因是邻近的一家同档次酒店在 4 月的开业带走了本店的一批客源。这就为酒店采取下一步的行动以提高销售额提供了方向。

6σ 方法的推行人员

（1）勇士（champion）：企业高层管理者中负责 6σ 方法实施的管理者，负责部署的实施和全部支援工作，确定或选择 6σ 项目，跟踪或监督 6σ 方法的进展。

（2）大黑带（master black belt，MBB）：6σ 方法实施技术总负责，协助勇士选择项目，制定实施计划和时间框架表，向黑带提供 6σ 方法高级技术工具的支援，负责动员、协调和沟通。

（3）黑带（black belt，BB）：来自企业的各个部门，经过 6σ 革新过程和工具的全面培训，熟悉 6σ 方法革新过程，负责指导或领导改进项目，对绿带提供培训和指导。专职从事黑带任期 2 年。

（4）绿带（green belt，GB）：经过培训，在自己的岗位上参与 6σ 项目的人员。

"零缺陷"和"不符合要求的代价"

质量学界的哲人克罗斯比认为，若心存错误是不能避免的念头，那么这个念头就必然会自我实现（self-fulfilling）。因此，重要的思想应该是"全力预防以做到没有缺陷"，要教育员工"第一次就把事情做对"。质量的工作标准是"零缺陷"，而不是"可接受的质量水平"。否则，就会产生"不符合要求的代价"（price of non conformance，PONC）。"在制造业，典型的'不符合要求的代价'占销售额的 20%～25%；在服务及行政组织中，'不符合要求的代价'则平均达到营运费用的 30%～40%。举例来说，公司赚回 100 万元，典型的情况是，它要因为不符合要求而浪费 30 万～35 万元。"

我国每年仅因为产品制造过程中一次合格率低就要损失 2000 亿元；我国质量协会公布的数字是，每年废品损失占工业总产值的 1.5%。这些非一次合格部分、废品损失部分只是克罗斯比的"不符合要求的代价"中的一小部分。

广东顺德某较大型企业学习并实施克罗斯比的质量管理方法，计算了企业产品返工的代价，大约是每月 30 万元。企业的领导层经过研究决定采取措施降低这个代价。企业要让每个工作人员都意识到，他们除了为企业创造价值之外，也为不合格付出了这么多的代价，他们把 30 万元分解，分配给企业的每个人员，从领导层到工人每个人承担一部分，并从其工资中扣除。这样一来，企业的员工都认识到了返工的代价，并自觉采取措施减少返工产品。2 个月以后，这项代价降到了一半；过了一段时间，这项代价只剩 5 万元；再过了一段时间，摊到每个人只剩几角。公司领导坚持还要继续把不合格产品的代价分解到每个人，即使是几分，也要让每个人和领导层明白，这个代价本是不该发生的。

 小 结

清洁的工作场所和高素质的员工是工作效率和质量的保障。5S 活动是通过整理、整顿、清扫、清洁和素养等现场管理活动以保证企业的产品质量。五常法是 5S 活动在我国的具体应用。

7S 质量管理的思想就是从物品定置化切入，通过对物品定置化行为的规范化实现自我改造和自我提高的过程，实现员工由被动管理向自我管理的转变。

6σ 思想的重要性在于，只有当我们每个人的工作做到"尽善尽美"（零缺陷）时，才能够实现顾客满意。

质量数据的统计分析首先要使用调查表法，由调查表法发现的问题，可以通过排列图法找出影响质量的关键因素，通过因果图法可以系统分析产生质量问题的各层次的原因，分层法可以帮助我们从错综复杂的因素中确定产生质量问题的真正原因，直方图的均值和标准差对于质量数据的统计分析非常重要，散布图研究的是两种因素之间是否有相关性，对于抽样数据均值相等的两组服务，它们的质量不一定一样，控制图用于对服务过程中异常情况的控制。

与工作任务相关的作业

（1）阐述五常法的主要内容及对你今后工作的启示。

（2）用 6σ 方法阐明为什么对客服务时强调客人的 100%满意。

（3）试用因果图帮助企业分析你所看到的某个质量问题。

（4）利用分层法回答以下案例中的问题。

某酒店餐厅多次接到顾客投诉，反映服务员存在服务问题。尽管餐厅多次对服务人员进行全面的服务技能培训，然而收效甚微。之后听从某专家的建议，对服务人员在不同的服务过程中受到投诉和抱怨的情况进行了一周的统计，结果如表 6.8 所示。

表 6.8 统计结果

服务员	点菜/次	上菜/次	席间服务/次
小王	0	15	4
小周	14	0	2
小李	10	0	0
…	…	…	…

该餐厅应如何调整服务人员的培训内容?

第七章　酒店客户关系管理

（1）掌握客户关系管理、顾客价值、顾客满意、顾客忠诚的知识；实现酒店顾客满意和顾客忠诚的目标。

（2）深刻理解客户关系管理，顾客价值、顾客满意、顾客忠诚、员工满意与顾客满意的关系，实现员工满意的途径及顾客满意与顾客忠诚的关系的重要意义。

酒店客户关系管理

案例导入

家庭仓库公司的顾客关系管理

美国家庭仓库公司是一家以自己动手改善家居服务为特色的连锁店，其销售产品种类有 35000 多种，与家居改善有关的产品应有尽有，价格却比当地五金店便宜 20%～30%。公司的主要目标是与顾客建立起持久的关系，因为一位满意的顾客按"顾客购物生命价值"计算，可值 25000 多美元（38 美元/每次×30 次/每年×22 年）。

家庭仓库公司认为，关怀顾客始于关怀员工，为员工提供高薪、全面培训，把员工当作合伙人对待，所有专职职员至少有 7%的年度薪金以公司股票的形式发放，从而使家庭仓库公司职员在顾客服务业务中具有主人翁的感觉。每一位职员都穿着一条鲜艳的橘黄色围裙，上面写着："您好，我是×××，家庭仓库公司的股东，让我来帮您吧！"

家庭仓库公司对员工从不采用高压销售。公司支付职员可靠的薪水，使他们能够在顾客身上花费必要的时间，而不必担心销售业绩。公司鼓励销售人员与顾客建立长期的关系，即不管花多少时间都要一次又一次地耐心解释，直到解决顾客的问题，帮助顾客少花钱，而不是怂恿顾客多花钱。

关怀顾客使家庭仓库公司成为当今最成功的零售商之一，过去十年里销售额以平均每年 40%的速率增加，这已造成许多问题：通道阻塞、库存不足、销售人员太少、结账要排队等。尽管许多零售商"欢迎这类问题"，但是家庭仓库公司感到极大不安，因此他们迅速采取了补救行动。因为他们知道：持续的成功取决于对顾客满意的不懈追求。

顾客感知服务质量。

第一节　酒店客户关系管理概述

一、客户关系管理的内涵

客户关系管理（customer relationship management，CRM）源于"以客户为中心"的市场营销理论，是企业以顾客需求为经营活动的出发点，在对客户进行识别、细分和选择的基础上，通过发展和保留同客户的关系，培育忠诚顾客，进而获得长期价值的一种竞争战略。上述概念包括以下内涵。

1. 客户关系管理首先要了解、分析、掌握客户需求

企业要发展同客户的长期关系，就要不断地满足顾客的需求，为此要了解客户的基本信息、习惯等。客户信息在客户关系管理中具有核心的地位。美国专业从事客户关系管理咨询与服务的国际机构 TurboCRM 公司认为，客户关系本身就是指围绕客户生命周期发生、发展的信息归集。

2. 客户关系管理的核心是培养忠诚顾客

留住顾客、提高顾客的重复购买率比开发新的顾客更为重要，因此酒店要进行顾客忠诚度分析。我们将在本章第四节专门探讨这一问题。

3. 客户关系管理强调进行客户沟通，增进与客户的关系

为确保与顾客的沟通，保证顾客的需要得到及时的了解和满足，许多企业设立了客户代表或客户服务代表，客户代表代表客户的利益与公司的各个部门进行沟通协调，解决他们提出的问题。而无论客户需要解决什么样的问题，他只需要求助于一名他所熟悉的客户代表。公司高层的管理者也经常与顾客进行直接的沟通，了解他们的需求。

4. 客户关系管理要识别、细分和选择客户

首先，应该区分"最佳客户"。对企业来说，由于资源的限制，不是所有的客户都要得到同等的关注，企业应将注意力放在能带来高价值又有高忠诚度的"最佳客户"身上，努力让自己拥有良性的客户资源，使得自己在竞争中站稳脚跟。

在瑞典，某银行组织发现一个奇怪的现象：尽管顾客满意水平很高，银行却没有盈利。在研究了顾客的存贷行为并将收入、利润同成本进行比较后，他们发现，80%的顾客并不具有可盈利性，而他们对从银行获得的服务很满意。其余 20%的顾客的贡献超过银行 100%的利润，但他们对银行的服务不满意。于是银行采取措施努力改善对可盈利顾客的服务，取得了极好的成果。

在 IBM，原先的服务宗旨是向所有的顾客提供服务，他们坚信任何一个顾客都有可能成为 IBM 大宗产品如 IBM 主机的购买者，于是即便是对小顾客他们也提供专家上门服务，即便是盈利能力差的顾客他们也为其免费修理旧机器。IBM 因此赢得了很高的知名度和美誉度，然而这是以牺牲利润为代价的，他们开始意识到在短期内产生极

佳效果的"令所有顾客满意"策略长期并不可行。于是，20 世纪 90 年代以后，IBM 果断地引入顾客价值管理，有区别地服务不同层级的顾客，降低服务小顾客的成本，向非盈利顾客适度地收取维修费，使公司利润大幅上涨。

对大多数企业来说，80%的企业利润来自于 20%的客户，因此，在分析客户忠诚度的同时，要关注客户对于企业的价值。要识别企业的重点客户，分析客户所消费产品的利润，分析客户在其生命周期内能够为企业创造的价值。GCCRM 是创建于 2001 年的一家独立的客户关系管理咨询机构，它按客户对企业的价值和忠诚度将客户分为四个基本类别，如图 7.1 所示。

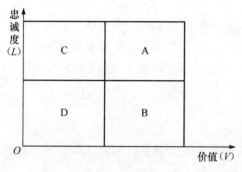

图 7.1 客户价值分类

A 类：高忠诚度高价值。显然，这一区域的顾客既能够给酒店带来较高利润，又愿意与酒店长期合作，是酒店最重要的客户，需要酒店极力维护好与他们的关系。

B 类：低忠诚度高价值。处于这一区域的顾客能够给酒店带来较高的利润，但还没有成为酒店的忠诚顾客，是酒店应当花力气争取的顾客。

C 类：高忠诚度低价值。这一区域的顾客尽管与酒店有良好的合作意愿和合作行为，但他们给酒店带来的价值不高，需要酒店挖掘他们的潜在需求和激发潜在价值。

D 类：低忠诚度低价值。这一区域的顾客既不能给酒店带来较高的利润，也没有较多的与酒店长期合作的意愿，因此在相当一段时间内不是酒店要重点关注的客户。

另外一种方法是用"客户金字塔"法来分类，将客户群分为 VIP（very important person，重要人物）客户、主要客户、普通客户与小客户四种，这也是目前众多酒店采用的方式，是根据客户在酒店的消费金额来进行区分的。

VIP 客户：金字塔中最上层的客户，是指在特定的时间段内，消费金额最多的前 1%客户。

主要客户：客户金字塔中，包括 VIP 客户，消费金额最多的前 5%客户。

普通客户：包括 VIP 客户与主要客户，消费金额最多的 20%客户。

小客户：除上述三种客户外，剩下的 80%客户，这部分客户对酒店的贡献不大，不是酒店关注的重点。

酒店的营销部门应认真规划，根据客户不同的价值制定相应的关怀和优惠措施，一方面可留住有价值的老客户；另一方面可提高这些客户对酒店的满意度和忠诚度，吸引他们多消费，保持或升级成为金字塔的上层客户。

酒店在管理顾客关系时除了应注意区分对企业利润有不同贡献、具有不同价值的客户外，还应当注意客户与企业关系发展的不同阶段。企业与顾客关系的发展通常可分为四个阶段：考察期、形成期、稳定期、衰退期。其中，考察期是顾客关系的孕育期，形成期是顾客关系的快速发展期，稳定期是顾客关系的成熟期，衰退期是顾客关系水平发生逆转的时期。在不同的客户关系阶段，客户为企业提供的价值不同，要求企业做出不同的应对措施来正确处理与客户的关系，将主要的精力放在有发展潜力的顾客身上，放在处于稳定期的顾客身上，并力争将这一稳定期保持得更长一些。

二、客户关系管理对于酒店经营管理的重要意义

市场营销学大师菲利普·科特勒在研究中对企业建立的客户关系概括为五种类型，应用于酒店业归纳为表 7.1。

表 7.1 酒店客户关系类型

客户关系类型	类型特点和描述
基本关系	酒店销售服务和产品后不再与客户联系，基本上没有体现客户关系管理的内容
被动式关系	酒店销售人员在销售产品和服务的同时，鼓励消费者如果在购买产品或服务后发现有什么不满意的地方主动向酒店提出。这种关系往往收不到良好的效果，因为遇到问题的客户会因为各种顾虑选择沉默
负责式关系	酒店的销售人员在销售产品和服务后，就通过各种渠道了解消费者对产品服务的满意程度，并收集消费者的意见和建议及特殊要求，及时记录，不断提高产品服务质量。这种关系往往是及时的、一次性的主动行为，持续时间不长
主动式关系	酒店销售人员在销售产品和服务后，定期打电话与消费者联系，询问产品的使用状况，并听取意见，这种关系强调酒店与客户关系的维系，多次采取主动行为，持续时间长。缺点是维系的话题有限，易造成客户反感，没有建立横向的联系
伙伴式关系	酒店与客户持续合作，帮助客户解决关于酒店产品以外的问题，客户感知大大超出预期。这种关系是使满意客户转化为忠诚客户的关键，是最稳固的关系

客户关系导向的酒店营销战略能够迅速理解和把握客户的需求及需求变化，使酒店有足够的柔性来整合自身各种资源，并通过和竞争对手之间的竞争及合作来不断扩展酒店的生存发展空间。客户关系管理对增强酒店竞争力有巨大的影响，这种影响表现在以下几个方面。

1. 客户关系管理可以降低酒店的经营风险

当今，酒店所面临的市场环境不确定性因素增多：客户需求的不确定性增加，多元化趋势增强、变化加剧。在这种多变的外部市场环境下，酒店传统的以产品为中心的经营理念将面临极大的冲击和风险，假如酒店花费巨大精力开发的产品不能符合市场的需求，酒店面临的就是失败。在这样的市场环境中，如何缓冲市场风险造成的冲击、降低经营损失，就成了酒店必须面对的难题。转变思维观念，积极发展与客户长期的互利关系，以客户为中心来经营酒店，成为缓冲市场环境因素的不利冲击，是最大限度地降低经营风险的有效途径之一。

2. 客户关系管理可以提高酒店的盈利能力

客户关系管理对酒店盈利能力有以下几个方面的影响。

（1）通过客户关系管理，找准顾客的需求，及时提供顾客需要的产品，增加销售的成功率。

（2）通过客户关系管理，区别酒店的"最佳客户"，使酒店更关注对酒店利润有更大贡献且忠诚度高的客户，可以为酒店带来更高的投入回报。

（3）通过客户关系管理，提高顾客的忠诚度。忠诚的顾客更容易接受酒店推荐的服务产品，而维系忠诚客户的成本远低于获得新客户的成本，因而忠诚客户会为酒店带来更大的收益，同时，忠诚客户是酒店长期盈利能力的保证。

3. 实施客户关系管理可以增强酒店的长期竞争优势

实施客户关系管理可以帮助酒店更好地进行知识管理，减少人员流动所带来的损失，增强酒店的竞争优势。酒店行业是人员流动频繁的行业，即便是优秀的酒店如里兹-卡尔顿酒店，其员工流失率也在 20%左右。人员特别是基层服务人员的流失所带来的损失之一就是对于该员工经常服务的顾客的偏好、习惯，继任的员工可能不了解，而这些老顾客的偏好和习惯及对他们服务的成功技巧和经验是酒店的宝贵的知识财富。要确保酒店员工零流失率既不可能也没有必要，但酒店可以通过客户关系管理对客户信息进行有效的采集及整合，使零散的、保存在服务人员个人头脑中的客户信息变成酒店的客户知识。通过对这些客户知识收集、储存、整理，可以确保酒店的员工都了解该客户的信息，无论以前经常对他提供服务的员工是否还在酒店工作。

由此，酒店的优质个性化服务始终能够得到保证，能提高客户满意度和忠诚度，吸引和保持客户不断光顾，最终实现酒店利润的最大化。与此同时，在酒店竞争就是人力资源竞争的今天，通过客户关系管理，收集、保留员工的客户知识，不断建立和完善酒店的客户关系管理系统，可以提升酒店的人力资源竞争能力，从而增强酒店的竞争优势。

为了营造好的客户关系，很多高星级酒店都设有客户关系管理主任、金钥匙、皇金管家。

客户关系管理主任主要负责与客人沟通交流、处理客人的投诉意见，按照酒店标准运转流程，最大限度地满足客人的需求。例如，在 VIP 客户到达前，确定房间已按标准设定完毕，针对需求，与餐饮部、客房部、工程部等部门通力合作。在 VIP 客户到达时，迎送客人至客房，解释酒店及客房设施，在他们住店期间提供帮助。

"金钥匙"的原型是 19 世纪初期欧洲酒店的"委托代办"（concierge）。而concierge 是指古代宫廷、城堡的"钥匙保管人"。在我国一些大城市，"金钥匙"委托代办服务往往被设置在酒店大堂，他们除了管理和协调好行李员和门童的工作外，还负责其他的礼宾服务等。"金钥匙"的口号是"在客人的惊喜中找到富有乐趣的人生"。对中外商务旅游者而言，"金钥匙"是酒店内外综合服务的总代理，一个在旅途中可以信赖的人，一个充满友谊的忠实朋友，一个解决麻烦问题的人，一个个性化服务的专家。

皇金管家是将传统的英式管家服务引入我国，并结合我国国情而打造的御侍服务品牌，是酒店业优质服务的代名词。皇金管家以绅士和淑女的姿态、职业般的素养及专业化的服务出现在尊贵的客人面前；他们提供的服务有别于一般意义上的酒店服务，不仅承接客人的委托代办，而且预测和分析客人的需求，主动设计并提供符合客人需求的服务产品。他们提供的服务是专业的、超值的、富有人情味的、用心极致的、不断满足并超越客人需求和期望的。总之，通过客户关系管理，酒店可以保持自己与顾客的紧密联系，掌握并不断满足顾客的多种需求，实现个性化服务，从而培育忠诚顾客，提高自己的盈利能力，获取竞争优势。

 案例 7-1

东方酒店的客户服务管理

一位朋友因公务经常到泰国出差，并下榻在东方酒店，第一次入住时良好的酒店环境和服务就给他留下了深刻的印象，当他第二次入住时几个细节更使他对酒店的好感迅速升级。

那天早上，在他走出房门准备去餐厅的时候，楼层服务生恭敬地问道："于先生是要用早餐吗？"于先生很奇怪，反问："你怎么知道我姓于？"服务生说："我们酒店规定，晚上要背熟所有客人的姓名。"这令于先生大吃一惊，因为他频繁往返于世界各地，入住过无数高级酒店，但这种情况还是第一次碰到。

于先生高兴地乘电梯到餐厅所在的楼层，刚走出电梯门，餐厅的服务生就说："于先生，里面请。"于先生更加疑惑了，因为服务生并没有看到他的房卡，就问："你知道我姓于？"服务生答："上面刚打过来电话，说您已经下楼了。"如此高的效率让于先生再次大吃一惊。

于先生刚走进餐厅，服务小姐微笑着问："于先生还要老位子吗？"于先生的惊讶再次升级，心想："尽管我不是第一次在这里吃饭，但最近的一次也有一年多了，难道这里的服务小姐记忆力那么好？"看到于先生惊讶的目光，服务小姐主动解释说："我刚刚查过电脑记录，您在去年的 6 月 8 日在靠近第二个窗口的位子上用过早餐。"于先生听后兴奋地说："老位子！老位子！"小姐接着问："老菜单？一个三明治，一杯咖啡，一个鸡蛋？"于先生已经不再惊讶了："老菜单，就要老菜单！"于先生已经兴奋到极点。

上餐时餐厅赠送了于先生一碟小菜，由于这种小菜是于先生第一次看到，就问："这是什么？"服务生后退两步说："这是我们特有的××小菜。"服务生为什么要先后退两步？他是怕自己说话时口水不小心落在客人的食品上，这种细致的服务不要说在一般的酒店，就是在美国最好的酒店里于先生都没有见过。这一次早餐给于先生留下了终生难忘的印象。

后来，由于业务调整的原因，于先生有三年的时间没有再去泰国，但在生日的时候突然收到了一封东方酒店寄来的生日贺卡，里面还附了一封短信："亲爱的于先生，您已经 3 年没有来过我们这里了，我们全体人员都非常想念您，希望能再次见到您。今天是您的生日，祝您生日愉快。"于先生当时激动地热泪盈眶，发誓如果再去泰国，一定还住

在东方酒店，而且要说服朋友也像他一样选择东方酒店。于先生看了一下信封，上面贴着一枚6元的邮票。6元就这样买到了一颗心，这就是客户关系管理的魔力。

三、客户关系管理系统

客户关系管理系统是利用计算机软件、硬件和网络技术，为企业建立一个客户信息收集、管理、分析、利用的信息系统。IT（information technology，信息产业）技术在客户关系管理中扮演了重要角色。事实上，IT技术对于客户关系管理是如此的重要，以至于许多关于客户关系管理的文献或书籍主要就是在探讨客户关系管理系统的建立问题，甚至以此作为客户关系管理的定义。

尽管客户关系管理不等于客户关系管理系统（后者只不过是前者的一个非常重要甚至是必不可缺的工具），但客户关系管理的成功必须借力于客户关系管理系统。酒店可以通过自行开发或购置现成的客户关系管理软件来建立客户关系管理系统，但无论是自行开发或购置都需要注意与现行的酒店管理各系统的无缝连接，以提高工作效率。

（一）建立客户关系管理系统的重要性

客户关系管理系统对于酒店客户关系管理的重要性表现在以下几个方面。

1. 海量的客户信息需要客户关系管理系统进行管理

要进行客户关系管理，酒店首先要了解顾客需求，尤其是关注顾客的个性化需求。而成千上万的顾客的个性需求对于酒店来说是一个庞大的信息量，要做到妥善收集、认真分析客人信息，并将这些信息在合适的时候提供给合适的员工，使得他们能够及时做出个性化的服务。这些仅凭人力无法做到，必须借助于IT技术。

例如，早在2000年里兹-卡尔顿酒店就有24万回头客，这些顾客有着截然不同的、细微的偏好，这些信息十分庞大且仅靠人力是无法进行管理的。利用顾客信息管理系统，里兹-卡尔顿酒店在各地的员工总是能够熟知这些回头客的特殊需要。里兹-卡尔顿酒店给员工提出了20项基本要求，其中第六条指出：员工必须知道内部顾客（员工）与外部顾客（客人）的需求，用顾客偏好卡记录顾客的特殊需求。这些记录下来的信息，利用顾客信息管理系统记录在顾客的档案中，这就使得世界上任何一处的里兹-卡尔顿酒店的员工能够预先知道酒店回头客的偏好，并且在客人到达之前准备好这种个性化的服务。例如，某位客人喜欢羽绒枕头，或者多加红糖的燕麦粥，或者习惯在睡觉前喝一杯雪利酒，这些信息会被输入数据库，并且这些需求会被预先准备好，这常令顾客感到吃惊。

2. 实现信息共享，满足客人需求

通过客户关系管理系统可以实现信息共享，保证信息的准确、及时，最大程度地满足顾客、方便顾客。在酒店，和客户发生接触的所有部门，如销售部、前厅部、客房部、餐饮部都有机会了解并掌握客户的一部分信息。所有这些信息不仅对掌握该信

息的部门有用，对其他的部门也同样有价值。例如，客房部掌握客户是否吸烟，是否对鲜花敏感、喜好的颜色等，这些信息对餐厅也同样重要。然而在没有实施客户关系信息管理系统的酒店中，这些信息是分散的，部门之间，甚至部门内部的个人之间的沟通都是不畅通、不完全的，有时还会出现相互矛盾的信息。这种信息管理的状况很大程度上阻碍了酒店为客户提供优质的服务。而通过建立客户关系管理系统，将客户从入住到离店全过程、发生在任何部门的信息都进行收集并统一存入客户信息系统数据库，既保证了信息的准确性，又能在需要时及时提供给员工，实现信息共享，以确保客人的个性化需求得到及时的满足。同时，客户关系管理系统还可以帮助酒店提高服务效率，最大程度地方便顾客。例如，对于回头客，可以在客人入住时直接从客户数据库中调出客户的基本资料，进行确认而无须再次登记，既提高入住登记速度，也可以提高顾客的满意度。

3. 有利于进行信息的统计分析和利用

酒店在经营过程中，通过对顾客需求的关注、信息的收集，将积累海量的信息。通过客户关系管理系统，可以从这些信息中发现最佳顾客、顾客的消费习惯、环境变动对顾客消费的影响。总之，从多个方面、多个角度对整个消费群体进行观察，通过分析已知的事实，区分主次关系，识别要抓住的关键点，找出共性和个性、发现关联因素，从而能够帮助酒店制定恰当的营销策略，提高收入、降低成本，使酒店在市场中处于更有利的竞争优势。同时，通过互联网，这些信息及数据分析可以让管理公司、业主、酒店经营者在工作场所、家中、旅途中随时随地登录进入系统，获知统计分析的数据，生成的报告可以通过电子邮件发送给指定人员离线查看，帮助酒店管理者及时了解信息，做出决策。

（二）客户信息数据库应包括的主要内容

客户信息数据库应该包括以下信息。

（1）客户联系信息：谁是客户？（客户的姓名、头衔、所属的公司、联系电话、传真、电子邮件地址）和他们联系的最佳方式是什么？（他们希望通过何种途径得到订房确认？是直接和他确认，还是通过公司内的其他工作人员？）

（2）团体信息：他们和什么样的团体有关？（他们是否是某航空公司飞行里程累计很高的顾客？或旅游订房公司里订房累计最高的客人？）

（3）顾客历史：这个顾客以前购买过什么？什么时候购买的？对什么样的促销有反应？（顾客有无住店历史？他何时入住过？当时住的是哪一种规格的房间？哪一个房间？享受什么样的房价优惠？是否因特别的促销活动入住，如消费累计的免费客房奖励等？）

（4）促销历史：曾经有过的促销活动是否成功？（曾经有过哪些促销活动？这些促销活动有多少反馈？反馈的顾客是什么样的顾客？）

（5）物品采购、产品用途、客户来源：根据客户的消费行为和来源是否可以将客户分类？通过客户不同的交易行为可以总结出什么结论？（客户属于商务客人，还是休闲客人？客户来自于和酒店签订销售协议的公司，还是旅行社或者散客？他们的消费行为，如价格敏感度、消费金额、消费时间等方面有何特征？）

（6）客户服务历史：保留该客户是否需要很高的服务和支持的成本？（客户是否有投诉历史？为什么投诉？投诉处理的结果如何？客户是否有服务方面的特别要求，如特别的饮食要求等？）

（7）客户满意度调查和客户回馈数据：客户反馈的客户满意度调查表，客户信用程度，如付款日期多长？有无逃账历史？预订后是否有按预订数量到达的情况？具体原因是什么？

（8）客户交流信息：客户喜欢如何和酒店进行交流？他们偏好的渠道是什么？

四、服务利润链

服务利润链模型是美国学者赫斯克特（Heskett）、萨塞（Sasser）和施莱辛格（Schlesinger）于 1994 年提出的。该模型描述的是企业内部服务质量、员工满意和忠诚、外部服务质量、顾客满意和忠诚、企业绩效之间的关系，如图 7.2 所示。

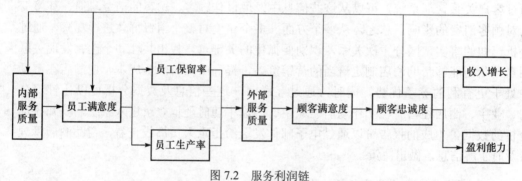

图 7.2　服务利润链

该模型认为，企业利润的增长来自忠诚的顾客，顾客忠诚源于顾客满意，而顾客满意受感知服务价值的影响，服务价值是由满意的、投入的、生产性的员工创造的。

（1）内部服务质量驱动员工满意。

（2）员工满意度导致员工保留率及生产率。

（3）员工保留率及生产率导致服务价值。

（4）外部服务质量导致顾客满意度。

（5）顾客满意度导致顾客忠诚度。

（6）顾客忠诚度导致收入增长和盈利能力提高。

四季酒店的服务缘
何成为世界标杆

其中，内部服务质量是指企业管理者为员工创造的工作环境和氛围，包括员工选拔和开发、奖励和授权、工作条件和支持系统、尊重和待遇、企业文化等。

尽管这一利润链在后来不断有实证研究证明其中的某些关系并不是那么直接的。例如，顾客满意并不一定导致顾客忠诚，只有高水平的顾客满意才与顾客忠诚有很强的相关。但是这一利润链带给我们非常重要的启示就是，服务企业利润的来源与企业内外部的服务质量有关，能否为顾客、员工创造价值使他们满意，并最终成为忠诚的顾客和忠诚的员工是企业盈利的条件。企业必须关注员工满意、顾客满意及顾客忠诚。

 案例 7-2

客人洗冷水澡后

2206 房的马先生早上起床后决定洗完澡再去游玩，但洗至一半时，水突然变凉。非常懊恼的马先生用冷水匆匆洗完澡后，便给总台打电话："你好，我是 2206 房的客人，热水怎么突然没有了，害得我洗了冷水澡，要是我冻感冒了怎么办？"

接到电话的服务员小张听到客人投诉没有热水，即回答道："噢，热水没有了，对不起，先生，请您向客房中心查询，电话号码是 82。"本来就生气的马先生一听还要让他再拨打"82"查询，就更生气了："我洗不成热水澡向你们反映，你竟然让我再拨打其他电话？"说完，他愤怒地挂断电话。

一听客人生气了，小张赶紧通知客房中心。当客房中心会同维修人员上去检查时，热水已能正常供应，但马先生仍非常生气地拒不接受道歉。

于是，客房中心将情况反映给了大堂副理。大堂副理代表酒店向客人致歉，同时为马先生送上一盘水果，并打七折房费，马先生这才接受了道歉。

从上可知，酒店中的每一位服务人员都应树立全局观念，时刻牢记自己是酒店的代表，自己的一言一行都会影响到客人对酒店的印象。因此，无论自己有多忙，也绝不能怠慢客人。

第二节　顾　客　价　值

客户关系管理的核心在于培育忠诚客户。为了培育忠诚客户，企业会注意顾客对本企业产品或服务的满意度。然而有研究发现，酒店的顾客满意程度很高，但是市场占有率逐渐下降。原因是竞争酒店推出了更令顾客心动的产品或服务。可见满意度与顾客忠诚之间并没有必然的联系，顾客尽管对酒店满意，但如果有更吸引他的产品或服务，他仍然会"背弃"酒店。由此研究者提出，酒店要保留顾客就需要为顾客创造更多价值。酒店管理者在关注顾客满意程度时，不能只重视顾客对服务质量的评价，而忽略对顾客价值的把握。

目前，在使用客户价值这个概念时主要有两种理解：一是将顾客价值定义为酒店为客户创造或提供的价值；二是将顾客价值定义为客户为酒店创造的价值。这里用的是前者的概念。

一、顾客价值的内涵

20 世纪 80 年代末 90 年代初，泽丝曼尔从顾客感知角度提出了"顾客价值"的概念，顾客价值就是顾客所能感知到的利益与其在获取产品或服务时所付出的成本进行权衡后，对产品或服务效用的总体评价。

菲利普·科特勒提出了"顾客让渡价值"的概念，他认为，通过最大限度地为顾客让渡价值，可以实现顾客满意和顾客忠诚。顾客让渡价值是指顾客总价值与顾客总成本之差。顾客总价值就是顾客从某一特定产品或服务中获得的一系列利益，包括产品价值、服务价值、人员价值和形象价值等。顾客总成本是指顾客为了购买一件产品或服务所耗费的时间、精神、体力及所支付的货币资金等，包括货币成本、时间成本、精神成本和体力成本。由于顾客在购买产品时总希望把有关成本，包括货币、时间、精神和体力等降到最低限度，又希望从中获得更多的实际利益，以使自己的需要得到最大限度的满足。因此，顾客在选购产品时往往会从价值和成本两个方面进行比较分析，从中选择价值最高、成本最低，即以顾客让渡价值最大的产品作为优先选购的对象。

因此，可以简单地讲，顾客价值是顾客对产品或服务感知的价值与其认为所支付的成本相比较后的差值。产品或服务的价值或是顾客支付的成本都与顾客的主观感受密切相关。

顾客价值这一概念的提出，为人们指明了一条如何才能真正实现顾客满意，并最终形成顾客忠诚的途径。酒店不断在各个方面进行完善，然而如果这些完善并不是顾客所追求的，那么无论酒店将这些方面做得如何完美也不能使顾客真正满意。而且即便是顾客看到了酒店的努力并对此给予满意的回答，这种"满意"也不能促使顾客再次购买，因为顾客总是将可选择范围内的产品的价值进行对比，并最终购买他认为能为其提供最大价值的产品。

缩短主客之间差距，创造顾客价值

顾客价值的相关研究目前已成为学术界的焦点，并被积极地运用到企业实践中，成为新的竞争优势的来源。

二、顾客价值的构成要素

顾客价值要求企业应真正站在顾客的角度来看待产品和服务的价值，酒店应认真分析构成顾客价值的要素。然而由于客户感觉的主观性，顾客价值很难被精确地衡量。但是酒店可以对构成顾客价值的因素或者顾客价值的驱动因素进行分析。众多学者从不同的角度对此进行了研究。

（一）菲利普·科特勒基于顾客价值企业竞争的四大要素

菲利普·科特勒在分析顾客价值内涵和影响因素的基础上，提出基于顾客价值的企业竞争优势创造的策略，指出以下四个方面的顾客价值构成要素。

（1）低价，如沃尔玛公司和美国的西南航空公司。但菲利普·科特勒并不鼓励进行低价竞争，因为总会有公司可以使成本降到更低。

（2）高质量。例如，摩托罗拉的产品因为有6σ方法的保证使质量达到了完美。

（3）个性化的服务。例如，某服装制作公司可以让消费者设计自己的服装，虽然顾客要消费更多，但是可以获得最适合自己的产品，因而得到了女性消费者的认可。

（4）创新。企业需要不断推出迎合顾客需求的新的产品，要进行产品创新就需要公司拥有创新的企业文化、创新的激励机制。

（二）梅德里克的五要素驱动

美国教授梅德里克（Medlik）提出，酒店产品由五个部分组成，每部分都可能给客人带来满足或不满足。

（1）地理位置。酒店地理位置的好坏意味着交通是否方便、周围环境是否良好等。

（2）设备与设施。包括客房、餐厅、酒吧、会议室、设施等。

（3）服务。包括服务内容、方式、态度、速度等。

（4）形象。指客人对酒店设施服务、地理位置与内外环境等各种因素的印象的综合。

（5）价格。价格既表示了酒店通过其地理位置、设施与设备、服务和形象给予客人的价值，也表示了客人从上述因素中所获得的满足。

（三）不同消费阶段的酒店顾客价值驱动因素

根据美国康奈尔大学的关于行业优质服务的研究，顾客消费酒店的服务阶段分为购买阶段和消费阶段。这两个阶段有着不同的顾客价值的构成要素。

1. 购买阶段的顾客价值

购买阶段的顾客价值指的是顾客在做出购买决策之前对酒店产品总价值和自己所付成本的比较。影响顾客购买的因素很多，美国康奈尔大学的市场调查表明，购买阶段的顾客价值主要包括 10 个，按对顾客的影响从大到小排序依次是酒店的地理位置、酒店的品牌和声誉、酒店（外部和公共区）的有形资产、酒店的客房设计、酒店产品的价格、酒店的服务功能、酒店的面对面服务、营销、餐饮服务和质量标准。

2. 消费阶段的顾客价值

消费阶段是顾客价值的传递和体验过程阶段。康奈尔大学的研究表明，在接受服务期间，酒店创造的顾客价值强烈影响着酒店顾客的忠诚感。只有为每一次消费的顾客创造价值才能培育忠诚感，使顾客再次惠顾酒店。相反，如果酒店在顾客住店期间没有让顾客感受到特殊的价值，顾客再次购买的兴趣就会减少。对酒店而言，在消费阶段影响顾客价值的因素从大到小有酒店的客房设计、酒店（外部和公共区）的有形资产、酒店的面对面服务、酒店服务功能、酒店餐饮服务、酒店业质量标准、酒店的地理位置、酒店价格、厕所清洁及功能、酒店的品牌和声誉。

（四）创造顾客价值的关键时刻

根据美国酒店公司的调查资料，从顾客进入大堂登记、进入房间到就餐、退房的过程可以分为 39 个"关键时刻"（the moment of truth），这些关键时刻被认为是酒店有

151

机会使顾客感到满意的时间和地点，也是酒店分析如何为顾客创造价值的关键点。这39个关键时刻如下：酒店总机接到电话、客房预订部接到电话、销售部接到电话、提供信息或为客人订房间、客人到达酒店门前、客人走在大堂里、行李员向客人问好、销售经理向客人问好、客人登记入住、陪同客人去房间、客人进入房间、行李员巡视房间、客人打开电视、客人要求叫醒服务、客人要求送餐服务、送餐到房间、客人需要熨斗和熨衣服、客人阅读客人服务手册、客人给家人打电话、客人去酒吧、客人点饮料、客人付款、客人就寝、客人接到叫早服务、客人洗澡、客人给前台打电话询问信息、客人去吃早餐、领座员向客人问好、餐厅招待向客人问好、客人点餐、给客人上餐、客人用餐、客人付账、客人向前台询问信息、客人回到房间、客人打电话请求帮助拿行李、行李员帮助客人提行李、客人退房、客人索要账单收据。

第三节　顾客满意

企业经营活动的产生本质上源于对顾客需要的满足。顾客价值告诉企业如何满足顾客需要，而顾客满意则告诉企业它在这方面做得怎么样。

一、顾客满意和顾客满意度

顾客满意（customer satisfaction，CS）是指顾客对其要求（明示的、通常隐含的或必须履行的需求或期望）已被满足的程度的感受，是顾客将其对服务或产品的期望与他对这一服务或产品的实际感知相比较的结果，是一种顾客心理反应。

顾客满意思想源于20世纪80年代瑞典斯堪的纳维亚航空公司的"服务与管理"的观点。其基本思想是，企业的所有营销活动都必须以顾客满意为方针，企业作为经营者必须进行角色更换，即从顾客的角度，用顾客的观点和利益而非企业自身的观点和利益来分析和考虑顾客需要，尽可能全面地尊重和维护顾客的利益。

1982年，美国企业界最先开始推行顾客满意战略，旨在建立顾客至上的服务系统。顾客满意战略简称"CS战略"，是指企业为了不断满足顾客的要求，通过客观地、系统地测量顾客满意程度，了解顾客的需求和期望，并针对测量结果采取措施，系统地改进产品或服务质量和企业文化，从而获得持续改进业绩的一种经营战略。顾客满意战略将企业关注的焦点放在顾客身上，核心是让顾客满意，其主要方法是通过顾客满意度的测量来推进产品和服务，满足顾客的需求并超越顾客的期望，目标是赢得顾客，从而赢得市场，赢得利润。顾客满意度（customer satisfaction index）也叫作顾客满意度指数，它是顾客接受产品或服务的实际感受与其期望值比较的程度，是一种对顾客满意水平的量化测评指标。

1986年，日本本田汽车公司也开始应用顾客满意作为自己了解情况的一种手段，更加完善了这种经营战略。本田汽车公司针对一年前购入新车的顾客，就营业员的服务态度、售后服务等每月进行一次顾客满意问卷调查，并对结果进行迅速反应，向本公司代理商发表个别的顾客满意度指数，对其进行有力的指导，从而彻底改善了顾客的不满之处。结果，此后5年本田汽车的销量由69万辆大幅增长到85万辆，使该公司的汽车获得全美最受欢迎的汽车项目第一名。

1991 年，日本日立公司导入顾客满意战略，在日本电器行业产生了强大的冲击，很快在家电、计算机、机械制造等领域全面推广，并迅速扩及银行、证券、流通、休闲等服务性行业。

1991 年 5 月，美国市场营销协会召开了第一届 CS 会议，讨论如何以顾客满意战略来应付竞争日益激烈的市场变化。1994 年，美国质量协会等机构首次公布了顾客满意度这一经营指标，显示了 40 个不同行业的质量改进设施与其投资收益的关系结果，结果名列榜首的是运用顾客满意较多的汽车行业。经过 20 世纪 90 年代初的酝酿和发展，顾客满意战略已经在发达国家迅速蔓延。

在酒店行业，酒店通过收集顾客的问卷调查整理出顾客满意度指标表格，来了解顾客的满意度情况。顾客满意度指标包括以下几项基础信息：调查（问题/综合指数）、顾客回复最大化、综合指标（顾客忠诚度、服务、硬件、餐饮）。硬件设施是获得顾客满意的一个基础条件，客房又是酒店的核心产品，因此酒店在硬件设施中更注重对客房的关注。服务综合指数中的员工真诚关爱顾客体现了酒店的企业文化，任何一个客人在进入酒店时首先要接触的就是前台，因此酒店不应该错过任何一个可以吸引和抓住潜在客源的机会。在餐饮体验综合指数中特别提到送餐体验和早餐体验，前者体现了个性化服务，可以增强顾客的满意度，后者体现了标准化服务，也是几乎所有住店客人都会接触到的餐饮部分，有利于酒店的餐饮营销。没有满意的员工就没有满意的客人，没有满意的客人就没有令人满意的酒店收入。通过收集顾客满意度指标表格，了解客人的满意情况，建立自己的品牌和营造良好的声誉，从而使酒店获得丰厚的收益和长远的发展。

二、顾客满意对于酒店经营管理的意义

管理大师彼得·德鲁克（Peter Drucker）指出："企业的任务就在于创造满意的顾客，利润并不是最重要的事情，因为利润只是让顾客满意之后的一种回馈。"对于酒店经营来说，这句话尤其是至理名言。酒店的顾客为满意的服务买单或再次买单，酒店的经营也应以通过顾客满意从而培养起自己的忠诚客户群为重点。在酒店市场竞争日趋激烈的今天，在顾客面临众多选择的情况下，只有能让顾客满意的酒店才有获利的机会。在 ISO 9000 质量管理论证体系族标准的八大原则中第一条就是"顾客满意"。总的来说，顾客满意对于酒店有以下几个方面的意义。

（1）顾客满意是顾客再次光顾的基础，同时满意顾客的口碑效应可为酒店带来更多的客人。一项调查表明，一个满意的顾客会引发八笔潜在买卖，其中至少有一笔可以成交；一个不满意的顾客会影响 25 个人的购买意愿。

（2）顾客满意可以减少顾客对价格的敏感，使顾客更愿意为他们得到的产品付费或容忍价格的上涨。满意度越高的客户会更愿意为他们在酒店使用的设施或服务支付成本，并且更有可能容忍价格的上涨，这意味着酒店能获得更高的毛利率。

（3）客户满意度的提高可以降低交易成本。酒店要吸引和留住客户需要对客户有一定的成本投入，也就是营销费用。一方面，留住一个老客户的成本要远远低于一个新用户的成本。如果酒店拥有很高的客户满意度，也就拥有固定的老客户群体，不需花费更多的钱来吸引新的顾客，从而节省营销费用。另一方面，满意度高的客户很可能以更高的频率使用酒店的设施或服务，并且有可能自觉地尝试使用酒店的其他设施或服务，这些都有助于降低每次交易的成本。

案例 7-3

大卫先生搬走了

大卫先生是法国一家著名投资公司的项目经理，住在厦门一家四星级酒店，此次来厦门与中方洽谈一笔大型投资项目。由于有大量的商务活动、谈判及时差原因，每天需要与巴黎总部进行联系，他只好在凌晨开始休息，中午以后起床工作。遗憾的是，他这一起居习惯并未受到酒店方面的充分重视。每天上午酒店服务员时而清扫房间，时而收取客衣，时而派送留言、传真等，使他不能得到良好的休息。他多次向服务员提出这个问题，但也许是因为语言沟通的障碍，收效甚微。他曾经尝试使用"请勿打扰"牌来提醒，但未能找到该牌。尤其是周末，服务员打扰得更加频繁。他忍无可忍，甚至认为服务人员要与他作对。他原本打算在这里住一个月，但到第四天时，便给酒店的总经理写了一封长达五页的投诉信，然后搬到了另一家酒店入住，使这家酒店失去了应得的收益。

三、顾客满意度调查

（一）顾客满意度调查的意义

鉴于顾客满意对于企业乃至国家竞争力的重要性，目前，世界上许多国家都建立了自己的顾客满意度指数测评模型，定期测评和公布顾客满意度指数，其中最具代表性的模型有瑞典顾客满意度指数模型（Sweden customer satisfaction barometer，SCSB）、美国顾客满意度指数模型（American customer satisfaction index，ACSI）和欧洲顾客满意度指数模型（European customer satisfaction index，ECSI）。而在企业，无论是生产性企业还是服务性企业也都非常重视对顾客满意度的调查和管理。

同时，不少质量标准都将顾客满意度的调查纳入其要求。例如，ISO 9000：2000标准第 8.2.1 条规定："组织应监控顾客满意与否的信息，作为质量管理体系的度量。应确定获取和利用此信息的方法。"

酒店的业绩主要来自于顾客的重复购买，而顾客是否会重复购买取决于他们对该酒店的整体满意度。因此，对于酒店来说，调查、评价顾客的满意度尤为重要。我国酒店星级标准制定了宾客满意程度调查表，并且明确规定酒店必须对宾客满意程度进行调查，将顾客满意度调查正式纳入了国家标准化行政工作的序列。该标准将"宾客满意率"作为星级评定的五项标准之一，并且规定如下。

（1）发放和回收宾客意见调查表是让宾客评价酒店服务质量的主要措施，是一项经常性的重要工作。酒店应建立一套发放、回收和统计制度，并长期坚持。

（2）应在每间客房放一张宾客意见调查表，回收率应不低于发放期间酒店实际出租率的 30%。如果酒店宾客意见调查表的回收率达不到规定的要求，将暂缓其星级评定。

（3）酒店在星级评定期间，宾客意见调查表要求每星期回收一次，共计回收四次。星级评定后，每月回收一次。如果酒店拖延宾客意见调查表的回收期，将暂缓其星级评定。

（4）宾客意见满意率统计办法。记分标准：满意为 1 分；一般为 0.5 分；不满意为 0 分。计算公式为

$$宾客满意度 ＝（实得分数/应得分数）×100\%$$

（5）各星级规定的宾客满意度：一星级为 70%；二星级为 70%；三星级为 75%；四星级为 85%；五星级为 90%。

酒店进行满意度调查的意义在于以下几个方面。

如何更好提高顾
客满意度

1. 是酒店战略规划的需要

定期开展顾客满意度测评，可以使酒店动态地了解顾客满意度与企业经营业绩之间的关系，确立以顾客为中心的经营理念和价值观；可以使酒店关注并明确顾客需要，以此确定酒店服务产品的设计目标和标准。

2. 有助于酒店服务质量的持续改进

顾客的需求和期望不是一成不变的，顾客满意是一种动态的、相对的概念。通过定期开展顾客满意度测评，可以使酒店及时把握顾客满意或不满意的原因，分析并预测顾客隐含的、潜在的需求，并转化为服务规范或标准，使之更具前瞻性和客观性，从而有力地推动酒店对服务质量的持续改进和创新。

3. 是酒店与客户沟通的重要渠道

进行顾客满意度调查，使得顾客的意见或不满有一个有利于酒店的发泄渠道。酒店如果能够及时正确地处理这些意见，不仅可以在一定程度上抵消顾客的不满情绪，还能降低顾客将这种不满带给其他的客户或潜在客户的意愿。

（二）顾客满意度调查的方法

顾客满意度的定义说明消费者的满意程度是他们对自己的消费经历进行主观评估的结果。如果消费者感觉中的服务质量超过他们对服务质量的期望，他们就会感到满意；如果他们感觉中的服务质量不如期望，他们就会感到不满意；如果他们感觉中的服务质量与期望相符，他们既不会满意，也不会不满意。

对于调查项目来说，首先需要确定调查对象，其次根据调查对象确定调查内容（或调查项目）、评分标准及调查形式。

1. 确定调查对象

在调查之前需要明确：调查的对象是随机抽查的酒店现住客，还是包括曾经的酒

店顾客；是仅限于散客，还是团队客人；是重点客人，还是普通客人；是仅限于外部顾客，还是包含对顾客提供服务的一线员工。

2. 确定调查内容

通过确定调查内容，建立起顾客满意度测评的指标体系，是顾客满意度调查中最为重要的内容。

1）测评指标制定的原则

酒店在制定指标时必须遵循以下几项基本原则。

（1）指标的选取必须遵循顾客价值原则，即顾客满意度测评指标体系中的指标必须是顾客认为重要的。因此要准确把握顾客的需求，选择顾客认为最关键的测评指标。

（2）测评指标必须能够控制。酒店进行顾客满意度调查会使顾客产生新的期望，促使酒店必须采取改进措施。但是如果酒店在某一领域还无条件或无能力采取行动加以改进，则应暂时不采用这方面的测评指标。

（3）测评指标必须是可测量的。顾客满意度调查的结果是一个可以量化的值，因此设定的测评指标必须是可以进行统计、计算和分析的。

（4）指标的设计应考虑到顾客对顾客满意度调查问卷的接受程度。例如，顾客的理解能力，必须避免顾客对指标的理解产生歧义，这是准确测量的前提；指标的繁简适宜，指标过少达不到测量的目的，过于烦琐则让顾客难以有耐心去认真完成，同样会影响调查的质量。

2）测评指标体系的构成

对于测评指标的选择，除各类标准规定的测评内容和方法外，不同的酒店可以根据其顾客满意度调查的目的自行决定。但无论怎样选择，都应当注意顾客满意度测评指标体系应是一个多指标的结构，应注意运用层次化结构设定测评指标，只有这样才能系统、清晰地表述顾客满意度测评指标体系的内涵。每一层次的测评指标都是由上一层次测评指标展开的，而上一层次的测评指标则是通过下一层次的测评指标的测评结果反映出来的。

以下是一个酒店顾客满意度三级测评指标体系选择的例子，在该指标体系的设计中，一级指标为客户总体满意度指标；二级指标为准则性指标，即顾客将以五个方面的感知判断自己是否对酒店服务满意，这五个方面的感知分别为客户对酒店环境的感知、客户对酒店硬件设施的感知、客户对酒店服务的感知、客户对消费的感知和客户对酒店工作人员的感知；三级指标为评价性指标，由二级指标展开得到。具体评价指标的设定如表 7.2 所示（表中只列出二级和三级指标）。

表 7.2　酒店顾客满意度评价指标

二级评价指标	三级指标
客户对酒店环境的感知	① 客户对酒店所处地理位置的评价； ② 客户对酒店周边交通环境的评价

二级评价指标	三级指标
客户对酒店硬件设施的感知	① 客户对酒店建筑、布局的评价； ② 客户对酒店客房设施（卫生间、电话、空调、保险箱、宽带接口等）的评价； ③ 客户对酒店客房设计（设施布局、色彩搭配等）的评价； ④ 客户对酒店餐厅设施的评价； ⑤ 客户对酒店会议厅设施的评价； ⑥ 客户对吧台、迪厅、健身、棋牌等娱乐设施的评价； ⑦ 客户对酒店停车场的评价； ⑧ 客户对酒店绿化环境的评价； ⑨ 客户对酒店安全设施的评价
客户对酒店服务的感知	① 客户对前台咨询、留言、预订、接待的评价； ② 客户对客房服务（如是否及时整理房间、对服务要求反应的快慢等）的评价； ③ 客户对餐厅服务及饭菜质量的评价； ④ 客户对康乐场所的服务的评价； ⑤ 客户对酒店商务服务（电讯、翻译及各种票务等）的评价； ⑥ 客户对酒店个性化服务的评价； ⑦ 客户对酒店对紧急或突发事件处理的评价； ⑧ 客户对酒店处理投诉或抱怨的方法、效率和结果的评价
客户对酒店工作人员的感知	① 客户对热线咨询人员服务态度和服务质量的评价； ② 客户对酒店服务人员服务态度和服务质量的评价； ③ 客户对酒店工作人员整体素质的评价
客户对消费的感知	① 客户的实际消费与预计消费比较； ② 客户对自己的消费与所接受的服务的衡量

3. 确定评分标准

顾客满意度测评的本质是一个定量分析的过程，即用数字反映顾客对测评对象的态度，因此需要对测评指标进行量化。衡量顾客满意度时常用的等级度量方法有以下几个。

（1）三等度量法：差、一般、好。

（2）五等度量法：差（大大低于期望）、较差（在期望之下）、一般（符合期望）、较好（在期望之上）、好（大大超出期望）。

（3）七等度量法：极差、差、稍差、一般、较好、好、极好。

（4）百分比度量法：0%（完全不满意）、10%、20%、30%、40%、50%、60%、70%、80%、90%、100%（完全满意）。

通常在进行等级划分后，需要对每一等级赋值。例如，对于五等度量法，分别赋值为1、2、3、4、5，也可赋值为-2、-1、0、1、2，以便于进行量化分析。

最后，总分（顾客满意度）可以通过对各指标的加总平均或者是加权平均后得到。如果是计算加权平均，则需要对各指标的重要性进行调查并进行权重分配，而这往往可以在进行顾客满意度调查的同时进行。

4. 确定调查形式

调查形式有访谈法、问卷调查法（酒店发放或邮寄）、电话调查法。酒店通常采用在酒店内向顾客发放问卷的方式进行调查。

四、提高顾客满意度的途径

（一）正确引导顾客期望

由于顾客满意度是顾客接受产品或服务的实际感受与其期望值比较的程度，顾客对服务的现实期望是良好服务的基础，如果住三星级酒店的顾客希望得到五星级的服务，那他是无论如何也不会满意的。因此，对顾客期望值的管理对于确保顾客满意就非常重要。

一方面，酒店应注意外部营销中对顾客心理预期的把控。在进行广告宣传和服务承诺时应实事求是。例如，南京金陵酒店作为一家老酒店，服务设施设备难免陈旧，硬件方面存在不足。于是他们在宣传酒店的同时并不对酒店在硬件方面的不足加以隐瞒，而是及时将部分房间设施陈旧的客观现实情况向客人解释，正确引导顾客的期望，让顾客在硬件设施上降低期望，从而实际情况和顾客期望的差距也就会缩小，并且容易使客人对酒店产生信任感。

另一方面，酒店应加强与顾客的沟通。由于服务是一项需要顾客高度参与的工作，因此酒店应帮助顾客充分理解他们在服务工作中的作用，以及他们需扮演的角色，同时提供必要的信息和指导，帮助顾客掌握必要的知识和技能，能够正确理解并做好他们应完成的部分工作。20 世纪 80 年代初，在一家酒店曾经发生过这样一件事：一位男客人由于喝醉酒，半夜回房时误闯入对面的女客人房内。女客人被吓到，愤而投诉酒店。服务员为何擅自给他人开门？酒店寻找原因后才发现，原来这位女客人不懂得客房门在关上后需要按一下锁手柄上的按钮才能锁上。尽管似乎不是酒店的责任，但在当时我国大陆大多数人家还是使用挂锁（在房内的锁门方式为使用插销）时，酒店应预见到客人的知识局限，事先告知客人锁门的方法，或者在门后醒目的地方提示客人如何锁门，避免此类事情的发生。

此外，酒店还应注意对不文明顾客的劝导及必要时采取紧急措施。酒店接待的并不总是遵纪守法的、具有良好公德的顾客。为了维护大多数顾客的利益和酒店的形象，酒店必须对一些顾客的不恰当行为给予引导或进行约束。

（二）提高酒店业质量

PZB 组合认为，顾客感觉中的服务质量是由以下五类属性决定的。
（1）可靠：服务性企业为顾客提供正确、安全、可靠的服务。
（2）敏感：服务人员愿意帮助顾客，及时地为顾客提供服务。
（3）可信：服务人员的知识、技能和礼节能使顾客产生信任感。
（4）移情：服务人员设身处地为顾客着想，关心顾客，为顾客提供个性化服务。

（5）有形证据：服务人员的服装和仪表、服务设施、服务设备、促销资料等有形证据。

因此，酒店应从上述几个方面切实提高顾客在酒店的感受，最终获得顾客的满意。

（三）注意服务补救

除以上五类属性之外，补救性措施也是服务质量的一个重要属性。服务工作不出现任何差错是不可能的，服务补救的目的就是挽回服务失败给顾客留下的不好印象。服务工作出现差错或无法预见的问题之后，服务性企业应尽快采取补救性措施，提出顾客可以接受的解决方法，将顾客和企业的损失降到最低。

美国企业咨询机构 TARP 公司提出了处理抱怨、进行补救的 IANA 过程，即把服务补救分为 identity（确认）、assess（评估）、negotiation（协商）、action（行动）四个步骤。

美国学者提出服务补救的四个步骤并阐述了它们对服务利润链的影响，如图 7.3 所示。

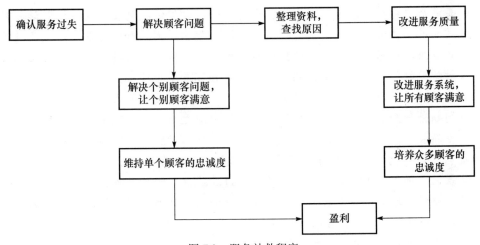

图 7.3　服务补救程序

图 7.3 反映了一个重要的结论就是企业不能"头痛医头，脚痛医脚"。对于顾客投诉，企业应快速回应，并提供有效的解决方案，消除顾客抱怨。同时，企业要分析造成顾客不满的真正原因，及时修正企业现有的服务系统，避免问题再次发生。此外，企业还应注意到大约只有 4%的顾客对服务缺陷进行投诉，因而问题的确认不只在出现顾客投诉之后，确认服务过失的另一个重要途径是顾客抱怨及企业一线员工的意见反馈。

（四）及时改进顾客提出的意见，合理选择顾客满意度调查的指标

对不能改进的方面暂时不做满意度调查。顾客在认真完成满意度调查后，认为酒店也能够认真对待在调查中提出的问题，并积极改进。而如果在下一次购买酒店服务时同样的问题还得不到解决，顾客对酒店的态度将从对某方面或某些服务的不满变成

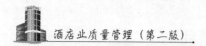

对酒店的失望。同时，顾客满意度调查的过程是酒店与顾客交流的过程，它会使顾客产生新的、更高的期望，酒店必须在调查后采取积极措施改进不足，巩固成绩，确保顾客在下一次购买时对服务的感知能够与其心理预期一致。

（五）提高员工满意度，让满意的员工带来满意的顾客

从广义上讲，酒店的顾客可分为内部顾客和外部顾客。内部顾客，是指酒店工作流程中的每一道工序负责人都应当把下一道工序当成自己的顾客。服务理论链告诉我们：只有保证了内部顾客满意，才能产生外部顾客满意。联邦快递公司发现，当内部员工满意率提高到 85%时，他们的顾客满意率高达 95%。我们将在本章第五节详细介绍。

案例 7-4

客人投诉后

福州某酒店中餐厅特色菜远近闻名，生意兴隆，却经常接到客人的投诉电话。客人对服务质量的总体评价不高。餐饮部黄经理决心找出原因，加强管理，以提高顾客满意度，减少或杜绝客人的投诉。他经过调查发现，客人普遍对餐厅供应的菜品比较满意，投诉抱怨的问题包括：碗、碟、酒杯灯餐损坏或不干净；卫生间的卫生状况较差；环境布置过于单调；服务员的服务不够细致；上菜速度太快或太慢等。通过对客人所投诉问题进行归类分析，并与各级员工加强沟通之后，黄经理采取了一系列的整顿措施：重新装修、布置餐厅、增加包厢和雅座；加强对服务员服务意识的教育，规范服务员的服务行为；教育服务员善于观察客人，揣度客人需求，并提供无干扰服务；规范点菜、加工、上菜流程；加强餐厅周边环境卫生清洁工作；加强对菜品安全卫生、餐具整洁程度的检查与控制等。此外，黄经理还开展了促销活动，并时刻关注客人的反应。一段时间之后，客人的投诉大大减少，甚至 2～3 个月都没接到过一起投诉，回头客越来越多，中餐厅的生意也越来越红火。

综上可知，客人对酒店服务质量的评价是一种综合评价，除了受直接消费的有形产品（如餐厅的菜肴、客房的低值易耗品等）影响外，还受服务态度、服务效率、礼貌礼仪、操作技能、清洁卫生、环境氛围等因素的影响。中餐厅虽然在整顿前提供的特色菜很受客人欢迎，但由于在清洁卫生、环境氛围、操作技能、服务态度、服务效率等方面做得不够好而导致投诉不断。餐饮部黄经理充分认识到酒店产品质量综合性强的特点，通过改革与整顿，使得影响服务质量的各个因素得到了改善，顾客的满意度必然会大大提高。

第四节　顾客忠诚

顾客满意度衡量的是顾客的期望和感受，反映的是顾客过去的行为，而顾客忠诚度才能反映顾客未来的购买行动和购买承诺，因此只有忠诚的顾客才是酒店长期利润

的来源、酒店最宝贵的财富。赢得顾客忠诚是酒店获得竞争优势的不二法则。

一、顾客忠诚的内涵

早期对顾客忠诚的研究起源于对顾客重复购买行为的观察，忠诚的顾客往往等同于重复消费的顾客。受此导向，在实践领域，企业的忠诚计划也致力于最大限度地吸引顾客重复消费，如根据顾客的消费次数，或者消费额累计给予不同的折扣等措施。然而，这些忠诚计划只是在吸引顾客重复消费，并不必然引发顾客的忠诚感。顾客即便重复消费，也可能只是对"计划"而非对企业或者品牌忠诚，如果没有这些措施，顾客就会转投他家。显然，单纯依靠吸引顾客重复消费并不能获取真正忠诚的顾客。重复消费的顾客并不等于忠诚的顾客。

事实上，经过研究发现，顾客忠诚包括两个方面的内涵：行为和态度。从行为的角度来看，忠诚是指消费者购买某一产品的数量和次数。顾客忠诚度通过消费者购买的频率和消费者购买同类产品的品牌转换次数来衡量。从态度的角度来看，顾客忠诚主要是指消费者向其他顾客推荐服务提供商的愿望和消费者本身的偏好，以及各个品牌在其心中的位置。对于企业来说，真正有意义的是态度忠诚带来的行为忠诚。

由此，顾客忠诚指的是顾客对特定服务商重复购买行为的程度和对其所持有的积极的态度倾向，以及在对该项服务的需求增加时继续将该服务商作为唯一选择对象的倾向。

依据顾客忠诚的不同表现形式，态度倾向的强弱和行为取向的高低，可以把顾客忠诚分为四种状态（图 7.4）。

图 7.4　顾客忠诚的分类

从顾客忠诚的内涵来看，态度取向程度高而且行为重复程度高的顾客才是真正的忠诚；只有行为重复而无态度取向则是虚假的忠诚；只有态度取向而无行为重复则是潜在的忠诚；既无积极的态度取向也无重复的购买行为则是顾客不忠诚。因此，只有当重复购买行为伴随着较高的态度取向时才产生真正的顾客忠诚。真正意义上的顾客忠诚是一个顾客对产品所持有的积极态度与产品的重复购买行为的完美结合。

二、顾客忠诚对于酒店经营管理的意义

弗雷德·赖克尔德（Fred Reichheld）和萨塞通过对多个服务行业的长期观察发现，顾客忠诚度在决定利润方面比市场份额更加重要：当顾客忠诚度上升 5 个百分点时，利润上升的幅度将达到 25%～85%。同时，企业为老顾客提供服务的成本是逐年下降的。更为重要的是，忠诚的顾客成为"传道者"，努力向其他人推荐企业的服务，并愿意为其所接受的服务支付较高的价格（溢价）。可以说，忠诚顾客是企业竞争力重要的决定因素，更是企业长期利润最重要的源泉。

1991 年，美国施乐公司在调查中发现，忠诚顾客的再次购买行为是满意顾客的 6～8 倍。据调查研究发现："在餐饮行业，忠实的客户的消费量与其他人消费量的比例是 13：1，在航空业的比例是 12：1，在酒店业的比例是 5：1"。

研究表明，总的说来顾客忠诚可以从以下 5 个方面给企业带来益处。

（1）忠诚的顾客会保持重复消费行为，并倾向于购买企业的其他产品，由此带来稳定的、可预期的远期销售收益。

（2）维持一个忠诚的顾客远低于争取一个新顾客的成本，从而降低企业的营销成本。

（3）忠诚的顾客的购买行为不需要价格优惠或者累积积分等促销手段，并且反过来他们更容易接受溢价，为企业带来超额利润。

（4）忠诚的顾客经常正面宣传企业的产品或服务，并推荐其他人购买，形成口碑效应，帮助企业获取新的顾客。

（5）忠诚的顾客在企业内部会带来一种联动效应，有助于提高员工满意度和保持率，进而可提高其工作效率，降低企业运营成本。

因此希尔顿（Hilton）说，只要每年有 1/10 的老顾客光顾，酒店就会永远客满。可见，提高顾客忠诚度对于酒店具有重要意义。

三、顾客满意与顾客忠诚的关系

早期的研究认为，顾客满意度和顾客忠诚度之间是一种简单的线性关系，顾客满意度提高，忠诚度也会相应提高。满意必然带来忠诚。实际上，顾客满意是顾客需求被满足后的愉悦感，是一种心理活动；而忠诚顾客所表观出来的是一种购买行为，是有目的性的、经过思考而决定的购买行为。20 世纪 90 年代，随着顾客满意研究的进一步深入，越来越多的学者发现顾客满意与顾客忠诚间的关系十分复杂。总的来说有以下几个研究结论。

1. 只有最高的满意等级才能产生顾客忠诚

哈佛大学商学院的研究人员发现只有最高的满意等级才能产生忠诚。在对医疗保健业和汽车产业的一项研究中，使用 5 分制的满意度测量表，结果选择 3 分的顾客的忠诚率为 23%，选择 4 分的忠诚率为 31%，当顾客选择 5 分即感到"完全满意"时，忠诚比率达到 75%。研究人员通过对施乐公司的实证研究，发现了"质量不敏感区"的存在。基本满意和满意的顾客的忠诚度都很低，只有非常满意的顾客才表现出极高的重复购买率和口碑传播意愿，非常满意顾客的忠诚是满意顾客的 6 倍。顾客满意度水平与忠诚的关系可用图 7.5 来表示。

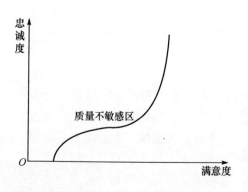

图 7.5　客户满意度与客户忠诚度关系

从图 7.5 中可以看出，顾客满意与顾客忠诚关系曲线上有一段较为平缓，顾客满意水平的提高并没有使忠诚度得到相应的提高，这一阶段为质量不敏感区——出现高满意度、低忠诚度的情况。

2．满意与忠诚的关系受约束条件的影响

这些约束条件包括以下几个方面。

（1）行业竞争状况。调查显示，在汽车行业，85%～90%的顾客表示满意，然而仅有 30%～40%的顾客会重复购买；在餐饮业中，顾客转换的比例高达 60%～65%。美国学者托马斯•琼斯（Thomas Jones）和萨塞的研究结果表明，顾客满意与顾客忠诚的关系在不同的竞争环境下有所差别，如图 7.6 所示。

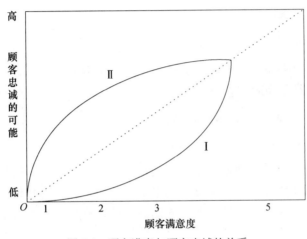

图 7.6　顾客满意与顾客忠诚的关系

图 7.6 中虚线左上方表示低度竞争区，虚线右下方表示高度竞争区，曲线Ⅰ和曲线Ⅱ分别表示高度竞争的行业和低度竞争的行业中顾客满意度与顾客忠诚度的关系。

如曲线Ⅰ所示，在高度竞争的行业中，完全满意的顾客远比满意的顾客忠诚。在曲线右端，只要顾客满意程度稍稍下降，顾客忠诚度就会急剧下降。这表明，要培养顾客忠诚感，企业必须尽力使顾客完全满意。如果顾客未遇到产品和服务问题，接受调查时他们会感到很难做出不好的评价，而是会表示满意。但是，如果企业的产品和服务过于一般，并未让顾客感到获得了较高的消费价值，就不易吸引顾客再次购买。在低度竞争的行业中，如曲线Ⅱ所示，顾客满意程度对顾客忠诚度的影响较小。但这是一种假象，限制竞争的障碍消除之后，曲线Ⅱ很快就会变得与曲线Ⅰ一样。因为在低度竞争的情况下，不满的顾客很难转移，他们不得不继续购买企业的产品和服务。这种表面上的忠诚是虚假的忠诚。

（2）法律约束。在垄断性行业，由于国家规定一些企业具有独家经营权，这些企业与顾客之间就形成一种法律约束关系。顾客只能接受少数几家公司所提供的服务，顾客唯一的选择就是忠诚，不管其服务质量如何，因为在市场上找不到其他相同服务的提供者。在银行业，尽管忠诚的顾客对企业服务感到不满意，但仍有 75%的顾客依然会忠诚于为他们提供服务的银行。所以，一些银行的营销部门甚至指出，顾客可能会改变生活伴侣而不会改变银行。

（3）技术约束。技术约束可以增加顾客退出服务的成本，从而形成退出障碍。美国微软公司视窗操作系统与 IE 浏览器的捆绑销售便属于此类。

（4）其他约束。例如，一些航空公司、百货公司推出的常客奖励计划，以折合飞行公里数、给予礼品等方式对常客进行奖励，刺激他们更多地选择本公司的服务。对实施了这些约束的公司的顾客来说，另择服务商会损失奖励，增加退出成本。因而常客奖励计划形成了一种约束，影响顾客的再次选择。

持续创新会员
奖励计划

四、提高酒店顾客忠诚度的途径

1. 创造顾客价值

顾客总是购买那些能够给他带来更高价值的产品或服务。因此，获得顾客忠诚的首要的、最根本的途径是为顾客创造价值。

2. 提供优质服务，获得高水平的顾客满意

研究表明，最高等级的顾客满意和顾客忠诚之间成正相关关系。酒店的服务不能仅限于满足顾客的基本需求，而应当发现并满足顾客的潜在需求，提供超值服务，给顾客以惊喜。提供创新服务，积极为顾客创造价值，忠诚客人与普通客人相比对酒店的信任度更大、期望更高，在心理上期待受到酒店的特殊化对待，对他们采用与众不同的服务方式可使客人获得更高的心理满足，特殊的待遇和个性化的服务使客人越来越依赖于常住的酒店，从而不愿意为尝试其他入住地而耗费时间、精力及金钱。目前"常客计划"成为许多国际联号酒店营销活动中不可或缺的一部分，该计划给予常客包括快速入住和退房结账手续、提前入住和延时离店特权、免费洗衣服务等优惠项目。

3. 塑造良好的企业形象，打造酒店品牌，树立品牌忠诚

曾经有人做过一个实验，把可口可乐和百事可乐的商标都去掉，让顾客去品尝辨别，绝大多数人都辨别不出，实验结果表明喜欢百事可乐的人稍多一些。然而在事前的调查中，人们更倾向于选择可口可乐。这个实验充分表明，在产品差别不大时，品牌具有更重要的影响力。当今的酒店行业，服务产品的差异化并不大，需要酒店经营者有强烈的塑造品牌的意识。

4. 培育员工忠诚

顾客可能会忠诚于企业，也可能会忠诚于企业员工。后者的个人忠诚在服务行业中非常常见。1991 年，美国学者通过对一家财产和意外伤害保险公司的员工进行调查发现，与顾客直接打交道的员工较高的跳槽率会使顾客满意度水平从 75%降到 55%。酒店是典型的个性化服务行业，员工尤其是一线员工对于服务质量和顾客满意的影响巨大，他们直接与顾客接触，是餐饮服务的传递者和企业形象代表。同时，顾客之所

以会选择某家酒店，部分原因是该酒店有他所欣赏、喜欢的服务人员。事实上，帮助酒店留住客人的正是一线员工。因此，员工流失往往会导致酒店难以建立员工与顾客之间的个人情感、服务标准和理念难以贯彻、服务流程不顺畅等，进而导致顾客感知服务质量降低和顾客流失。因此，酒店要建立顾客忠诚，首先必须提升内部服务质量，创造满意和忠诚的员工。

5. 合理设置转换成本

研究表明，由于存在某种类型的转换成本，顾客不愿意终止与当前服务企业之间的关系，即使现有关系并不是十分满意。转换成本就是顾客在转换产品或服务提供商的时候对所需支付的时间、货币和精力成本的感知。顾客和企业之间的关系持续可能不是因为忠诚的感觉，而是因为在转换现有企业、发展新关系的过程中所需付出的时间、财力和精力成本或者是因为缺乏可供选择的竞争企业。例如，酒店实施的积分奖励计划、金卡会员制等都能够提高顾客的转换成本，提高顾客在行为层面的忠诚。然而必须注意的是，如果片面强调通过设置转换成本减少顾客的流失，则必然使顾客在最初选择酒店时持谨慎态度。提高顾客忠诚度最积极的办法是创造顾客价值，增加顾客满意。

第五节　员 工 满 意

服务营销中，有两句格言流传甚广，其一，"你希望怎样对待顾客，你就怎样对待员工"。其二，"如果你不直接为顾客服务，那么，你最好为那些直接为顾客提供服务的人提供优质服务"。

员工满意是指员工对其从组织所获得的精神和物质报酬的感受与其期望值相比较后获得的主观感受。员工满意度是指员工对其从组织所获得的精神和物质报酬的感受与其期望值比较的程度，即

员工满意＝（对物质和精神报酬的）实际感受/期望值

当这种感受超出期望值时，员工满意或很满意；达到期望值基本满意或无所谓满意或不满意；低于期望值时员工不满意。

现在很多酒店把员工作为酒店的内部客人，把员工满意放在首位。大量的调查研究显示，员工满意度普遍偏低是目前酒店行业的最大问题所在。当今社会，各国之间竞争的实质就是综合国力的竞争，综合国力的竞争根本上讲就是人才的竞争，而作为服务企业的员工，也就是企业的人才，相对于企业的团队来讲，管理者占少数，而员工基本占到团队总数的 80%以上，也就相当于企业团队的"金字塔"的塔基，如果塔基出现问题，结果就不言而喻了。

一、员工满意的重要意义

1981 年，格罗斯首先提出把员工视为顾客的概念，以及把组织销售给员工的概念，提出内部营销思想。内部营销的目的是获得受到激励的有顾客意识的员工，将员

工视为组织的内部顾客。

（一）满意的员工带来满意的顾客

服务产生的价值是通过人，也就是通过企业的员工在提供服务的过程中才体现出来的。员工的态度、言行也融入了每项服务中，对客户的满意度产生重要的影响。当客户感受到某个一线酒店员工的不良情绪时，他会判断出这家酒店对他不感兴趣，不愿意为他服务，从而产生不满意的情绪体验。对于这样的客户，给予再多的优惠、再丰富的产品也无济于事。而员工是否能用快乐的态度、礼貌的言行对待顾客，则与他们对企业提供给自己的各个方面的软硬条件的满意程度息息相关。因此，加大对员工满意度的关注是提升企业服务水平的有效措施。只有提高内部服务质量，服务人员才能为顾客提供优质服务。酒店各级管理人员、后台职能部门工作人员都必须全力支持服务第一线。

美国罗森帕斯旅游管理公司总裁认为，传统的"顾客就是上帝"的观念并不正确，"员工第一，顾客第二"是其成功之道，因为企业服务滑坡的首要原因是出错率大，而出错率大的原因在于员工不愉快，接着是员工抱怨，最后才是顾客抱怨。只有把员工放在第一位，员工才有"顾客至上"的意识。要使顾客满意，首先要使员工满意。酒店以待客之道善待员工，为员工提供一个满意的工作环境，使每一个员工能成为"为自己所面临情况解决问题的经理人"。只有当员工感到自己是一名完全的参与酒店事业的合作伙伴时，才能自觉地关心酒店的发展；达成员工与酒店荣辱与共、利益相关的共识，员工才会以饱满的热情投入对客服务中，并切实将客户的需求放在第一位。当酒店与员工建立了真正的伙伴关系时，员工就会在服务中自觉地传递酒店对顾客的关怀，顾客通过员工与酒店接触，得以和酒店建立起信任、期待、持久的关系。

（二）满意的员工是客户关系管理的基础

客户关系管理要求酒店建立一个有价值的客户信息数据库。客户的数据来源于中央预订系统和酒店信息管理系统，但更多的是依靠酒店员工关注顾客的需求而获得。因此，实施客户关系管理最重要的是将"以客户为中心"的核心理念渗透到酒店每一个员工的心中，切实树立"以客户为中心"的思想。而只有满意的愉快的员工才会在服务的点滴中身体力行地关注客户关系和客户需求，乐意与客户进行人际交互，自觉地收集和积累客户资料，有效地预知客户的期望，切实贯彻客户导向的经营理念，客户关系管理的实施才能在理念上、制度上和操作上得到全面的保障。

（三）满意的员工带来潜在的客户和优质的人力资源

在服务企业，忠诚的员工是企业竞争的法宝，他们往往能吸引潜在的顾客并保留忠诚的顾客。对企业满意、忠诚的员工有时是导致顾客向其他人推荐公司产品和服务的主要原因。满意、忠诚的员工通过细致的工作，在赢得顾客的同时，或者言传身教，或者潜移默化，把企业的文化自然地转化为企业的良好的外部形象传播给所有顾客，这样有利于吸引潜在的顾客。这种无价的顾客的口碑效应比起刻意的广告宣传更真实、有效。

此外，满意、忠诚的员工会由于自己对企业的高度满意产生骄傲和荣誉感，会经常向他人宣传推荐自己的企业，不仅会给企业带来新的顾客，还会带来企业所需要的优质人力资源。

酒店员工的事
无小事

二、员工满意度的调查方法及其影响因素

（一）员工满意度的调查方法

目前许多企业非常重视员工满意度并开展了员工满意度的调查。总的说来，员工满意度的调查方法有以下两种。

1. 单一整体评估法

单一整体评估法只要求被调查者回答对工作的总体感受，如"就各方面而言，我满意自己从事的工作"。研究表明，这种方法比较简单明了。因为满意度的内涵太广，单一整体评估法成为一种包容性更广的测量办法。不过，这种方法因只有总体得分，虽然可以知道企业的相对满意度水平，但无法对企业存在的具体问题进行诊断，不利于管理者改进工作。

2. 要素综合评估法

要素综合评估法按影响员工满意度的因素进行调查评分，调查的结果显示员工在不同的影响满意度的维度上的反应，其结果显然更有利于管理者改进工作。

（二）影响酒店员工满意度的因素

酒店员工满意度的影响因素有以下几个。

1. 工作本身

对工作本身的满意来源于两个方面：工作特性和工作流程。

（1）工作特性，包括工作是否适合员工的兴趣、爱好和特长；工作权责利是否匹配；工作时间的安排是否恰当。

（2）工作流程是否清晰界定。混乱的工作流程往往给员工带来极大的困扰，是造成基层员工对工作不满的重要原因。

2. 工作条件

根据双因素理论，工作条件属于保健因素，改善工作条件虽然不能激励员工提高工作效率，但能够促使员工消除不满情绪，维持原有工作效率。员工对工作条件的满意包括以下两个方面。

（1）工作空间质量的满意。指工作场地空间布局对员工工作情绪的满意程度，包括酒店总体平面布置、办公室布置、部门位置设置及工作场所的空气质量、墙面色

彩、光线等。

（2）工作手段（设施、工具）配备的满意。良好的工作手段是保证员工工作效率的基础，包括服务设施设备的完好性、安全性、技术性等。

3. 工作中的人际关系

和谐的人际关系是员工保持良好心境而愉快工作的关键，具体包括以下几个方面。

（1）意见信息沟通程度。美国心理学家莱维特（Lewitter）指出，意见和信息沟通是影响行为的工具，也是改变行为的有效途径。及时地、相互地沟通意见和信息，有利于人与人之间传达思想、交换信息，取得信任、理解、支持和帮助。

（2）非正式组织的活动程度。行为科学的代表梅奥（Mayo）指出，企业中存在非正式组织，这种无形的组织有特殊的感情惯例和倾向，能解决正式组织难以解决的人际关系问题，使员工之间的距离更为接近，关系更为融洽。

（3）冲突协调程度。由于人与人之间存在差异，因此冲突在企业中是客观存在的，无论是建设性的冲突还是破坏性的冲突都会造成人际关系的紧张。协调各种冲突不仅仅是管理者的任务，也是每一位员工的职责和期望。

4. 工作报酬

作为一个"经济人"和"社会人"，员工在酒店工作的同时，要求得到相应的回报。这种回报包括精神的和物质的两个方面。令人满意的工作回报能够极大地激发员工的积极性和主动性，具体包括以下几个方面。

（1）薪酬分配的公平程度。包括分配制度对于公平和效率原则的体现、收入构成、薪酬所得与其付出的匹配。

（2）福利待遇的满意程度。福利待遇的高低对员工的实际收入会产生直接的影响，并最终影响其工作情绪和工作效率。福利待遇包括酒店员工宿舍、员工食堂、社会保险、医疗、娱乐等。

（3）工作认可程度。期望得到认可是员工共同的心理特征，适时、适度的认可、称赞和表扬是激发员工积极性的重要方法。

（4）职务晋升的公平程度。赋予能力强、效率高的员工以公平的晋升机会，有利于激发员工的上进心，从而使其创造性地工作。

（5）工作成就感。工作成就感是需求理论的最高层次的需求，一个具有事业成就感的员工往往具有高度的责任心、喜欢挑战性的工作并且不怕疲劳等特征。

5. 酒店整体形象

酒店是员工出门在外的另一个家，对酒店整体满足程度的高低与员工是否满意并继续在酒店中高效率创造性的工作密切相关。优秀的酒店总是让员工为它而感到自豪，这种自豪感本身就是相当大的满足感。

三、提升员工满意度的途径

满意是一种主观感受。因此，提高员工满意度基本可以分成两步来做：一是对员工的期望进行合理的引导和教育，使酒店员工对期望的认知合理化，也即不做不切实际的"妄想"。这就要求员工正确地认识自己、酒店及酒店所处的发展阶段；二是应根据酒店经营管理的实际情况，在尽可能的情况下适当地改善条件，进一步满足员工的合理要求，将员工对酒店的期望与实际感知的差距缩小，提高员工满意程度。从影响员工满意度的因素分析，酒店可以从以下几个方面着手提高员工的满意度。

（一）增加员工对工作本身的满足感

酒店应增加工作本身对员工的吸引力，可从以下角度进行考虑。

（1）工作的分派尽量适合员工的兴趣、爱好和特长。

（2）增加工作中的授权及工作的灵活性。从事酒店服务工作的员工常常处于接受命令—行动—接受检查—改正问题的机械状态，对工作的责任难有深切的感受。对此，可适当增加员工的权力。例如，授权客房服务员在打扫房间卫生的同时，担当起"一日领班"的职责，有权对其他同事的工作进行检查。在美国的丽嘉酒店，一线员工有 2000 美元总额的处置权，也就是说，只要在此限额内，基层员工在请示汇报前就可以根据顾客满意和自己的判断"擅自"做主处理。正如上海波特曼丽嘉酒店的总经理狄高志所说："凡是员工觉得能满足客人、服务于客人的，他就可以充分地去做，而不需要层层汇报或是等领导告诉他该怎么做。我们的管理层充分相信员工，而不是约束、命令员工该怎么样做，因为只有员工才是服务于第一线直接和客人打交道的，而不是总经理。"正是对员工的充分信任，不仅使员工有较大的满足感，也使得员工更谨慎地使用手中的权力。

（3）满足员工对非正式组织的心理需求，在安排班组工作时，可考虑非正式组织成员的同班组工作。

（二）提供满意的生活和工作环境

百老汇的仇总说："没有满意的员工就没有满意的顾客。"顾客是酒店的生存之本，员工同样是酒店的生存之本，所以要保证顾客的满意，首先要保证员工的满意。领导的责任不仅仅是为顾客服务，更多的时候应该是为本酒店的员工服务。为了让员工身心愉悦，必须首先解决好第一需求——生理需求，也就是吃住的问题。

舒适的工作环境和必要的工作设施设备也是员工做好工作的基本条件。酒店应从工作出发，为员工创造舒适的工作环境。许多酒店规定：客房员工进入客房打扫卫生，不得使用客房内的空调。试想在夏天，员工要在高温下完成一系列强度不小的体力作业，这种管理既不人性，也增加了员工做好工作的困难。

（三）提供满意的报酬

1. 提高员工薪酬福利水平

企业不仅仅要用事业留人、感情留人，更需要用金钱留人、福利留人。有些学者

169

对企业进行调查的结果中显示，员工在工作中最关心的三个问题之一就是薪酬和福利问题，其实这也是社会发展的现实原因。如果让员工感觉到他得到的回报远远少于自己的付出，或者比起其他企业自己的薪酬相对差得很多，他就会有跳槽的心理，因此酒店应每年有计划性地实施行业薪酬福利调查，了解本地区酒店业的基本薪酬状况，尤其是竞争对手的薪酬状况，为员工提供富有竞争力的薪酬待遇。

2. 制定合理有效的奖惩制

目前很多酒店基本处于"大锅饭"状态，主要表现为干多干少一个样，干好干坏一个样，员工的工资基本都一样，体现不出为酒店做出更大的贡献而得到更高的报酬，这样会使员工对工作失去积极性。因此，酒店需要健全激励和奖惩体制，实施切实可行的绩效工资体制。制定好本制度需要从以下三个方面来做：首先，要让员工参与制定，因为员工对自己工作的努力程度与自己所需要得到的报酬之间有很清楚的认识，在此基础上征求有经验的管理者及专家的意见；其次，制度一旦制定之后就要始终如一地去执行，不能随着管理者的心情而朝令夕改，使员工对制度失去信心；最后，要保证制度在执行上简单易行，工作量和计算方法要明确，保证公平、公正、公开。

3. 精心设计多样化的报酬

酒店员工的需求是多方面的，酒店对于这些需求不可能无限制地满足。但酒店在进行报酬设计时，应充分体现出自己对员工的关心、爱护，注意以下几个方面。

（1）关心员工生活，提供良好的住宿条件。对于在外地打工的基层服务人员来说，良好的住宿条件是这些员工非常看重的。酒店应尽量为员工提供住宿公寓，并完善各项配套设施设备，解决员工在生活上的担忧。同时，管理良好的员工公寓还可以通过提供一些文体项目满足员工的精神需求，丰富员工生活，对增加员工的满意感、减少人员流动有非常重要的作用。这些文体项目包括员工图书馆、体育比赛、健身设备、英语沙龙等。

（2）关心员工未来，加强培训，进行职业生涯管理。从长远的观点来看，员工满意度能否不断提高和永久保持，与企业是否能够给员工提供充分的发展空间，使其个人能力和素质随公司的发展而成长这一因素息息相关。企业中能够看到自己职业发展前途的人越多，这些人的影响力也就越大，其整体效应就是员工对企业、对同事的认同感不断上升，整个团队、整个企业的凝聚力不断增强。因此，为了使员工与酒店共同成长和发展，应进行职业生涯管理。职业生涯管理是指由酒店实施的、旨在开发员工的潜力、留住员工、使员工能自我实现的一系列管理方法。

职业生涯管理把个人职业生涯目标与酒店的人力资源管理需要联系起来，确保个人职业生涯目标与整个组织的职业管理协调一致，以期实现个人目标与酒店需要之间的最佳匹配和平衡，创造一个高效率的工作环境。这种管理有利于员工事业和生活的个性发展，有利于提高员工的工作生活质量水平，是人本管理思想的最佳实现方式。

法国雅高酒店集团对员工实施的"继任计划"（succession plan）就是职业生涯管理的一种。集团要求每位经理人培养自己的继任人，并根据既定的要求确定了继任人之后就要对他进行系统的培训和锻炼，经过培养，该员工就可以提升到高一级的职位。

因此，通过引导酒店员工实现职业生涯规划来提高员工的内在满意，也是一种行之有效的实现员工满意的途径，应做到以下几个方面。

（1）加强培训，完善培训体系。通过培训可以使酒店员工掌握最优的工作方法和技能，开阔眼界，扩大其知识面，增强其自信心，这也意味着增强了员工的就业能力。而且当机会来临时，因为其综合素质的提高而获得提拔和晋升的可能性也就比较大。所以，培训实际上是为员工提供的一种自我完善和发展的机会。从另一个角度来说，这也是为酒店提供一个拥有高素质员工的机会。

（2）坚持"先内后外"的招聘原则。对于有能力和条件的员工，保证他们在有机会时得到提升，不仅能够极大地增加这些员工的满意度，也能让其他员工看到希望，增强在酒店工作的信心。

（3）积极帮助员工认识自身能力，了解自身兴趣和期望，开展员工职业生涯规划工作。

（四）创造良好的工作氛围

良好的工作氛围首先来自于尊重和沟通。尊重和沟通是酒店与员工之间建立融洽关系的基础，酒店对员工的尊重和沟通能让员工产生"主人翁"意识，并加强员工和酒店之间的情感联系。例如，上海波特曼丽嘉酒店已经连续两届荣膺亚洲最佳雇主的称号，在调研问卷中，关于"对酒店哪一方面最满意"的回答，被调查到的员工一致填写："酒店把我们当绅士、淑女看待。"该酒店人力资源部总监韩淑媛认为，最能体现"像绅士、淑女一般对待员工"的，是酒店每月一次的"和总经理共进早餐"及"与人力资源部总监喝下午茶"的活动。在这样的沟通活动中，每个部门都会选出一两名员工参加并提出意见，大到酒店哪些硬件设施不够完善，小到新换的制服中袜子不够结实或者款式不合适，或者不满意旗袍的颜色等。对于员工反映的问题，相关的管理部门要很快解决。像换袜子这样的小问题可以马上解决的，酒店会立刻给予答复；而像员工反映过的酒店空调系统不好的问题，则需要 3 个月的时间处理。管理部门会定期向提出意见的员工反馈解决进度，以表示员工的意见确实被重视了。然而，"共进早餐"和"喝下午茶"只是每月一次，而沟通需要随时进行，酒店又如何保证呢？在上海波特曼丽嘉酒店，总经理办公室的大门永远对所有的员工敞开，无论员工有什么意见和建议，只要总经理在办公室一定会接见员工。除此之外，员工如果有意见，也可以向部门经理反映，汇总到人力资源部。而每2个月酒店必须公布这些问题的解决情况。尊重和沟通为上海波特曼丽嘉酒店的员工营造了一个默契和谐的工作环境，也极大地增强了员工对酒店的满意度、忠诚感。目前酒店业的员工流动率平均为 150%，豪华酒店的员工流动率也高达 50%，而上海波特曼丽嘉酒店的员工流动率一直保持在 20%左右的水平。

尊重员工可通过以下途径实现。

（1）酒店管理者对每位员工说话时的语气要平和一致。保持尊敬的语调，和员工交往时要谦和礼貌。

（2）酒店管理者应向每位员工实现酒店目标所做出的贡献表示尊敬。

（3）尊重员工，要从细节做起。管理者，尤其是酒店的高层管理者要记住每位员工的名字。能够记住员工名字的领导，和员工交流沟通的时候才有亲和力。

（4）为酒店同事之间的互相尊重创造良好的氛围。这一点，上海波特曼丽嘉酒店的做法值得人们借鉴学习。在上海波特曼丽嘉酒店，无论是老板、主管还是普通员工，如果想表示对他人工作的尊重和感谢，都可以在一流卡（first-class card）上写上鼓励的话，装在信封里交给他，以表示对其的尊重和感谢。

此外，酒店可通过建立酒店总经理接待日制度；设立"有价值建议"奖，鼓励员工为酒店服务与管理献计献策；选择适当的媒介，通过及时发布酒店管理集团及酒店信息等方式做好沟通工作。

（五）提升酒店的整体形象

企业形象与员工满意度存在高度的一致性，良好的企业形象对提高员工满意度、企业知名度及企业竞争力至关重要。酒店可通过以下几个方面提升自身在员工心目中的形象。

（1）培养良好的企业文化，尤其是价值观。例如，上海波特曼丽嘉酒店的员工对于酒店把员工当作绅士、淑女看待高度赞同。此外，酒店还应积极创建全体员工愿意为之奋斗的远景。

（2）员工参与管理。在酒店中由于分工的不同，员工的职位和岗位不同，但是没有人格上的高低贵贱之分，酒店管理者应该重视员工参与酒店目标管理和日常的管理工作，促使员工在实现集体目标的同时实现个人目标。

（3）提升管理层的素质和能力。企业管理层能力是现代经济社会的稀缺资源，也是决定企业兴衰的关键，而管理层能力与其素质高低密切相关。一个具有高素质和卓越管理能力的管理层会促使酒店成为具有强凝聚力和团结的集体，也能让员工看到酒店的未来和希望。

（4）遵纪守法，积极参加社会公益事业。遵纪守法的企业让员工安心，并且给员工信心，对社会尽责的企业能够赢得社会和员工的尊重。

KANO 满意度模型

受行为科学家赫茨伯格（Herzberg）的双因素理论的启发，东京理工大学教授狩野纪昭和他的同事于 1979 年 10 月发表了《质量的保健因素和激励因素》（*Motivator and Hygiene Factor in Quality*）一文，第一次将满意与不满意标准引入质量管理领域，并于 1982 年在日本质量管理大会第 12 届年会上宣读了《魅力质量与必备质量》（*Attractive*

Quality and Mustbe Quality）的研究报告。该论文于 1984 年 1 月 18 日正式发表在日本品质管理学会的杂志《质量》总第 14 期上，标志着狩野模式（KANO model）的确立和魅力质量理论的成熟。

1. KANO 模型内容

KANO 模型（图 7.7）定义了三个层次的顾客需求：基本型需求、期望型需求和兴奋型需求。这三种需求根据绩效指标分类就是基本因素、绩效因素和激励因素。

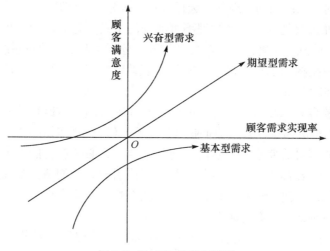

图 7.7　KANO 满意度模型

基本型需求是顾客认为产品"必须有"的属性或功能。当其特性不充足（不满足顾客需求）时，顾客很不满意；当其特性充足（满足顾客需求）时，无所谓满意或不满意。

期望型需求要求提供的产品或服务比较优秀，但并不是"必需"的产品属性或服务行为。有些期望型需求甚至顾客都不太清楚，但是是他们希望得到的。在市场调查中，顾客谈论的通常是期望型需求，期望型需求在产品中实现的越多，顾客就越满意；当没有满足这些需求时，顾客就不满意。

兴奋型需求要求给顾客提供一些完全出乎意料的产品属性或服务行为，使顾客惊喜。当没有提供这些需求中的服务时，顾客感到无所谓；当产品提供了这类需求中的服务时，顾客就会对产品非常满意，从而提高顾客的忠诚度。

2. KANO 模型的实际操作意义

在实际操作中，企业首先要全力以赴地满足顾客的基本型需求，保证顾客提出的问题得到认真的解决，重视顾客认为企业有义务做到的事情，尽量为顾客提供方便，以实现顾客最基本的需求满足。企业应尽力满足顾客的期望型需求，这是质量的竞争性因素。提供顾客喜爱的额外服务或产品功能，使其产品和服务优于竞争对手并有所不同，引导顾客加强对本企业的良好印象，使顾客达到满意。最后争取实现顾客的兴

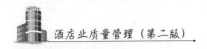

奋型需求，为企业建立最忠实的客户群。

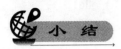 小　结

客户关系管理指以顾客需求为经营活动的出发点，在对客户进行识别、细分和选择的基础上，通过发展和保留同客户的关系，培育忠诚顾客，进而获得长期价值的一种竞争战略。其内涵包括：了解、分析、掌握客户需求；培养忠诚顾客；进行客户沟通，增强与客户的关系；识别、细分、选择客户，区分最佳客户。

客户关系管理系统是客户关系管理不可缺少的工具，它利用计算机软件、硬件和网络技术，为企业建立一个客户信息收集、管理、分析、利用的信息系统。

服务利润链模型揭示了员工满意、顾客价值、顾客满意、顾客忠诚之间，以及它们同企业利润之间的关系。

顾客价值是顾客对产品或服务感知的价值与其支付的成本比较的差值。从不同角度分析顾客价值的构成因素，有利于企业深刻理解如何为顾客创造价值。

顾客满意是顾客对其要求（明示的、通常隐含的或必须履行的需求或期望）已被满足的程度的感受。提高顾客满意度的途径：正确引导顾客期望；提高酒店业质量；注意服务补救；及时改进顾客提出的意见，合理选择顾客满意度调查的指标；提高员工满意度，让满意的员工带来满意的顾客。

顾客忠诚指的是顾客对特定服务商重复购买行为的程度和对其所持有的积极的态度倾向，以及在对该项服务的需求增加时继续将该服务商作为唯一选择对象的倾向。从行为和态度两个维度区分，顾客忠诚可以分为忠诚、潜在忠诚、虚假忠诚、不忠诚。

顾客忠诚与顾客满意的关系：只有最高的满意等级才能产生顾客忠诚；满意与忠诚的关系受约束条件的影响。

提高酒店顾客忠诚度的途径：创造顾客价值；提供优质服务，获得高水平的顾客满意；塑造良好的企业形象，打造酒店品牌，树立品牌忠诚；培育员工忠诚；合理设置转换成本。

员工满意是顾客满意的基础。提高员工满意的途径：增加员工对工作本身的满足感；提供满意的生活和工作条件；提供满意的报酬；创造良好的工作氛围；提升酒店的整体形象。

与工作任务相关的作业

（1）假设你是酒店前厅（或客房、餐饮、康乐）部的员工，你认为在工作中遇到哪些客人信息应当记录下来作为客户信息？

（2）你认为酒店应如何为顾客创造价值？

（3）酒店行业处于何种竞争状态？你认为酒店行业中顾客满意与顾客忠诚之间是何种关系？

（4）阐述员工满意与顾客满意之间的关系。

（5）分析下列案例中，导致客人不满的原因是什么？该酒店如何有效避免类似问题的发生？

态度不好的服务员

春节前，我和朋友到一家酒店吃饭。

"酒逢知己千杯少"，尽管我们不胜酒力，但还是以茶代酒，畅饮叙旧。

不知不觉到了 21：00。一位服务员走了进来，问道："先生，您好！收款员快要下班了，能否先买单？"

"可以。"我回答。买完单后，我们继续聊天。这时，服务员没有说话就开始收拾桌子上的餐具。

由于谈兴正浓，加之朋友之间聊天总喜欢清静，我便提出："你好，餐具能否等一会再收拾。"

服务员只是顿了一下，没有说话。

我们没有再说什么，继续聊天。

但是，过了一会儿，服务员走了出去，然后又很快来到包厢，开始擦拭碗碟。

又过了一会儿，服务员再次走了出去。只是这次有些特殊，服务员在出门的时候猛地一拉门，门"砰"地一声被关上了。

我们很是吃惊。因为这是一家拥有很多荣誉的四星级酒店，我们是慕名而来的，没想到这家酒店居然会有这样的服务态度。

第八章 酒店业质量管理实务

（1）了解酒店的质量特征。
（2）熟悉酒店产品控制与管理的具体内容。
（3）掌握酒店产品控制与管理的关键环节的质量控制。

酒店业质量管理
实务

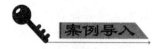

房费纠纷

"我才住 2 天，怎么收我这么多钱呀？有没有搞错？"一位顾客一脸疑惑地问总台收银员小郭。

收银员小郭回答："哦，忘了告诉您，您昨天交代总台说，住在 906 房客人的账单由您来结算，所以多了这么多。"

"我怎么可能有这样的交代？906 房和我没有任何关系，你赶快查清楚，我要赶火车！"顾客显然对小郭的解释不明白，生气地说道。

总台的吵闹声引起了大堂经理小朱的注意，她立即来到总台询问情况。小郭告知："来结账的这位客人是住在 908 房的吴先生。根据交接班本的记录，吴先生昨天到总台交代说 906 房的账单由 908 房一并结算。906 房客人只住一天，所以我们多收他一天房费，但今天吴先生不认账。"

小朱查了一下交接班本，上面的记录字迹潦草，908 中的"8"似乎是"5"。于是她去了解 905 房的情况：905 房是本地一家公司的长包房，押金数额较大。她当即与 905 房客人联系，客人说昨天他向总台交代说 906 房的账单由他买。事情终于查清，原来是交班本记录潦草，导致收银员小郭看错。大堂经理小朱立即向吴先生解释并道歉，一场风波总算平息。

酒店管理概论。

第一节　前厅部质量控制与管理

前厅部是酒店产品营业橱窗，是酒店服务运作的"中枢神经"，又是酒店服务信息的汇集与控制中心和酒店形象、口碑塑造的关键部门。前厅是为宾客提供综合性服务的部门，提供的产品主要是"纯服务"，因此其质量特性主要通过服务来反映，包括服务的功能性、经济性、安全性、时间性，以及服务提供过程的文明性、服务接受者的舒适程度和满意程度等。

一、前厅部质量控制与管理的内容

前厅部质量控制与管理的内容主要有前厅设施设备质量、服务质量、环境与气氛质量、安全质量等方面的控制与管理。前厅部组织机构设置如图 8.1 所示。

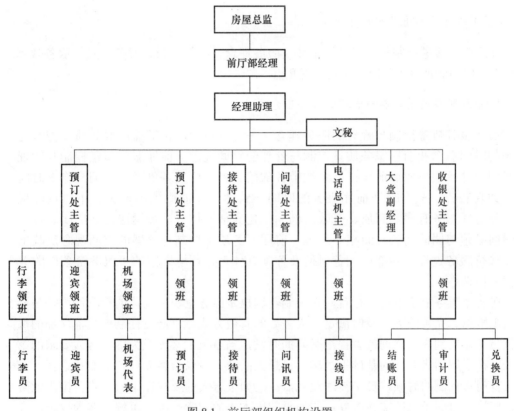

图 8.1 前厅部组织机构设置

（一）前厅设施设备质量控制与管理

前厅是宾客的第一印象区，因此前厅配备的设施设备相对完善，质量要求也较高。前厅配备的设施设备主要有服务设施设备、客用设施设备及辅助设施设备 3 种。前厅设施设备质量控制与管理除了按照《旅游酒店星级的划分与评定》中对不同星级酒店的设施设备规格、等级明确规定外，还应该注意以下几点。

（1）保证前厅设施设备的装修质量、设施设备的齐全程度、设施设备的等级与规格、设施设备的完好程度。前厅设施设备质量的高低不仅取决于其齐全度、完好度，还应与酒店的规格等级相匹配，保证能够向宾客提供相应等级的服务。

（2）抓好前厅设施设备质量控制的几个环节。一是合理地配置、培训和使用人员，对人员进行选择和考核，提高其责任心与业务技能。二是制定工作手册，明确各员工的职责，做到职、责、权分明。三是培养和强化酒店员工的设施设备维修和保养意识，引进酒店设施设备维修保养人才，保证由专门的人员使用酒店设备。同时制定设施设备的维护保养条例，切实做好维修计划，加强对设施设备维修和保养工作的组织管理。四是制定人为损坏设备的经济责任制和合理的报修程序，做好维修所需零配件的管理和库存量的控制。五是建立各主要设备维修档案资料，整理好每次维修的相关文件。

（二）前厅服务质量控制与管理

前厅服务质量控制与管理是一个涉及服务理念、服务行为、服务方式、服务效率的综合控制与管理过程，应该注意以下几点。

1. 前厅服务质量控制与管理的服务理念

前厅服务质量控制与管理的服务理念——时空观念，包括前厅服务质量控制与管理的时间观念和前厅服务质量控制与管理的空间观念。前厅服务质量控制与管理的时间观念反映出酒店前厅接待系统中各部门、各岗位及各班次在协调合作上时间的一致性特点。只有保证前厅服务的时间一致性，才能避免出现服务不协调的现象，使前厅服务有序、有质、有效。例如，礼宾部安排行李员运送已离店团队行李的时间必须与团队离店时间相一致等。前厅服务质量控制与管理的空间观念反映出前厅接待服务过程中各部门、各岗位及各项具体工作环境之间的"服务链条"的关联性和协调性。

在前厅服务中要重视推行首问责任制，这也是服务意识流程化的一项制度，是避免员工懈怠、完善服务、及时满足客人需要的有效方式。首问责任制就是前厅部的每一位员工在接到客人咨询或者提出疑问的时候，当事员工必须成为落实客人要求的第一人，在了解酒店制度的基础上，尽自己最大的能力提供给客人最佳的服务选择。在落实首问责任制的时候，员工需注意几点：①如果客人的要求在本人职责范围内能落实，应第一时间予以落实并答复；②如果超出本人的职责范围方可解决客人要求，应该给予客人一定时间回复，马上上报请主管人员处理；③如果为了解决客人需要，需要其他部门协助的，被求助部门也必须第一时间予以回应及协助；④注重反馈，客人对酒店的解决问题的方式方法是否满意，第一个承接客人需求的员工应予以追踪关注。首问责任制实际上也是让服务理念流程化。

2. 服务行为的控制与管理

前厅服务具有对服务人员综合素质和自控行为能力要求高、依赖性强、服务过程短暂等特点。因此，加强对前厅服务质量控制至关重要。服务行为的控制与管理主要包括服务态度、服务技能、语言及应变能力、仪表仪容、礼节礼貌、行为举止、操作规范等方面的控制与管理。

3. 服务方式控制与管理

服务方式指的是前厅服务员以什么样的形式为宾客提供服务。不同的服务方式对于服务人员的服务行为、沟通与应变能力的要求不同，也将产生不同的服务效率与效果。服务方式的控制与管理要求对不同服务方式的服务程序、服务人员的行为举止、着装等进行统一化、规格化、标准化的管理，并通过服务培训，提高服务人员对新型服务方式，如坐式服务、一站式服务及开放式服务的理解、把握与控制能力。

4. 服务效率控制与管理

服务效率是服务质量的重要内容，是前厅提供优质服务的基本前提。前提的工作特性更讲究服务的高效与准确性，工作效率低将会影响整个前厅服务质量。前厅服务效率的控制方式主要有以下几种控制方法。

（1）制度化控制。制度化控制是指采用规章制度的形式把保证前厅服务运作效率的一系列标准、程序、规则固定下来，使之成为前厅服务效率控制的重要组成部分。前厅的服务效率制度化控制包括三个方面的内容：第一，明确规定制度控制的条件和范围；第二，明确规定服务操作的基本流程和步骤；第三，明确规定在违反制度时应负的责任。

制度化控制可分为标准化制度控制和程序化制度控制两类。标准化制度控制是以规章制度的形式将前厅服务人员对客服务时所必须达到的标准固定下来，作为前厅部控制服务效率的重要手段。前厅部控制服务效率的标准化制度主要有前厅部各岗位人员或服务运作时所应掌握的技能标准、质量标准、服务操作标准、工作效率标准等制度。程序化制度控制是以规章制度的形式将前厅服务接待工作的先后次序（最优次序）固定下来，使前厅的服务工作依据接待服务工作的程序来进行，从而为提高服务效率提供客观标准。相关的程序化制度有总机接待服务程序、宾客入住登记程序、行李寄存服务、宾客换房程序等。这些程序化工作制度规定的前厅服务人员具体的操作流程与运作要求，能够有效地提高前厅服务人员的对客服务效率。

（2）系统化控制。系统化控制是将前厅部的服务运作看成一个具有综合性和整体性的系统，通过合理使用前厅系统有限的人力、物力、财力资源，运用综合的、系统的管理方法、组织、计划、管理和控制前厅系统、酒店系统及外部的环境系统中的各种积极因素，从而提高前厅服务运作的工作效率。

（3）定量化控制。定量化控制是通过各种数据、文字、定性指标或文件来约束和控制服务效率的方法或手段。定量化控制手段主要有表单定量控制、指标定量控制和人员定量控制。表单定量控制是指通过各类表单传递信息，控制前厅部的服务效率。指标定量控制是指通过各种指标的设定来控制服务效率。人员定量控制是指通过工作量与人员相匹配的定量关系来控制服务效率，即在前厅服务运作过程中，根据接待宾客的特点、前厅部的人员配备情况及所要达到的服务水平和要求，按一定的标准确定服务项目的人员配备。

（4）现代化工具控制。现代化工具控制是通过现代化工具来控制服务效率的控制方法。前厅可以通过计算机、网络、扫描仪等现代化工具来提高服务效率。例如，酒店计算机系统中的计算机预订系统、计算机入账系统、计算机计费系统及计算机结账控制与管理系统的使用，可大大简化前厅数据处理的工作，提高前厅服务效率。

（5）流程检验机制。工作流程设计出来是否合理，必须通过检验，查看顾客反馈效果。流程的完善除了考虑员工的实际操作是否顺畅外，最重要的是要保证流程编制的出发点不变，那就是一切为了顾客，一切方便顾客，建立把顾客需求放在中心地位的流程体系，构架"以满足顾客需求为核心"的流程。专人负责会更有利于流程编制的完整性。新的流程推出后，流程监管专人必须设有流程追踪日程表，及时收集员工的操作反馈、客人的意见反馈，就流程实际操作性与各分部门主管进行沟通，并提出改进意见或者继续推行意见给部门经理。部门经理也应在自己的工作检查表中列出检查流程操作的相关事项。

（三）前厅环境与氛围质量控制与管理

前厅环境与氛围质量控制与管理体现在以下两个方面。

1. 可视环境与氛围的质量控制与管理

可视环境与氛围具有严格的量化标准，能够带给宾客更加直观的视觉体验，是酒店环境氛围塑造的重要组成部分。前厅可视环境与氛围主要体现为前厅相关服务设施设备、各种陈设与饰品的类型、规格与品位，以及通过声、光、电等手段所营造出来的、能为宾客视觉直接感受到的环境氛围。运用声、光、电手段的目的是为宾客创造一种和谐、温馨、舒适的活动与休息空间，对声、光、电控制的内容包括声、光、电的选择、布局与设计、日常的保养与维护。绿化的控制主要体现在绿化植物、盆栽的栽培、修剪和定期的轮换，绿色植物物种的选择、与前厅环境的和谐及其与其他饰物的搭配是否妥当等方面。陈设与装饰的质量主要体现在饰品、艺术品、摆设物的选择、摆放与管理上。

2. 可感知的服务环境与氛围的质量控制与管理

可感知的服务环境是由服务人员的优良品质、服务意识及高超的服务技能技巧构成的，并在员工提供服务的过程中体现出来。因此可以说，服务环境是员工服务时表现的行为方式，包括服务人员的仪容仪表、仪容规范、服务方式、服务技巧、服务效率、团队精神等，是能让宾客感知和体验到的气氛与氛围。为提高可感知的服务环境与气氛质量，应做好以下几个方面的工作。

（1）加强前厅员工仪容仪表的知识培训。端庄的仪容仪表能够表现出服务人员对宾客的尊重，使宾客产生信任感，有利于创造良好的服务环境与氛围。前厅员工是顾客进入酒店最先接触到的员工，所以加强前厅员工上岗前的仪容仪表培训非常重要。

（2）提高服务人员的礼仪规范要求。礼仪规范是对前厅服务人员在对客服务中的站立、端坐、行走、社交等方面的体态、语言行为标准的规定与要求，是前厅部改善服务形象、提高服务质量的重要考核内容。前厅部服务人员应履行高规格、高标准的礼仪规范，以营造出前厅部员工对客服务主动与积极的服务环境氛围。

（3）创新服务方式。科学化、人性化的服务方式可以创造出热情、高效、便于沟通、亲切友好的服务气氛。越来越多的酒店结合宾客的需要及前厅部管理的需要积极进行服务方式的创新与改良，以提高前厅的服务气氛与环境质量。目前被酒店所采纳的创新服务方式包括坐式服务、一卡式服务、开放式服务和一站式服务等。

（4）加强服务技巧的培训。服务技巧是指前厅部服务人员在对客房服务过程中所具备的解决问题的技巧。员工的服务技巧能提高前厅的服务氛围与环境的质量。前厅部员工所应掌握的服务技巧主要有与宾客交流沟通的技巧、酒店产品销售的技巧、与管理人员和其他员工之间的协调技巧等。

（5）控制服务效率。服务效率是影响宾客感知的前厅服务质量优劣的重要因素。让宾客等待或不及时解决问题会影响前厅的整体服务气氛。控制服务效率可以通过系统化、制度化、定量化及现代化工具等手段来实现。

（6）培育团队精神。前厅服务的提供需要酒店各部门员工的热情服务、紧密配合、相互支持、相互协作。因此，员工的团队精神是前厅部取得经营成功的关键。团队精神在增强前厅部整体凝聚力与向心力的同时，可以营造出一个温暖、轻松、团结向上、充满生机与活力的服务环境。团队精神可以通过轮岗、座谈会及拓展训练等方式来培育。

（四）前厅安全质量控制与管理

前厅是宾客出入酒店的必经之地，人多、情况复杂，安全质量的控制管理显得非常必要。前厅安全质量的控制与管理内容包括车场安全的控制与管理、进入酒店的客人生命和财产安全控制与管理、大堂秩序的控制与管理、电梯安全的控制与管理、酒店设备财产的安全控制与管理等。

公安部推出网上身份证　住酒店证券开户等可直接"刷脸"

二、前厅服务的质量控制与管理

（一）预订服务的质量控制与管理

客房预订是酒店与宾客建立良好关系的开始。客房预订工作要求前厅部预订人员熟悉酒店的客房类型及订房业务知识，具有较强的销售能力；要求酒店具有系统化、规范化的订房网络系统和完善的订房管理制度与服务标准。预订服务的质量控制与管理工作包括以下几个方面。

（1）订房作业流程控制：对宾客预订要求确认、接受预订、确认预订、预订记录存储、预订变更与取消、抵店准备等订房作业流程进行控制与管理，并对每一个流程的员工职责进行明确，尽量减少预订工作中出现的差错。

（2）责任约束与控制：应指定专人负责预订信息的记录、存储与归档，为责任约束与控制提供依据。责任约束与控制主要是对预订员的责任心、相关预订程序、规范及其预订条款、注意事项等方面的培训责任的约束。

（3）沟通协调机制管理：建立预订组与总服务台及销售部的沟通和协调管理制度，通过沟通协调机制达到对酒店客房预订组、总服务台和销售部之间的沟通协调与控制管理。总服务台员工应每日对预订未到、预订变更与取消、提前与延期离店的客房数进行统计，制作成表格，交给预订部，销售部也应就当日的预订信息与前台预订部沟通，从而避免排重房、排错房与漏排房；加强与预订中心及订房代理处的联系，及时掌握预订信息。

（4）客房预订政策：制定客房预订政策，明确酒店与宾客之间的责、权、利关系，保障双方的合法权益不受侵害。

（5）超额预订的控制与补救管理：加强对预订变更与预订取消的管理，制定科学合理的超额预订比例及补救措施，减少超额预订给酒店造成的经济、信誉等方面的损失。

（二）接待服务的质量控制与管理

接待服务是前厅对客服务过程中的一个关键阶段，这一阶段的工作效果将直接影响前厅的客房销售、信息收集、对客服务协调、客账及客史档案建立等功能的发挥。接待服务的质量控制应做到以下两个方面。首先，遵循接待服务程序。前厅接待服务程序应遵循识别宾客有无预订、根据宾客需要介绍客房、排房定价、办理宾客入住登记、确定付款方式、制作宾客账单、整理资料存档的顺序。其次，根据宾客的类型提供个性化的接待服务。例如，对于 VIP 客人和常客，则可简化接待服务程序，或者提供客房内办理入住登记等特殊服务。

（三）离店结账服务的质量控制与管理

优质的离店结账服务应该满足高效性和准确性两个指标的要求。离店结账服务质量控制内容包括以下几个方面。首先，做好离店结账的基础工作——客账记录。客账记录的主要目的是避免结账时出现差错，避免发生逃漏账，客账记录要做到账户清楚、转账迅速、记账准确，因此应建立一套完备的制度来保证，并依靠各业务部门的配合及财务部的审核监督。其次，加强前厅同客房部的合作。为了减少宾客等候结账的时间，收银员与房务员之间应加强沟通，提高查房的速度，尽快为宾客办理结账手续。最后，简化离店结账手续，提高结账效率。

 案例 8-1

“熄火”的语言

某酒店的一位常住客人来到该店前厅支付这段时间的用餐费用。当他看到账单上的总金额时马上火冒三丈：“你们乱收费，我不可能有这么高的消费！”

服务员面带微笑地回答说：“对不起，您能让我核对一下原始单据吗？”

客人没有表示异议。服务员一面检查账单，一面对客人说：“真是对不起，您能帮我一起核对吗？”

客人点头认可，于是和服务员一起就账单上的项目一一核对。其间，那位服务员对几笔大的金额，如招待访客、饮用名酒等做了口头提醒。

等账目全部核对完毕，服务员很有礼貌地说："谢谢您帮助我核对账单，耽误了您的时间，劳驾了！"

此时，客人知道自己错了，连声说："麻烦你了，真不好意思！"

第二节　客房部质量控制与管理

客房是酒店的基本设施，是客人住宿和休息的场所，是酒店的主体部分。客房服务是酒店销售的主要产品，客房营业收入是酒店经济收入的重要来源。

一、客房部质量控制与管理的内容

客房服务质量水平是客人评价酒店服务水平的主要依据之一，是影响客人"归属感"形成的重要因素。客房部组织机构设置如图 8.2 所示。

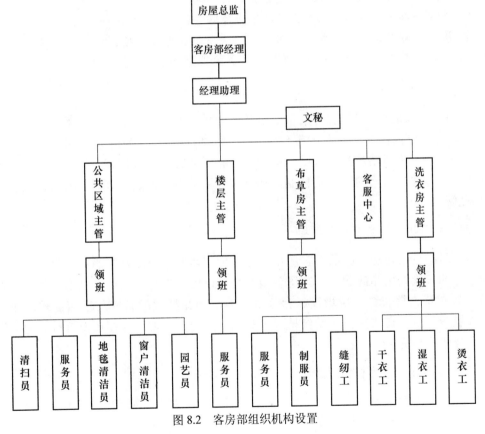

图 8.2　客房部组织机构设置

（一）客房设施设备质量控制与管理

客房是宾客休息、停留的场所，是宾客在酒店逗留时间最长的区域，设施设备质量的好坏是宾客评价酒店业质量的重要因素之一。客房设施质量是客房服务质量的物

质基础。客房设施质量控制的关键是做好以下三个方面的工作。

（1）客房设备配置必须与酒店的档次相适应，并能满足宾客的需要，具有适用性和便利性，而且要有相应的定性要求与定量标准。

（2）客房设备的装修与置放应精致典雅、协调合理，给人以舒适温馨的感受。

（3）制定客房设施设备的维修与保养制度，加强客房设施设备的保养管理，保证其始终处于完好、可用状态。

案例 8-2

马桶水箱的问题

某酒店的大堂副理接到刚入住 612 房间的一位客人的来电，投诉洗手间的马桶水箱里没水。大堂副理答应马上派人修理。不到 5 分钟，工程部的维修人员已到达该房间。他首先代表酒店向客人道歉，接着很快修好了马桶。

大堂副理安排好修理工作后马上又与客房部取得联系了解该房的情况，经查明，原来工作人员把"非 OK 房"报成了"OK 房"。大堂副理事后郑重地向客人致以歉意，并要求客房部按程序再认真检查一遍所有客房，并把事情经过写在当天的大事记录簿上。

（二）卫生清洁质量控制与管理

客房的卫生清洁是客房服务质量的最基本要求。客房卫生清洁质量的控制内容包括卫生间清洁质量控制、布草的卫生清洁控制、房内家具与设备卫生清洁质量控制等。控制客房卫生清洁质量，关键是必须建立科学的客房清扫规程、制定客房清洁卫生质量标准与建立严格的岗位责任制，加强客房清洁卫生计划管理，落实客房的各级检查制度。

（三）客房用品质量控制与管理

客房用品包括客房供应品与客房备用品两种，客房供应品是指酒店提供给宾客使用或带走的一次性用品或赠品；客房备用品是可以供多批宾客使用、宾客不能带走的用品，如布草、烟灰缸、垃圾筒、台灯等。客房用品档次配备应与酒店的档次相一致，数量应齐全；在质量上应做到精致、美观、实用、方便，在摆放位置等方面应做到科学合理、方便安全。

（四）客房服务质量控制与管理

客房服务质量控制与管理是一个系统工程，除了对以上硬件质量的控制与管理外，软件服务质量的控制与管理是客房服务质量控制与管理的重要内容。客房服务质量控制与管理工作包括以下内容。

1. 确定客房服务质量控制与管理目标

客房服务质量控制与管理的基本目标是贯彻酒店质量等级标准，根据宾客的要求，提供适合其需要的客房产品。客房服务质量与管理应以宾客需求为导向，结合酒店的实际情况与能力，确定客房服务质量控制与管理的方针、政策、措施，制定出具体可行的质量标准、规范、程序和管理制度，不断提高客房服务质量。

2. 建立客房服务质量控制与管理体系

客房服务质量控制与管理体系是使客房服务质量等级标准得以贯彻实施的制度规章体系，主要包括：服务质量控制与管理组织机构、人员分工标准与方法；服务质量责任体系中各岗位责、权、利划分标准与方法；服务质量检查体系；服务质量控制与管理体系的标准化、程序化与制度化；服务质量评价体系；服务质量改进体系。

3. 开展质量管理教育

质量管理教育是客房服务质量管理工作的基础与源泉，客房质量管理教育的内容主要包括：职业道德教育；服务意识与质量意识教育；质量检查、评估方法的教育与培训；业务技术、服务水平、服务技巧的教育与培训。

（五）客房环境与气氛质量控制与管理

客房环境质量是指能对客房内所有人员的健康造成影响的环境要素的总和，主要包括客房的热环境（客房的温度、湿度、气流速度及壁面辐射温度组合而成的一种室内气候）、空气洁净状况、声环境、光环境等。所有人员不仅指酒店的宾客、服务员，还包括住店宾客的朋友、来访者等。客房环境质量有两个基本的衡量标准：一是达到安全和健康的要求；二是达到舒适的要求。良好的客房环境应表现为有效的通风、适当的照明、良好的室内空气质量、良好的声环境、无化学危害品污染。

客房服务环境与气氛包括可视的环境与气氛及可感知的服务环境与气氛，两者相互烘托、相得益彰。可视的环境与气氛是指通过对客房空间功能区的合理分割、绿色植物及声、光、电和各种陈设与饰物的设计及组合，营造出的能为宾客直接可视和感受到的环境与气氛；可感知的服务环境与气氛则是指通过对客房服务员的容貌仪表、言行举止及对客服务意识、服务态度、服务技能与技巧的综合塑造，营造出的带有较强情感性与可感知性的服务环境及气氛。

客房环境与气氛直接影响到宾客住店的心理感受。因此，客房环境与气氛质量应符合以下要求：与酒店的规模、档次相一致；突出个性化，运用不同的主题，显示出文化个性与特色；讲求整体性、和谐性。

（六）客房安全质量控制与管理

客房安全质量可以通过客房门锁与钥匙控制、房内设施设备的安全控制、宾客财物保管箱安全控制、宾客信息安全控制等来实现。

1. 客房门锁与钥匙控制

客房门锁是保护宾客人身及财产安全的关键。安全的门锁及严格的钥匙控制是宾客安全的重要保障。酒店应设计一个结合本酒店实际情况的、切实可行的客房钥

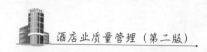

匙编码、发放、使用、收回、存放及控制的程序，保证客人的人身及财产安全。

2. 客房内设施设备的安全控制

客房内的设施设备主要包括电气设备、卫生间洁具及饮水设备、家具等。为保证客房内设施设备的安全性，应首先告知宾客相关设施设备的使用方法，正确的使用方法是保证设施设备安全性的前提；其次，定期检查与维护设施设备，保证其完好性；再次，对于不安全因素要进行明示，避免伤害的发生；最后，制定一套处理临时危机的措施与办法，告知宾客当出现危机情况时所用的联络电话及应采取的行动，对宾客及客房部员工进行与客房相关的安全知识教育。

3. 宾客财物保险箱的安全控制

酒店客房内通常会为宾客配备保险箱，以便保管宾客的重要财物。客房内的保险箱由宾客自设密码，进行开启与关闭。客房服务员应将保险箱的使用方法及宾客须知明确地用书面形式告知宾客，同时须定期检查保险箱的系统密码，以保证宾客使用安全。

4. 宾客信息安全控制

（1）宾客隐私、嗜好、生活习惯信息的安全控制。宾客的隐私安全是指宾客的个人生活习惯、爱好、嗜好甚至不良行为和生理缺陷的安全保障问题。个人住店期间，或在消费中，或在被服务过程中无意间流露出的一些信息如果外泄，会给客人造成不良影响。客房员工应遵守职业道德，保守顾客的秘密和隐私，尊重其个人隐私权。

（2）商务信息安全控制。商务信息是客人住店期间及在楼层或客房从事商务活动过程中，通过商务物品、商务资料、语言交谈显露出来的有关商务活动的各种信息。商务信息具有较高的价值，一旦外泄，会使客人遭受重大损失，因此要求酒店的各种通信设施设备具有较高的安全性能，也要求服务人员具有较高的信息安全意识，保证宾客的商务信息不外泄，提高信息安全质量。

（3）特定人群的住店信息安全。为了能够在旅途中不受干扰，一些特定人群（如私访人员、单身女性游客等）在住店期间往往不希望为他人所知，因此酒店应承担起保证住店客人信息安全的责任，保证顾客的安全需求。

二、客房服务的质量控制与管理

（一）客房清洁卫生质量控制与管理

客房清洁卫生质量控制的主要内容包括客房日常清洁控制、客房计划清洁控制与客房消毒控制。客房日常清洁控制应确定科学的工作规范，制定客房日常清洁检查的程序和标准，实行清洁员自查、领班普查、楼层主管巡查、部门经理抽查、定期检查制度，并利用质量控制表单达到控制客房日常清洁质量的目的。例如，在一些五星级酒店，基本每天有值班经理随机挑选空房入住，对入住的体验和感受提出问题，客房部会针对值班经理提出的问题每天进行限时整改，不断改进卫生质量，提高服务水平。客房的计划清洁是指在日常整理客房清洁卫生的基本上，采取定期循环的方式，周期性地清洁客房中平时不易或无法彻底清洁的部位。做好客房计划清洁控制应制订完善的清洁计划，落实计划检查工作，定期进行清洁用品与设备的更换、维护和保养。客房消毒对于保证客房的卫生质量具有重要意义，应定期做好卧室用品、卫生间洁具、茶水具与酒具及清洁员自身的消毒工作，同时应加强对消毒工作的检查。

（二）客房服务项目质量控制与管理

客房常常为宾客提供迎客服务、送客服务、会客服务、洗衣服务、擦鞋服务、租借用品服务、病客服务、托婴服务、醉客服务等。做好相关服务项目的质量控制，应首先完善相关服务程序的标准化与制度化工作，同时了解客情及宾客的需要，为宾客提供"标准化＋个性化＋情感化"的服务。

 案例8-3

客房物品丢失了

某酒店是一家四星级商务型酒店，出租率一直保持在本市同星级酒店的前几名，回头客较多，旅游者平均居住两三天。某日，16层的1608房住进一位客人，楼层服务员发现客人一住进来就挂上了"请勿打扰"牌，到下午两点还挂着此牌。楼层领班打电话与客人联系，询问是否需要打扫房间，客人表示不需要打扫。早班服务员在交班表上填上1608房客人拒绝服务的时间，并传递给下一班次。中班服务员在晚上7点开夜床服务时，发现这间房仍然挂着"请勿打扰"牌，就从门下放进一张无法提供开床服务的通知卡，提示客人如果需要服务请与客房中心联系。到第二天中午12点结账时，房间依然挂着"请勿打扰"牌，领班产生了怀疑，打电话至客房没有人接，便立即进行检查，发现房间的窗帘和全套酒水杯具都不见了。保卫部接到报告后调查了客史档案，发现客人是用某城市身份证登记的。该酒店根据地址找到了客人家里，通过前台接待人员辨认，身份证的拥有者不是入住的客人。经查，原来这张身份证在半年前就丢失了，这给酒店造成了无法挽回的损失。

第三节　餐饮部质量控制与管理

餐饮服务是酒店服务的重要组成部分，与客房部一样，餐饮部是酒店的基本业务部门，是酒店营业收入的主要来源之一。餐饮部是酒店唯一生产、加工实物产品——食品的部门，通过为顾客提供"色、香、味、形、器"相结合的食品及服务，满足顾客的需求，增加对顾客的吸引力、酒店的市场竞争能力，提高酒店的经济效益。餐饮产品作为酒店产品的主要组成部分，其质量不仅与餐饮产品的实物部分（如菜肴、酒水、餐具等）有关，还与餐饮的消费环境、清洁卫生等因素有关。餐饮部组织机构设置如图8.3所示。

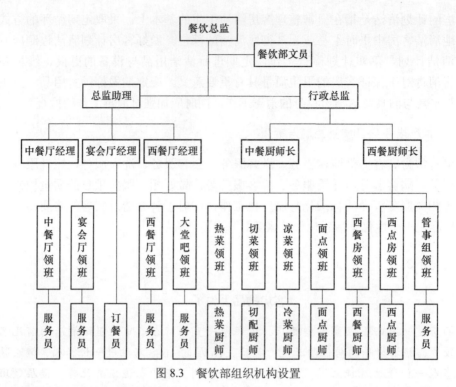

图 8.3　餐饮部组织机构设置

一、餐饮产品质量控制与管理

餐饮产品是服务产品中的一个特殊类型，是无形服务与有形产品并重的"混合型"产品，餐饮产品的质量特性表现在产品质量构成的综合性、互动性、相对稳定性及评价的个性化四个方面。

（一）餐饮设施设备的分类及质量控制与管理

1. 餐饮设施设备的分类

餐饮设施设备主要包括厨房生产设施设备及餐厅服务设施设备两大类。厨房生产设施设备主要分为烹调加热设备、冷藏冷冻设备、食品加工设备和饮料、洗涤设备五类。为了能满足不同宾客的饮食服务要求，现代酒店为厨房配置了各种先进的设施设备，这不仅改善了厨师的劳动条件，创造了良好的卫生环境，提高了菜肴产品的质量，也对厨房设施设备使用和管理提出了较高的要求。餐厅服务设施设备可分为客用服务设施设备与辅助服务设施设备。客用服务设施设备主要指直接供宾客用餐使用的服务设施（如餐桌、餐具等）。辅助服务设施设备是为宾客用餐提供辅助服务的设施，如接待室、休息室、衣帽间和洗手间等公共设施，以及辅助餐饮经营活动的相关设施（如员工为宾客提供服务使用的托盘、开瓶器、计算机、电话等）。随着科学技术的进步，餐厅设施设备呈现出厨房生产设备的现代化、工业化，餐厅服务设备的现代化、人性化，环保与节能设备的普遍化、多元化等发展趋势。

2. 餐饮设施设备的质量控制与管理

（1）餐饮设施设备的卫生质量控制与管理。餐饮设施设备卫生质量控制与管理的内容包括餐具、餐桌椅、厨房设施设备，以及餐饮消费场所的公共设施的卫生质量的控制与管理。为了保证设施设备的卫生质量，应首先做好餐饮设施设备的清洁卫生质量计划，如日常清洁计划、专项卫生计划、季节性或年度性卫生计划等；其次，制定餐饮设施设备的卫生质量标准，包括视觉标准与生化标准，作为衡量指标与评判标准；再次，加强餐饮员工设施设备的卫生质量意识，减少安全隐患；最后，加强餐饮设施设备卫生质量检查，建立服务员自查、领班普查、主管巡查、经理抽查的四级卫生质量检查制度，实现质量控制与管理制度化。

（2）餐饮设施设备现代性的质量控制与管理。科学技术的发展及人们对于餐饮环境要求的提高，促使越来越多的餐饮企业引进先进的现代化设施设备，如照明、节能、通风、计算机系统、背景音乐系统等。餐饮设施设备现代性的质量已成为人们评判餐饮产品质量的指标之一。餐饮设施设备现代性质量的控制与管理包括：首先，设施设备采购前的市场分析与设施设备现代性的质量分析；其次，设施设备使用过程中的维护、保养、更新与设施设备的现代性能控制；最后，使用与管理控制。对于技术比较先进的设施设备，应由工程部组织培训，使每一位员工对自己所使用的设施设备达到"四会"，即会使用、会保养、会检查、会排除故障。

（3）使用便利性的质量控制与管理。餐饮设施设备主要包括厨房生产设施设备与餐厅服务设施设备两种。无论是员工操作还是宾客使用，都要求其具有便利性，以提高员工的生产效率，也给宾客带来便利。因设施设备的便利性问题而引起的宾客投诉也十分常见。餐饮设施设备使用便利性的质量控制与管理主要从几个方面来考虑：首先，采购时，应进行设施设备的对比，在性能、价格相同的条件下，应选择使用方便的设施设备；其次，在菜肴生产与服务提供过程中，根据设施设备的使用状况及宾客对设施设备的使用意见与建议，进行适当的改良，以更好地满足宾客的便利性要求；再次，以自动化代替机械化，引进相对先进的设施设备；最后，对于使用程序比较复杂的设施设备，员工应给予客人积极的辅助与指导。

（4）环保质量的控制与管理。环境问题的日渐突出，使酒店餐饮产品不仅要安全、健康、舒适，还要更加环保。餐饮设施设备所带来的环境问题主要包括水质污染、气味污染、噪声与辐射污染等。餐饮设施设备的环保质量控制与管理主要体现在：首先，采购节能、环保型设施设备，如新型节能设备、污水和垃圾处理设备等；其次，开展绿色计划，明确环境目标和行动措施，健全设施设备的节能、环保和降耗的规则制度，并按绿色环保的要求改良和更新设施设备。

（5）维护保养质量的控制与管理。餐饮设施、设备的种类不同、功能各异、使用频繁，再加上使用者的不确定性，因此很容易出现设施、设备的使用、保养、维修和更新无章可循。在餐饮设施、设备的维护、保养与更新质量的控制和管理中，应注意：首先，现代餐饮设施、设备，特别是厨房设施、设备，虽然性能优良，但结构复杂、技术要求高，因此在采购时要考虑设施的维护、保养和修理的方便性，考察出售设施、设备的公司的售后服务是否到位，易损零部件能否保证供应，以及本地区、本酒店的维护技术力量等，以免给未来的维修保养工作带来麻烦；其次，制定设施、设备的操作使用规程，建立设施、设备的维护、保养与更新制度；再次，建立设施、设备的岗位责任制，实行设施、设备保养专人负责制度；最后，加强对餐饮部员工设施、设备使用、维护、保养等相关知识的培训，创造全员参与设施、设备维护与保养的环境氛围。

（二）食品安全质量控制与管理的内容与方法

1. 食品安全质量控制与管理的内容

（1）餐饮从业人员的卫生质量控制与管理。餐饮从业人员必须取得《健康体检和卫生知识培训合格证明》后方可上岗。对餐饮从业人员的可能污染食品的不良行为（如留长指甲、长头发等）应加以控制，以防造成食品的污染。必须制定和实施餐饮从业人员按时体检制度，以防有新患病者或带菌者接触食品而导致污染。

（2）食品生产与服务环境的卫生质量控制与管理，包括厨房与餐厅的环境卫生控制及管理两个部分。厨房设施与布局应该科学合理，原料配备、菜肴制作、餐具洗涤与消毒区域区分明确、科学，便于生产与管理，要有完善的防尘、防蝇、防鼠的设施设备；餐厅布局与装潢要便于消毒和卫生控制，生产、服务和客用路线不能交叉，厨房与餐厅分隔合理，以防止厨房的油烟、气味对餐厅卫生环境造成影响。

（3）原、辅料的卫生质量控制与管理。原、辅料的卫生质量直接关系到菜肴的产品质量。原、辅料的采购、验收、储存，初加工制品及剩余原、辅料储运过程中的卫生质量控制与管理对于保证菜肴产品的质量至关重要。在采购、验收、存储过程中要防止质量低劣、不卫生或霉烂变质的原料的出现，以保证产品的质量。

（4）烹调加工的卫生质量控制与管理。烹调加工的卫生质量控制与管理包括选料、保鲜、洗涤过程中的卫生质量控制与管理，切配过程中原料的卫生质量控制与管理，烹饪加热过程中的卫生质量控制与管理，热菜装盘后的卫生质量控制与管理。

（5）餐具与餐饮辅助设施设备的卫生质量控制与管理。餐具与餐饮辅助设施设备的卫生直接影响着食品的安全质量。餐具的卫生质量控制与管理包括餐具洗消间、消毒设施设备、洗涤与消毒方法、存储与取用的控制及管理。餐饮辅助设施设备的卫生质量控制与管理包括餐桌椅、餐饮服务的各种器皿、餐饮休息区设施设备的卫生质量控制与管理。

2. 食品安全质量控制与管理的方法

（1）确定食品安全控制的关键点。食品安全控制的关键点主要包括原料验收、初加工、半成品储藏和烹调加工四个方面。

（2）确定每一个关键控制点所对应的控制标准。确定食品安全关键控制点的控制范围与控制标准，以确保食品生产的每一个环节都能够控制在所要求的控制范围内，每一个关键点都应具有与其相应的卫生控制标准。

（3）建立监控制度。建立监控制度，对食品生产加工过程进行监控与次序性的检测。监控分为厨房内部监控和专业的产品质量监控部门监控两种。厨房内部监控实行厨师长负责制。产品质量监控部门监控由酒店和各相关部门负责实施，监控方式有现场监控与抽样化验两种方式。

（4）建立记录和档案制度。应建立完善的记录和档案管理制度，对食品生产加工过程中出现的问题进行详细记录与归档，以便作为日后工作的参考依据。记录的内容应包括原料采购情况（原料来源、性质、质量、化验结果）、储藏条件（如储藏库的温度、相对湿度、储藏时间）、卫生状况、员工操作时间、设备的损害情况、食品化验结果与相关数据、厨房及餐厅的清洁和消毒情况。同时，应对各种记录信息进行归档管理，建立偏差档案、改正行为与纠错档案及客户投诉档案等，出现问题应采取有效的措施及时快速地解决。

（三）餐饮服务质量控制与管理

1. 餐饮服务质量控制的环节

餐饮服务质量控制的主要环节包括需求调研、菜肴设计、服务准备、加工制作、质量检验、服务接待、信息反馈七个环节（图8.4）。

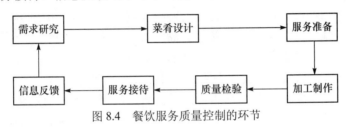

图8.4　餐饮服务质量控制的环节

2. 餐饮服务质量控制的内容

（1）确定餐饮服务质量目标。餐饮服务质量目标应从酒店的实际出发，依据酒店的发展规划、质量目标、市场需求情况及酒店的资源状况与接待能力来确定，以保证餐饮服务质量目标能够实现。

（2）建立需求调研分析机制。需求调研分析就是对餐饮服务对象的分析，它是有效提供餐饮服务、保证餐饮服务质量的前提。餐饮服务对象分析的目的是提供满意的餐饮服务而获得顾客满意，分析的内容包括对象的类型、特征、需求心理、期望及个性化要求等。根据服务对象来确定餐饮服务项目与服务方法，并提供符合顾客需求的、高质量的餐饮服务。

（3）建立服务质量标准化系统。酒店餐饮服务的质量标准化系统主要包括服务工作标准、服务管理标准及服务技术标准三个方面。首先，应以落实质量职能为中心，建立服务工作标准。服务工作标准包括部门服务工作标准、岗位服务操作标准，明确部门、班次、岗位之间的职责与权限等。其次，以质量管理为中心，建立服务质量管理标准。服务质量管理标准包括餐饮服务设施设备质量控制与管理标准、烹饪人员及服务人员质量控制与管理标准、服务信息质量控制与管理标准。最后，以强化规范服务为中心，建立服务技术标准。服务技术标准主要包括原材料、食品采购与验收质量标准，烹饪加工与服务运作标准，设施设备运作规范与技术标准三个方面。

加强标准化服务管理的同时增加个性化服务。酒店服务中有很多服务成分都是标准化服务。标准化服务能够使酒店服务工作像制造企业的流水线一样井然有序地运转，保证接待工作环环相扣、正常运行。标准化是一项系统工程，它由环环相扣的每个环节构成。因此，服务人员要把良好的服务技能、技巧不折不扣地体现在整个接待服务的全过程、各环节。标准化的服务能够满足一般顾客的一般需求，然而酒店要超越顾客的期望，为顾客提供优质的服务，令顾客感到惊喜，在常规的程序化服务之外还应该辅之细致入微的"额外服务"和个性化服务。

（4）加强现场控制与服务过程的协调及沟通。餐饮服务的现场控制主要表现在两个方面：厨房生产的现场控制及餐厅楼面服务的现场控制。厨房生产的现场控制可实行厨师长把关制，保证菜品质量。厨师长每日对菜品质量进行抽查，填写质量记录表，现场指导与控制菜品在投料、烹调方法、刀口成形、口味等方面的技术要求，控制菜品质量。餐厅楼面服务的现场控制则应实行领班、主管、经理负责制。领班、主管控制厅面的人员活动、设施设备运转及其他情况，对服务人员的服务行为进行技术指导，及时发现接待服务过程中出现的问题，并对宾客提出的投诉进行协调处理。主管、经理应关注厨房与厅面服务人员之间的协调及沟通，使餐厅中顾客的消费需求能及时反馈给厨房，保证厨房生产的菜肴能够满足宾客的需要。同时，厨房应将当日的时令菜，以及因原材料采购问题而无法烹饪的菜品告诉厅面服务员，使服务员在点菜时能够及时告知宾客，从而保证餐厅服务的及时性与准确性。

（5）完善餐饮信息共享平台。酒店可以采用普遍应用的餐饮信息化管理系统，由计算机控制整个流程，如网上订座、iPad 点菜、移动 POS 等，利用计算机设备，服务员把顾客的点菜要求输入点菜器，通过信息处理，计算机在各厨房自动打印有关生产制作指令，结账时自动统计金额并打印账单。服务台营业员可专注于结算服务与订餐服务，厨房管理人员可以在每天下班后立刻得到物料耗用情况分析，以此对照实际留存情况，控制厨房生产中的有关环节并做好采购计划。利用计算机自动生成报表，酒店经理可专注于销售情况分析、市场调研、新产品研制开发及提高服务水平等方面，使内部管理走上更高的层面，在改造流程、强化管理、降低成本、堵漏节流等方面发挥巨大作用。另外，信息共享平台的建设可加强酒店内部的沟通，这既是酒店管理者与一线员工、部门之间互相交换顾客服务需求信息的主要途径，也是缩小甚至消除酒店管理者、一线员工与顾客之间服务质量期望差距的主要手段。

（6）加强餐后的质量评估，建立灵敏的信息反馈系统。餐后的质量评估是餐饮部门改进菜品及服务质量的关键，餐饮部门应通过现场访问、电话访问、查看宾客留言及宾客的投诉资料等方式对宾客的用餐感受进行调查，了解宾客对餐饮产品质量的评价，并进行分析，根据分析结果采取相应措施提高菜肴及服务质量。

质量信息是质量控制的基础，因此应建立灵敏的餐饮信息反馈系统，及时对宾客的餐饮需求做出反应。餐饮部应根据信息的轻重缓急程度把信息划分为 A、B、C 三类，并通过建立常客档案，将宾客的兴趣、爱好、口味等信息记录下来，以减少服务过程中产生的疏漏和失误，提高餐饮服务质量。

（7）强化员工的质量意识，开展质量评比活动。餐饮部应加强员工的质量意识培训、服务规范培训、业务技术培训、外语培训等，提高员工的质量意识与业务素质，并结合餐饮服务质量中出现的问题，建立 QC 小组，开展质量攻关活动，并通过服务质量评比活动的开展，提高餐饮服务质量。

3. 餐饮服务质量控制的方法

餐饮服务质量控制包括餐饮服务的预先控制、现场控制和反馈控制。预先控制包括人力资源预先控制、物资预先控制、卫生预先控制、突发事故预先控制及预防措施制定等；现场控制包括服务现场监督、沟通与互动管理、意外事件处理等；反馈控制是通过质量信息的反馈而进行的后过程控制，包括意见征询、损失弥补、经验教训总结等方面的内容。

（四）餐饮环境与氛围的质量控制

酒店餐饮环境与氛围的质量控制体现在以下两个方面。

1. 硬环境与氛围的质量控制

（1）声、光、电、色彩的质量控制。加强声、光、电、色彩的质量控制可以更好地突出餐厅的主题环境与氛围，保证餐厅的正常经营运作。餐厅声环境的质量控制主要体现在对背景音乐与噪声的控制两个方面，如背景音乐的主题、格调、音量大小及节奏快慢等方面的选择与控制，对餐厅隔声设施设备的选择与控制等；对光线的控制表现在餐饮应根据经营对象、所要突出的主题及具体的场景需要来布置和控制光线的明亮度、对比度与层次性；电的控制则是通过对电源、电线、电缆的日常检查与维护，保证餐厅相关设施设备在日常及紧急情况下的用电需求；色彩的控制则主要在于对色彩基调整体性和和谐性、色彩明度和饱和度的选择与控制上。

（2）餐厅的空间布局与主题文化装饰，包括餐厅的功能区分、设施设备配备、主题文化装饰等。餐饮的空间确定应依据餐厅的总空间和各分布所需空间的大小来进行具体的统筹规划。一方面要考虑餐厅的经营所需的现实性，另一方面必须注重感官上的艺术欣赏性。空间设计包括客人用餐活动空间、服务管理空间、调理空间（如备餐间、配餐间等）、公共空间，以及可以灵活使用的分隔和组织空间等。设施设备配备主要有餐位数和座位的设计、配备及餐桌、菜品与餐具的布置。餐位数可以依据餐饮营业收入的预期来确定。座位的设计包括桌椅的舒适感、高度匹配和形状大小等。餐桌及菜品与餐具的布置具体表现在餐桌与桌椅的配置、菜品的设计与餐具的选择等多种细节的元素来烘托主题、彰显文化。主题文化装饰可以体现各餐厅的特色和个性，餐厅应根据酒店所在社区的文化环境来选择餐厅主题文化装饰的文化主题。

2. 服务软环境与氛围的质量控制

服务软环境与氛围的质量控制主要是服务活动过程中服务人员的态度、礼仪、仪容仪表和服务节奏、服务效率的调节及控制，也包括服务活动过程中主客间的沟通与互动氛围的形成与营造。餐饮服务软环境与氛围的质量控制包括以下几个方面。

（1）服务人员仪容仪表控制。餐饮服务人员的仪表直接影响着宾客对餐厅质量的感受。服务人员的仪容仪表要讲求整洁、卫生、规范，以烘托服务气氛。餐饮部应加强对餐饮服务人员的仪容仪表方面的知识培训，并制定相关的规章制度来进行控制。

（2）服务人员行为举止控制。餐饮服务过程中，服务人员任何一个动作都会对宾客产生影响，所以服务人员行为举止的规范化是餐饮服务的基本要求。餐厅部应加强对餐饮服务人员掌握的餐饮知识、语言使用、语气把握及站立、行走、体态和服务动作等方面的控制。

（3）服务人员服务态度控制。服务人员应为宾客提供真诚的服务，对工作缺乏兴趣或者工作态度不好都会伤害宾客的情感。餐饮服务人员服务态度的控制强调服务人员任何时候都应保持良好的服务态度，乐于帮助宾客解决遇到的问题。

（4）服务方式控制。餐厅服务人员应根据宾客的个性化需求，为宾客提供情感化、个性化的灵活服务，如适时提供食品信息和符合宾客就餐习惯的服务，善于察言观色，保证既能为宾客提供及时、准确、迅速的服务，又不干扰宾客。目前的服务方式主要有无干扰服务、自助式服务、灵活服务、癖好服务等。

（5）服务效率控制。服务效率控制可以保证菜肴的质量，又能提高宾客的满意度。为了提高餐饮服务效率，应加强厨房与餐厅的沟通和协调，并运用时间控制、表单控制、使用现代化设施设备、制定科学合理的菜品制作程序等手段来达到控制的目的。

（6）团队协作控制。餐饮服务，特别是餐厅服务的服务人员要分工协作、相互配合、相互弥补漏洞和空位。例如，在餐台方面，餐饮服务人员不能只将眼光放在自己的服务台而对其他餐台的宾客需求无任何反应，因为在宾客眼里，所有的服务人员都是可以并且需要为他们提供帮助与服务的，团队协作可以营造出更好的服务氛围。

（7）主客互动氛围控制。主客之间的互动沟通能够营造出餐厅的浓厚氛围。为建立服务人员与宾客沟通的意识及善于与宾客沟通的能力，酒店应通过现场模拟等培训方式加强对服务人员的语言能力、沟通技巧等方面的培养。

二、餐饮服务的质量控制

（一）引桌服务质量控制

引桌（引客入座）服务既是一门艺术，也是一门技术，引桌服务的质量直接影响到宾客对餐厅服务的第一印象。引桌服务的质量控制包括以下几个方面。

1. 准确性控制

引桌服务准确性控制主要指指导和培养引座员根据宾客的需要进行准确的引座。根据宾客的多少、宾客喜好、宾客的年龄与身份、宾客关系等信息判断客人的需求，为客人准确地选择桌位。

2. 平衡性控制

平衡性控制主要指引桌员不仅能准确地为客人引座，还应掌握今日餐厅的预订情况及就座宾客的情况，从餐厅经营的需要出发，适当平衡餐厅的桌次，提高服务员看台的效率。

3. 服务态度与服务礼仪规范控制

服务态度与服务礼仪规范控制包括引座礼仪及座位安排的相关知识培训、补充或撤除椅子与餐具的程序和规范控制、餐饮员工服务态度与服务礼仪的规范控制等方面。

4. 服务效率控制

引桌服务效率主要体现在引桌的及时性上，只有提供及时的引桌服务，才能让宾客感受到被尊重。在餐厅餐位十分紧张时，引座员应引导宾客至休息区等候，等到有座位时，应及时告知宾客，避免宾客等候的时间过长。

（二）点菜服务质量控制

点菜服务是餐饮服务中的一个关键环节，下面以团体宾客用餐为例来说明点菜服务质量控制。

1. 确定点菜人员

餐厅点菜人员可以分为专业点菜人员与普通服务人员，为了提高点菜的服务质量，餐厅可以设置专业点菜员或专门负责点菜工作的服务人员，通过专业性的服务保证点菜质量。

2. 明确点菜次序

点菜员应以较快的速度识别出团体用餐的主人，如果无法马上判断则应询问："请问可以点菜了吗？"切忌盲目地开始。如果主人请每一位宾客自己点菜时，就涉及点菜次序的确定问题，点菜员应从主宾开始，并站在宾客的左侧按逆时针方向依次接受宾客点菜。

3. 推荐菜品

点菜员在为宾客提供点菜服务的过程中，应站在宾客的角度，结合宾客的身份特征及需求进行适当的推荐。推荐菜品时应做到菜肴式样、口味、价位、营养的合理搭配，切记不能为了提高营业额，只推荐高价位的菜品。同时，应熟悉餐厅因季节原因目前无法提供的菜品，及时向宾客做出解释，以免引起宾客不满。

4. 记录点菜

为使点菜服务准确到位，宾客点菜时，服务员必须系统地把宾客点的菜记录下来。如果没有一个明确而系统的记录点菜方式，在记录团体点菜时便容易发生混淆。点菜记录方法有四种：点菜备忘单、便笺记录点菜、服务员唱读点菜、计算机记录

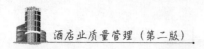

点菜。无论采用哪一种记录方法，都要求点菜员应认真听取宾客所点的菜肴，认真记录。

5. 放置点菜记录单

点菜单如何放置，不仅关系到厨房对食品的准备，而且对餐厅服务效果有很大影响。因此，每个餐厅都应根据自己的状况，制定一套行之有效的点菜单放置规范与制度，以保证点菜信息传递迅速、清楚、准确。

（三）取菜服务质量控制

出菜是否及时关系到菜品的质量（特别是热菜）及宾客的等候时间长短。厨房一般是通过呼叫系统来传递菜肴已制作好的信息，使传菜员能及时地将制作好的菜肴送往餐厅。为了保证取菜服务质量，应对以下几个方面进行控制。

1. 菜品制作时间控制

菜品制作时间控制主要是对厨房各种制作工序的时间控制，以保证宾客所点菜肴能及时制作，保证及时出菜。

2. 点菜记录单控制

传菜员应检查点菜记录单，核对所出菜品是否与点菜单一致。对宾客催问的菜，应及时向厨房反馈，催促厨房快速出菜。

3. 出菜路线控制

出菜路线控制是指应科学合理地设计出菜路线，清除传菜路线中的障碍，提高传菜速度。

4. 菜品组合控制

菜品组合控制主要是控制菜品的出菜顺序，要根据客人点菜单中的菜品组合，科学、合理地控制出菜顺序和出菜时间。

（四）桌边服务质量控制与管理

桌边服务是餐饮服务最重要的环节，其服务质量的好坏决定了宾客对餐饮服务质量评价的高低。桌边服务应做到热情、及时、周到。热情的服务可以给宾客宾至如归之感，及时的服务可以给宾客时刻受到照顾之感，而周到的服务则可以给宾客最大的方便。桌边服务质量控制与管理主要包括以下内容。

1. 上菜服务质量控制

上菜服务要考虑上菜的位置、上菜的顺序、上菜的动作、菜肴的摆放位置及对菜肴的简单介绍等。上菜服务质量控制除了应加强同厨房的沟通与协调之外，还要求服务员掌握餐厅主要菜肴的知识（包括原料、营养成分、特色等）及上菜服务时的礼仪礼节。

2. 分菜服务质量控制

在中西餐宴会，特别是高档的宴会服务中，服务人员要为宾客提供分菜服务，以显示出服务的高规格、高水准。分菜可以在餐桌上进行，也可以在服务台上进行。分菜服务质量控制主要指讲究对每份菜量的控制、菜中最精华部分的分配（遵循一般原则，即将其分给最重要的宾客，同时考虑宾客的个性化需求）、分菜顺序及分菜时的礼仪规范等。

3. 酒水服务质量控制

酒水是餐饮服务的一个重要内容，酒水服务质量控制包括酒水与酒器的搭配、酒水与菜品的搭配（包括口味、营养、色彩）、酒水与酒水的搭配、酒水上桌与酒水斟倒等几个方面的质量控制。

4. 其他相关服务质量控制

其他相关服务质量控制包括撤换餐具、更换口布、添加酒水、增补调料等方面服务的质量控制。在进餐的过程中，宾客常常会有临时的需求，服务员应察言观色，在宾客开口之前提供服务，以保证桌边服务的质量。

5. 服务方式控制

桌边服务既要保证能够为宾客提供及时、准确的个性化服务，满足宾客需要，又不能过多地干扰宾客。因此，应根据宾客的用餐情况采取殷勤服务、无干预服务、个性化服务、灵活性服务等不同的服务方式。

6. 服务效率控制

桌边服务的服务效率控制主要指菜肴上菜时间间隔的控制、服务人员食品和酒水服务效率控制及更换物品服务的及时性控制等方面。餐厅对桌边服务的服务节奏、服务效率进行适当的调节和控制。服务人员应加强与厨房的沟通，以控制出菜速度和时间。桌边服务效率的提高则取决于对服务人员的服务意识、服务技术、服务技能与技巧的培训。

 案例 8-4

从反馈信中得到启示

某国际酒店管理集团为了保持顾客的满意度，每年都向世界各地的所属酒店派遣暗访者，被访酒店无法知晓这些暗访者的来去时间和个人身份。暗访完成后，暗访者将服务质量报告直接递交总部，再由总部转交酒店总经理。

2012 年，北京某五星级酒店的总经理上任第一个月就收到暗访报告，令总经理焦急的是，酒店平均服务质量指数已低于 2012 年度，特别是餐饮部更是远远低于亚太区的平均水准线。

为了寻求改进方案，总经理将报告的一封反馈信复印发给了餐饮部经理及下属主管。反馈信的主要内容如下。

在领位台前等候大约 3 分钟后，领位王小姐走上前问候我，但没有笑容，她问我共有几个人（实际上只有我一个人在座位上等候）。随后，她告诉我稍等一会儿，又过了两分钟，她请我来到餐桌前，并为我提供了咖啡服务。王小姐向我推荐了自助餐，却没有告知价格。

在用餐时，我看到邻桌一对夫妇在他们订的早餐上遇到麻烦，很明显，服务员为他们上错了早餐。由于他们已经等了很长时间，男客人决定吃这份早餐。他还说道，前一天，他定的早餐就上错了。男客人吃完后，服务员才端上来一份早餐，当发现客人已经吃完一份早餐时显得十分困惑，在那里站了一会儿，不知如何做。最后，他将这份早餐送到另一位先生的桌上。这位先生好像已等候多时了，同意用这份早餐，可是她却拿着这份早餐去寻求帮助。过了一会儿，一位女经理来到这位先生桌前，尽管她和这位先生的交谈声音我无法听到，但是可以肯定这位先生在重复他刚才的经历，他说可以吃这份早餐，但现在不想吃，因为这份早餐已经凉了。接着，这位先生撕了账单转身而去，显得十分生气。

在以后用餐的几次观察中，我也可以看到服务员工作时毫无热情，而且对西方食品服务缺乏技术知识，如果客人不是选择吃自助餐，标准服务程序就会出现问题。如果客人吃零点，服务员从来不主动提供面包，也从来不主动提供甜食。客人用完茶和咖啡后，服务员也不主动再给续满。好像服务员在当班时，没有任何直接管理。

餐厅提供的服务是机械式的，但餐价与亚太地区的其他酒店比较是昂贵的。

第四节　康乐部质量控制与管理

酒店是提供客人吃、住、行、娱、购等系列服务的场所。其中，康乐部是为客人提供娱乐、休闲、健身等活动场所的部门，是酒店借以吸引客人、招徕生意、提高酒店声誉的一个重要手段和途径。目前，康乐部逐步从其所隶属的部门独立出来，形成一个专业化的经营部门，成为与客房、餐饮、前厅等部门平行的重要部门。

康乐产品是酒店产品的重要组成部分，也是酒店经济收入的重要来源。随着酒店业的发展和消费的多样化，康乐产品越来越受到消费者的青睐。康乐产品因类型不同而有不同的要求与标准。康乐部组织机构设置如图 8.5 所示。

一、康乐产品质量控制与管理

康乐产品是酒店服务人员依托各种康乐设施设备，为消费者提供专业化的康体健身、休闲娱乐服务的总称。康乐产品的质量特性表现在以下三个方面。

（1）产品质量的构成因素具有多样性和不确定性。

（2）产品质量对设施设备具有较强的依赖性。

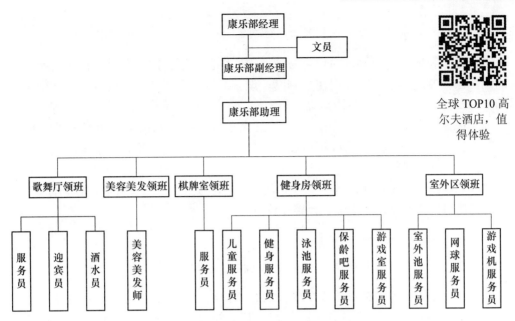

全球 TOP10 高尔夫酒店，值得体验

图 8.5　康乐部组织机构设置

（3）产品质量与服务人员的技术和技能密切相关。

康乐产品质量控制与管理主要包括康乐设施设备质量与管理、康乐服务质量与管理、康乐环境与气氛质量与管理及康乐安全质量控制与管理。

（一）康乐设施设备质量控制与管理

康乐设施设备是指康乐部门所拥有的基础设施（如建筑物、泳池、球场等）、机械设备装置（如音像设备、健身康体设备、休闲康体设备、娱乐设备、美容美发设备等）。康乐设施设备的质量及使用与管理水平直接影响康乐产品的质量。管好、用好、维修好、改造好、更新好康乐设施设备是康乐产品质量控制与管理的重要内容和任务。康乐设施设备质量控制与管理主要涉及两个方面，一是康乐服务人员对设施设备使用与管理的控制，这方面的控制要求康乐服务人员熟悉康乐设施设备的基本性能，了解设施设备维护、保养和管理的基本方法与程序，正确使用各种设施设备保证康乐产品质量，延长设施设备使用寿命；二是酒店工程部门的控制与管理，康乐设施设备维护、保养、更新改造的管理工作通常由工程部门负责，因此应加强康乐部门与工程部之间的沟通。

1. 康乐设施设备的质量要求

（1）康乐设施设备应与整个酒店的等级相匹配，配置须得当、布局要合理、型号要现代、外观应美观大方、使用应简单方便。

（2）各种设备应始终处于最佳技术状态和合理的使用状态。

（3）定期进行设备的更新与改造，以适应康乐需求中求新、求异、求变的消费特征。

2. 康乐设施设备质量控制与管理的具体内容

（1）建立和健全设施设备的使用与管理制度，包括设备的选择评价管理制度、设备的维护保养制度、设备的合理使用制度、设备的修理管理制度、设备事故分析与处理制度、设备点检制度、设备档案管理制度等。

（2）完善设施设备管理方法，包括建立康乐设备的技术档案，做好分类编号工作，制定正常操作设施设备的程序与规范、分级归口、岗位责任制、康乐设备使用效果考核制度、维修保养规程等。

（3）合理使用康乐设施设备。实行专职负责制，做到三好（管好、用好、修好）、四会（会使用、会保养、会检查、会排除故障）。

（二）康乐服务质量控制与管理

1. 加强对康乐服务人员的专业技术培训及相关能力的指导

培训与指导的内容包括设施设备的性能、结构和特点解析；运动器具的性能、作用和使用方法的培训；设施设备维护保养的相关知识培训等。培训的方式可以采取"六结合"方式，即岗前培训与在职培训结合、管理人员培训与服务人员培训结合、业务技能培训与服务意识培训结合、"请进来"培训与"送出去"培训结合、理论知识培训与实际培训结合、长期培训与短期培训结合，从而形成全方位的、经常性的培训体系。此外，还应加强对康乐服务人员的应变能力、语言技巧、处理突发事件能力的培训与指导，以保证服务人员具有扎实的专业技术和应变服务能力。

2. 完善康乐服务程序及标准，加强制度化管理

建立完善的康乐项目服务程序及工作标准，规范各服务岗位的作业程序、技术要求和质量标准，建立健全康乐服务运作流程所应遵循的各种规章制度，制定完善、详尽的服务规范，明确各服务岗位的责、权、利关系，做到康乐服务运作程序化、康乐服务质量标准化、康乐服务管理制度化。

3. 实施标准化与个性化相结合的服务方式

康乐服务项目的多样性带来康乐服务方式的多样性。服务过程中既要坚持标准化服务，又要根据消费者需求采取个性化与灵活性相结合的服务方式，才能保证康乐服务的质量。在康乐服务过程中，经常会遇到较为特殊的情况，如在歌厅、舞厅遇到醉酒宾客的过分要求，健身房中不按规定进行健身运动的宾客等，此时就要采取相对灵活的个性化服务方式，以免影响其他宾客的活动。

（三）康乐环境及氛围质量控制与管理

康乐项目对于环境的要求比较高，康乐环境与氛围质量对于康乐效果的实现具有重要作用。康乐环境与氛围质量的控制与管理因康乐服务项目的不同而不同。

酒店康乐服务常见的必备项目类型及活动方式主要分为四大类：健身康体型、休闲消遣康体型、娱乐型、美容美发型。它们在场址选择、空间布局、声光电配备、服务人员的服务方式等方面的要求都不同。总的来说，康乐环境与氛围质量控制应做到以下几点。

1. 康乐场所的场址选择的质量控制

康乐场所对于空间的依赖性较强，不同类型的康乐项目场址要求也不同。例如，高尔夫球场需要设在室外，而卡拉 OK 厅则应设在室内。场址选择应科学合理，能够起到烘托康乐项目的质量效果且满足宾客的生理需求与心理需求。

2. 康乐场所的空间布局

康乐场所良好的空间布局应能够既充分利用酒店有限的空间，使场所得到合理的空间与功能分割，又能保证宾客的活动与服务人员的服务提供顺畅且不相互干扰，既能使功能分隔明显，又能动静结合。

3. 设施设备的质量控制

设施设备的质量控制主要控制设施设备的工作噪声和运作状态，防止由于设施设备的工作噪声和不良的运作状态影响康乐环境与气氛的质量。

4. 声、光、电、相对湿度的有效控制

声、光、电、相对湿度的有效控制应根据康乐场所和康乐项目的不同而有不同的选择与控制方式。酒店的许多康乐项目都设在室内或相对密闭的空间。因此，康乐场所的声音、相对湿度、温度和通风质量的控制极为重要。康乐场所的声音要适宜，应配备较好的通风换气设备，温度、相对湿度和通风状况应定期进行测试、登记和跟踪调整，保证良好的室内环境质量。

5. 服务环境的质量控制

由于康乐项目是顾客参与型项目，康乐场所中客人与客人之间的活动、客人活动与服务人员提供的服务混杂在一起，现场的服务环境控制与服务管理相对较为困难。因此，需要配备服务素质高、专业技术水平好、有较强应对突发事件能力的服务员，以保证康乐服务环境得到较好的控制。酒店应加强对康乐服务人员的服务水平与专业技术水平的训练和培养，通过高素质的服务人员和高超的服务水平营造出服务效率高、轻松和谐的康乐服务环境。

（四）康乐安全问题及质量控制与管理

1. 康乐安全问题

康乐场所因康乐项目的多样性与复杂性而存在着许多安全隐患。康乐安全问题主要体现在以下几个方面。

（1）因设施设备问题而造成宾客的伤害。例如，因设施设备的质量问题，或者是

宾客不懂操作或不按设施设备的操作规范进行正确的使用而导致受到伤害。

（2）偷盗。康乐场所的娱乐厅、歌厅、舞厅的灯光昏暗，人员混杂，往往是偷盗行为的常发地。

（3）名誉损失。康乐安全中的名誉损失是指在康乐场所消费的宾客的名誉受到损害。例如，康乐场所出现的赌博卖淫、打架斗殴容易殃及其他宾客，不仅对宾客造成身体伤害，也将使酒店蒙受声誉与经济损失。

2. 康乐安全质量控制与管理

康乐安全质量控制与管理是指酒店为了保障在康乐场所的宾客、员工的人身和财产安全及酒店自身的财产安全，而进行的计划、组织、协调、控制与管理等系列活动，从而使在康乐场所的相关人员能够得到安全的保障。康乐安全质量控制与管理内容包括以下几个方面。

（1）制定科学、完善的康乐服务设施设备使用标准与服务工作程序规范，对康乐部的设施设备进行安全质量控制与管理，对服务人员进行安全意识、安全知识教育和服务的安全行为控制。

（2）对康乐场所各区域的环境进行安全质量控制，包括设置专门的机构和保安人员维护康乐场所的秩序，设置各种安全设施设备等。

（3）建立与管理各种安全管理制度，既包括安全管理方针、政策、法规、条例的制定与实施，也包括安全管理措施的制定与安全保障体系的构建和运作。

（4）建立有效的安全组织与安全网络，包括建立由酒店保安部、当地公安部门及康乐部一线安全人员等组成的、各种形式的安全保障组织与机构。

（5）对安全监控系统的质量控制与管理，包括对设在各康乐场所的各种监控设备、报警系统的管理、维护和保养。

（6）应对与管理紧急情况。加强对紧急情况引发因素的控制与管理，做好应对紧急情况发生的准备工作等。特别要加强对火灾、骚乱、炸弹恐吓等紧急情况处理的预案演习和训练，以保证类似情况发生时能够得到有效的控制和应对。

二、康乐服务的质量控制

康乐服务因其场所的复杂性、服务项目的多样性，其服务的关键环节也有所不同。酒店健身康体型服务项目与休闲娱乐型服务项目所涉及的设施设备、活动场所人员流动的方式不同，其服务的关键节（点）的质量控制方面也有不同的要求。

（一）健身康体型服务的质量控制

健身康体型服务项目的专业性强、技术含量高，不仅要求岗位服务人员熟悉和掌握有关设施设备的操作、使用、保养知识，竞技项目比赛方式、比赛规则的知识，而且要求服务人员掌握健身康体项目的运动技巧，以便提供技术指导。健身康体型服务关键环节（点）的质量控制体现在以下几个方面。

1. 技术性服务与技术指导的质量控制

健身康体型活动主要包括体能训练、各种球类运动等专业技术性较强的项目，康乐服务人员承担着为宾客提供技术指导、组织比赛、规则询问、专项咨询、陪练陪玩等服务任务。此外，康体服务人员还应熟练地操作、使用本部门（健身房、游泳池、保龄球馆等）的各种设施设备，了解其性能、结构、特点和使用注意事项，以便为宾客提供服务人员技术指导的能力，在聘用时应考虑应聘者的运动专业技能与从业经历。服务人员上岗前，应聘专业人员对他们进行培训，使他们能熟练掌握健身康体器械的使用方法，掌握与健身康体项目相关的技术与技巧，保证健身康体型康乐服务项目技术性服务与技术指导的质量。

2. 运动伤害防护与急救处置的质量控制

健身康体型服务有时会因设施设备的操作不当、宾客自身运动方式、运动时间不当等原因，给宾客造成身体伤害。康体服务人员应掌握运动伤害防护与急救处理方法，以保证在宾客出现意外情况时，能及时进行施救和做出应对。为了提高服务员的运动伤害防护与急救处理的能力，在日常的服务培训工作当中，应对服务人员的相关医疗保健知识、运动急救处置知识等进行专项的培训与指导，以保证运动伤害防护与急救处置的质量。

3. 场所与宾客的安全控制

场所与宾客的安全控制主要有宾客财物的安全控制与人身的安全控制。康体健身场所人员比较分散，宾客在活动时容易放松对财物的注意力，而造成财物丢失，对于宾客财物的安全控制，服务人员应严格执行康乐场所的安全规定，提醒宾客注意保管好私人物品，并做好现场的巡视和防盗工作。对于宾客人身的安全控制，除了应做好器械使用技术指导、项目技术制导等方面的工作外，还应加强现场控制与管理，以防止危险事件的发生。

（二）休闲娱乐型服务的质量控制

休闲娱乐型康乐服务场所人员流动性大，环境复杂，不安全因素多，因此其服务关键环节（点）的质量控制主要包括以下几个方面。

1. 现场督导与控制管理

现场督导与控制管理包括休闲娱乐场所设施设备正确使用与正常运作的督导和控制、活动方式和活动秩序的控制。对有较大安全隐患的相关场所进行安全防范，以及对具有较高危险性健身项目进行现场指导与安全控制。通过加强巡视和现场督导，保证娱乐场所的安全、轻松、和谐的环境质量。

2. 紧急情况的应对与处理

康乐场所的人员比较复杂，经常会出现一些突发事件。例如，在歌厅、舞厅遇到兴致极高又醉酒的宾客的过分要求；在棋牌室遇见赌博闹事的宾客，以及在夜总会出现酗酒和打架斗殴情况等。因此，服务人员应具备较强的应变能力，能及时对突发事件做出反应。酒店应建立一套比较完善的、有效的应对危害较大、事关宾客人身安全的重大事件（如火灾、骚乱、炸弹恐吓、传染性疾病等）的措施，以减少它们给酒店与宾客带来的危害和损失。

案例 8-5

浴足赠券风波

一位客人持某酒店的浴足赠券到浴足房消费，赠券上写明免一人的足浴，但消费时服务员没有说明赠券只能用于中药足浴，向其推荐了鲜花足浴。客人在结账时才知道不能免单，认为该酒店有蒙骗行为，于是就和当班服务人员发生了口角。

康乐部主管闻讯马上赶到浴足房，委婉地向客人解释了赠券使用操作程序，并联系康乐部经理，同意此券抵消费，最后客人才满意。

消费者在获得赠券或免费消费等优惠后，再次消费时应当享受有关优惠，如果服务人员对赠券上的优惠内容不了解或忘记向客人做解释，往往会让客人有被欺骗的感觉，因获得赠券所存在的好感也会消失殆尽，酒店的优惠活动效果也会大打折扣。

即使需要向客人推销其他服务项目，服务人员也应征得客人的同意，既使客人享受到酒店的优惠，又能增加酒店的收入。

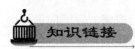

知识链接

酒店投诉处理五字诀

酒店如何正确对待、处理客人的投诉，以便达到快速而又满意的效果呢？经验表明，可以将投诉处理的整个过程概括为五个字，即听、记、析、报、答。

（1）听。对待任何一个客人的投诉，不管是小事件，还是较棘手的复杂事件，酒店作为受诉者都要保持镇定、冷静，认真倾听客人的意见，要表现出对对方高度的礼貌、尊重。这是客人发泄气愤的过程，酒店不应也不能反驳客人意见，这样客人才能慢慢平静下来，为酒店的辩解提供前提条件。

（2）记。在听的过程中要认真做好记录。尤其是对客人投诉的要点要记录清楚，并适时复述，以缓和客人情绪。这不仅是快速处理投诉的依据，也能为酒店服务工作的改进做铺垫。

（3）析。根据所闻所写，及时弄清事情的来龙去脉，然后才能做出正确的判断，拟定解决方案，与有关部门取得联系，一起处理。

（4）报。将发生的事情、做出的决定或是难以处理的问题，及时上报主管领导，征求意见。不要遗漏、隐瞒材料，尤其是涉及个人自身利益的，更不应该有情不报。

（5）答。征求领导的意见之后，要把答案及时反馈给客人。如果暂时无法解决，应向客人致歉，并说明原委，请求客人谅解，不能无把握、无根据地向客人做出保证。

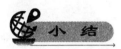 小　结

酒店的前厅、客房、餐饮和康乐产品各有其特征，因而有着不同的质量控制和管理的内容，在产品的质量控制和管理中应注意关键环节的控制。

 与工作任务相关的作业

（1）简述前厅服务效率的控制方法。
（2）客房服务用品质量应如何控制？
（3）餐饮食品安全质量的控制有哪些程序？
（4）康乐安全质量有哪些质量内容？
（5）如何营造酒店各营运点的环境与气氛？

第九章　酒店业质量管理的发展趋势

（1）了解质量文化和质量战略的概念。
（2）熟悉质量文化和质量战略的具体内容。
（3）掌握酒店业质量管理中的新趋势。

酒店业质量管理
的发展趋势

对传统工作日志的变革

传统的用于记录宾客意见、要求和投诉的工作日志上的记录经常是模糊与难以理解的，也没有一种方法了解这种要求是否已经被满足，如果已经被满足，那么需要多少时间来处理这种要求。为了淘汰这种工作日志，以及对各种营运活动与宾客要求的记录保持标准化，一种采用计算机化形式的中央数据库被开发出来，现在它被称为旅馆专家软件。它是一种专门化的软件，可以通过电话或计算机与所在地的网络连接，实时地使在旅馆各部门工作的员工立即对宾客的电话要求做出反应。这一个系统会自动地将任务分配给适当的员工或者经理，也能够启动员工的携带式的电子播叫器，由此确保电话可以传递给合适的员工。被传递到员工的携带式的电子播叫器的任务会在15 分钟内通过呼叫提醒员工去完成。如果任务没有被完成，这一系统会通知值班经理。另外，一种单一的计算机化的形式被所有的部门使用来事先预定项目，诸如儿童床和叫醒服务。这一系统的主要使用者是房务部和维修部。最后，这种软件也提供了屏幕报告和图表，使得以前难于检索的数据分析变得容易了。

企业文化、企业战略规划、全面质量管理。

第一节　质量文化与质量战略

一、质量文化

20 世纪 80 年代，日本工业迅速崛起。美国人经过研究，认为日本取得成功的原因是因为其有着优秀的企业文化，于是提出了"企业文化"一词。企业文化可以为企业注入生命活力，给企业带来有形和无形的效益，企业文化是企业的灵魂，它始终推动着企业的发展。而企业的质量文化是企业文化的核心部分，是企业领导者大力倡导，由全体员工在长期的实践中提炼出来，并自觉遵守的关于产品、服务、工作质量的思想观念、行为准则和领导风格。质量文化塑造了企业的质量形象，促使企业、员工、产品都呈现出一种高质量的形态。

（一）质量文化的概念

质量文化有广义和狭义之分。从广义上讲，质量文化指的是企业和社会在长期的生产经营活动中自然形成的一系列有关质量问题的意识、规范、价值取向、行为准则、思想方式及风俗习惯等形态软件的总和；从狭义上讲，企业的质量文化是企业领导者大力倡导，由全体员工在长期的实践中提炼出来并自觉遵守的关于产品、服务、工作质量的思想观念、行为准则和领导风格。商品与服务是由企业生产的，因此，企业的质量文化在一个国家或地区的质量文化中占有十分重要的地位，它既是一种管理文化，又是一种经济文化，也是一种组织文化。

质量文化是社会发展对质量的客观要求在人们头脑中的反映和体现，它深深地打上了经济管理体制和社会经济状况的烙印，不同的经济管理体制和经济发展阶段，客观上要求与其相适应的质量文化。

（1）质量文化具有客观性。它根植于企业长期的生产经营实践中，是一种客观存在，并影响着企业的成败兴衰。犹如每个人都有自己独特的个性、风格与观念一样，每个企业只要留下了历史的足迹，都会形成自己的质量文化。

（2）质量文化具有社会性。它是社会文化在企业的特殊形态，是社会文化中的亚文化的一种，不同的社会制度具有不同的质量文化。同一社会形态中，因所有制不同，其质量文化的特征也有所差异。质量文化既是全体职工意志一致性、精神寄托、非纯理性的体现，也是大众的社会性的统一意志。它反映了企业行为满足社会需要，并得到社会承认的一种精神支柱。

（3）质量文化具有继承性。它重视研究传统价值观念、行为规范等精神文化范畴在管理中的核心作用，而这一点在以往管理理论中并不被人所重视。质量文化从民族文化中吸取营养，兼承本企业优秀文化传统，随着企业的成长而发展，作为意识形态的质量文化将会被后继职工所接受，并将一代一代地传下去。

（4）质量文化具有鲜明的时代性。它属于亚文化的层次，存在于一个国家一定的社会物质文化生活的环境之中，必然反映时代的风貌和体现时代的要求，并与时代的发展保持同步。随着科学技术的发展，人类文明水平的提高，人们认识事物的水平、道德水准、评价事物的标准也发生相应的变化，因而整个人类的价值观也将相应地改变。所以，企业的质量文化作为一种历史现象，其内涵也必将随着生产力的发展而发生变化，而且这种变化会向着更高的水平发展。

（二）质量文化的结构

质量文化所指的质量是广义的质量概念，包括产品或服务质量、过程质量、工作质量、生活质量、消费质量及环境质量等，从结构上又分为以下四个层次。

（1）物质文化（表层文化）：质量文化的物质表现。主要是指企业生产的产品、各种物资设备和提供的服务，还包括企业建筑、企业广告、产品包装等，这是一种以物质形态为主的表层企业文化，如企业环境、企业标示、企业服装、产品或服务质量等。

（2）行为文化（中层文化）：质量文化的规范性表现。主要是指企业员工在科研生产经营、工作学习娱乐等方面实践中产生的活动文化，包括企业经营、宣传教育、人际关系活动、文娱体育活动中产生的文化现象，如员工爱厂如家、相互尊重、努力拼搏的行为。

（3）制度文化（中层文化）：人与物、人与企业运营制度的结合，是一种约束企业和员工行为的规范性文化。它既是适应物质文化的固定形式，又是塑造精神文化的主要机制和载体。它包括企业的领导体制、组织机构和管理制度。

（4）精神文化（深层文化）：质量文化的核心和精髓。它是企业在科研生产经营中，受一定的社会文化背景、意识形态影响而长期形成的一种精神成果和文化现象。质量意识、质量观念、质量精神等应该成为企业理念、企业精神、企业价值观、企业道德的核心内容。

质量文化的四个层次之间是互相关联、互相制约、互相转换、互相渗透的。一定的精神文化是特定条件下物质文化的反映。在新的物质文化的感染、制度文化的约束和激励下既落实精神文化，又产生新的精神文化。

企业质量文化是企业文化的分支，是企业文化的重要组成部分。企业文化决定着企业质量文化的性质和方向，企业质量文化是企业文化的核心。企业质量文化是企业在长期质量实践活动中继承民族文化传统，借鉴国内外先进企业文化的有益成果，是联系企业的质量实际，总结创新形成的企业个性文化。

（三）质量文化的功能

1. 导向功能

质量文化对企业员工的行为具有导向功能，体现在规定企业在质量方面的价值取向、明确行动目标、确立规章制度和行为方式方面。导向功能包括对员工的约束、自控、凝聚。它是指企业通过制度文化、伦理道德规范约束企业全体员工的言行，使企业领导和员工在一定的规范内有效实施质量活动；企业通过广大员工认可的质量价值观而获得的一种控制功能来达到企业的自我控制；企业文化将企业员工紧紧地联系在一起，同心协力，共同奋斗，具体通过目标凝聚、价值凝聚、理想凝聚来实现。

2. 凝聚功能

凝聚功能是指质量文化通过潜移默化的方式沟通员工的思想，从而产生对企业质量目标、质量观念、质量规范的认同感和作为企业一员的使命感。在质量文化的熏陶下，企业成为"命运共同体"，使员工具有归属感、认同感和使命感，归属感又潜意识地对企业产生一种向心力，这就是企业最宝贵的资源。

3. 激励功能和调适功能

激励功能是指最大限度地激发员工的积极性和首创精神，包括信任激励、关心激励和宣泄激励。调适功能是指为员工创造一种良好的环境和氛围，给员工以心理调适、人际关系调适、环境调适、氛围调适。调适功能表现在两方面，一是质量文化具有一种"文化定式"，成为企业质量方针和目标的导向，把员工吸引到实现企业经营目标上；二是质量文化所形成的"文化氛围"，使员工产生内在文化心理效应，为赢得企业领导、同事的认可而产生自我激励的动因，为实现企业经营目标而努力工作。

4. 约束功能

约束功能是指对于质量文化所产生的认同感，有悖于这种观念的质量行为、质量意识都会加以排斥，从而产生一种无形的约束力量。这种软约束使员工产生自我管理的效应。

里兹-卡尔顿酒店
成功的背后

（四）质量文化体系要素构成

1. 质量价值观

质量价值观是企业员工对产品质量和质量工作所持有的共同价值准则，是对企业生存、发展过程中所追求的质量目标、质量行为方式进行评价的标准。质量价值观是质量文化的核心。

2. 质量道德

质量道德是企业员工对产品质量和质量工作所必须遵循的行为规范的总和，是职业道德在质量工作中的具体体现。质量道德是质量文化的精髓，其最基本的要求是岗位责任感和精益求精的精神。

3. 质量意识

质量意识是企业员工对质量和质量工作的认识及理解，对质量行为起着十分重要的影响和制约作用。质量意识是质量文化的基础，是通过质量管理、质量教育、质量责任制的建立等施加影响，并通过激励作用使之自我调节而逐步形成的。

4. 质量情感

质量情感是企业员工对质量和质量工作的情趣与感情的综合反映，通过员工的质量行为来表达。质量情感是企业质量文化的内在动因。

5. 质量目标

质量目标是企业根据质量方针，在一定时期内对质量工作期望达到的水平和标准，是企业全员努力争取的期望值，它是企业的执着追求，又是企业员工理想和信念的具体化。

6. 质量形象

质量形象是企业或员工向外界（包括社会、大众、企业员工之间等）展示或从外界获取的整体印象与评价。质量形象体现着企业的声誉，反映着社会对企业的承认程

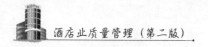

度，是企业质量文化的外界表征。

7. 质量行为

质量行为是企业员工在履行质量职能、从事质量工作中所做出的实际反映和行为，它以需要为基础，以动机为推动力。质量文化的导向作用应以此为归宿。

（五）企业质量文化建设

质量管理体系建立和实施与质量文化建设是密不可分的，在质量管理体系建立和实施的同时，质量文化已无意识地建立了，但质量文化是需要有意识地引导和培育的。不同企业的质量文化的内容和表现形态不尽相同，正因为存在个体的差异性，才使得企业文化底蕴和质量管理效益及效率有所不同，产品质量和企业的容貌有所不同。

质量文化建设是一个系统工程。首先，企业的决策者要重视企业质量文化的建设。企业的决策者要扮演企业质量文化的倡导者、创造者和保持者，在质量改进和质量控制及对消费者的重视程度等方面树立"质量第一"的观念及思想，注意引导和影响企业全体员工的质量意识和思想。其次，全员参与是质量文化建设的保证。企业员工是企业质量文化的主要载体，员工的质量意识和技术素质对产品质量起着至关重要的作用。因此，要加强企业全体员工质量意识的教育，提高员工的思想和技术素质，促使员工在思想上明确质量文化建设的战略意义。再次，建立完善的质量体系建设能有效促进企业质量制度文化建设。要加强质量管理的制度建设，建立健全企业质量责任制，把质量文化作为一种经济文化和组织文化进行建设。要把保证产品质量并在保证产品质量的基础上实现产品质量的改进和持续提高作为企业的最主要目标，并在此基础上进行企业质量文化建设。最后，将市场竞争和质量竞争作为建设质量文化的源动力。激烈的市场竞争往往表现为产品质量和服务质量的竞争。因此，要想在市场经济的广泛竞争中生存并发展壮大，必须加强质量文化建设，提高产品质量和服务质量。

质量文化的形成不是一日之功，而是经过较长时期的努力沉淀形成的。因此，企业领导应做好长期的思想准备，身体力行，积极倡导质量文化建设，并结合质量管理体系中对质量文化的要求，从思想、行动、制度、措施、员工精神面貌、产品质量、企业愿景上积极改进，不断完善。

二、质量战略

（一）质量战略的含义

质量战略是企业为了设计和生产出顾客所需要的质量特性、达到顾客所要求的质量水平、满足其需要的产品，在对部门或企业自身质量竞争条件进行正确预测的基础上制定的全局性、长期性、根本性谋划和方略。其内容包括战略指导思想、战略目标、战略步骤、战略重点、战略布局、战略对策与措施等战略决策。质量战略规划是以质量战略为前提制定的，侧重于定量分析，是质量战略的延伸和具体化。质量战略管理是一个过程，包括战略准备、战略制定、战略规划、战略实施四个阶段，其中主要是依据战略规划制定战略计划和具体的项目计划组织实施。

（二）质量战略的原则

1. 社会性原则

社会性原则是指从整个社会的经济发展看待质量问题，从保证国民经济的健康发展、保证人们群众的合法权益、保证社会资源的合理利用和投入产出的更高效益来对待质量问题。

2. 综合性原则

综合性原则是指质量问题必须考虑资源的合理利用、生产者和消费者的质量意识、科学技术的发展水平、企业经营管理水平、社会道德水平、市场的规范化程度及法律制度的健全和完善程序等。质量的提高必须从多方面进行综合治理。

3. 长远性原则

长远性原则是指影响质量的因素不仅是多方面的，也是极其复杂和具有长期效应的。企业应将质量问题作为其经济建设的一个长期性的问题，不仅要有长远的规划和预测，而且要常抓不懈。按照现实与可能，集中力量，有重点、有步骤、分层次搞好质量管理工作。

4. 系统性原则

系统性原则是指基于"质量环"的质量系统，从全局优化的思想出发，对产品质量形成过程中的各环节进行系统性的质量控制。

（三）质量战略的类型

1. 产品质量特性组合战略

（1）内在质量为主，外在质量为辅。产品主要讲究内在品质，以内在的质量为主要产品战略，外在的包装、宣传作为辅助策略。

（2）外在质量为主，内在质量为辅。产品重心在讲究包装和宣传，在于产品的文化概念，产品的质量不是产品的主要策略。

（3）内外质量并重。将产品的内在质量和外在的包装、宣传结合起来，这是现代企业生产产品的主要的、长远的产品质量战略。

2. 产品内在质量特性战略

（1）产品性能战略。将所生产的产品根据性能的优劣分为高级、中级、合格等级别，以此为基础制定产品质量战略，以满足不同的消费者的消费需求。

（2）产品使用寿命战略。将所生产的产品根据消费者使用的时间和频率分为长期

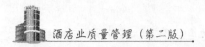

使用、中期使用和短期使用的产品，以此为基础制定产品质量战略，以满足不同消费者的消费需求。

3. 产品质量标准战略

根据企业目标的定位，按照产品质量标准可分为国家标准、国际标准、行业领先标准、目标市场所在国标准、客户需求标准，根据不同的生产标准来制定产品质量战略。

4. 市场动态质量战略

根据市场的需求和不同的竞争环境，可以按照对市场的要求把产品分为符合性产品、竞争性产品及适用性产品，再根据产品定位来制定产品质量战略。

5. 质量目标战略

（1）质量等级战略。根据产品的质量等级，可以将产品分为优秀、良好、一般及可用等类型，根据消费者需求的不同实施产品质量战略。

（2）质量年代水平等级。不同地区对产品的需求不尽相同，所以可以根据产品质量的年代水平对产品进行分类，进而实施产品质量战略。

（四）质量战略的实施

1. 重视提高质量战略意识

质量问题是一个关系到社会经济发展、企业生死存亡的战略性问题，因此提高质量战略的意识，将质量战略建设放到企业的战略目标高度，是适应越来越激烈的国际化竞争的发展方向。

2. 正确地制定质量战略目标和质量战略方针

根据社会环境的变化趋势，结合自身企业的资源条件，制定符合企业长远发展的产品质量战略，提出一定的挑战性和创造性的质量战略，以此激励员工的能动性，增强员工的使命感、责任感。

3. 重视产品创名牌和塑造企业产品质量形象

品牌战略是企业为谋求长远利益，从全局出发，根据酒店自身特点及品牌形成的客观规律，综合分析各种相关因素而制定的、具有竞争意识的发展品牌企业的一种长远总体规划。品牌战略的实施是一项系统工程，包括品牌观念的树立、品牌产品的开发与推广、品牌形象的创立、品牌的发展及巩固和保护等重要环节。

4. 重视企业质量保证体系和质量标准的制定工作

要在质量战略管理中采用科学、系统的方法，建立严密有效的质量管理体系，确立切实可行的实施计划和操作程序，并通过现代质量管理技术和方法的引用或采纳，实施全人员、全方位、全过程、全方法、全效益的质量管理。

5. 开展企业产品质量的认证工作

将先进的行业标准或质量认证体系引入生产过程中，以此作为为保证产品质量和稳定产品质量的有效措施。

第二节　酒店业质量管理中的新趋势

一、从全面质量管理到全面质量创新

（一）全面质量管理

全面质量管理既是一种质量管理的方法，也是一种重要的质量管理思想。全面质量管理是企业管理现代化、科学化的一项重要内容。它于 20 世纪 60 年代产生于美国，后来在西欧与日本逐渐得到推广与发展。

全面质量管理强调全员参与、在企业的全过程采用一切方法进行管理质量、全面控制质量因素并最终全面提高经济效益。从现在和未来的角度来看，顾客已成为企业的衣食父母。一切以顾客为中心已成为企业经营的导向，这也赋予了全面质量管理新的内涵，即强烈地关注顾客。"以顾客为中心"的管理模式正逐渐受到企业的高度重视。全面质量管理注重顾客价值，其主导思想就是"顾客的满意和认同是长期赢得市场、创造价值的关键"。为此，全面质量管理要求必须把以顾客为中心的思想贯穿到企业业务流程的管理中，即从市场调查、产品设计、试制、生产、检验、仓储、销售到售后服务的各个环节都应该牢固树立"顾客第一"的思想，不但要生产物美价廉的产品，而且要为顾客做好服务工作，最终让顾客放心、满意。

（二）全面质量创新

根据全面质量管理的定义，全面质量管理实际上已经涵盖全面质量创新（total quality improve，TQI）的目的和要求。提出 TQI 是为了强调创新在实际中的重要意义。TQI 除包括全面质量管理的全部要求之外，又有自身的一系列显著特征。由于创新是一个不断发展完善的过程，会随着社会的发展而发展，因此，在实践中，TQI 的特征将日益突出，愈渐完善。目前，我们只能对其特征做一个简单的描述。

1. 更加重视产品创新

如果说全面质量控制的重点在生产过程，全面质量管理扩展到设计过程，TQI 则把管理的重点放在研究开发上，包括基础研究、运用研究和开发研制，即对老产品的改进，其着眼点也不仅仅局限于"减少错误"，而是"发掘长处"。其重点是用新原理、新方案、新材料、新结构、新成分、新工艺对老产品进行改造，使其尽可能多地具有创新的性质，扩大其功能，提高其可靠性，增强其安全性（包括环境安全）。

2. 从改进中寻求创新

虽然全面质量管理的质量改进往往局限于"减少错误"，但其通过审核、评审、收集顾客意见等方法来识别"错误"的做法，为 TQI 寻找创新的突破点提供了前提条件。也就是说，全面质量管理的 PDCA 方法在 TQI 中同样适用，只是前者重点是消除不合格的"错误"，后者重点是对"错误"进行分析，寻找创新的突破口。可以说，后者也是一种质量改进，是一种着眼于"改朝换代"的质量改进。

3. 更加重视识别需求

识别顾客需求、确定市场需要，是企业质量管理的出发点。创新的风险除了技术本身的风险外，最大的风险来自市场。创新出一种产品，市场不需要，创新也就失去了意义。因此，TQI 更加重视市场调研、营销质量，更加重视把握市场机遇。

4. 更加重视全面服务

全面服务，从时间来说，包括售前、售中、售后的服务；从内容来说，包括培训、宣传、技术支持等。也就是说，全面服务是企业为用户更有效地使用产品所提供的全过程的服务。现代产品的知识含量更多、更高、更新，这很可能给用户使用产品造成障碍。TQI 应当在这方面更有作为，创造出一系列新的服务内容和服务方式。

5. 更加重视质量体系的有效运转

产品创新的频率越快，越需要生产过程予以有效配合。目前，企业开发出一种新产品之后，要达到质量稳定的生产要求，往往要经过相当长的时间。显然，这难以适应 21 世纪质量创新的要求。TQI 虽然把重点放在质量创新上，也重视对产品设计、采购、生产、检验、销售、服务的管理和控制。它要求企业的质量体系更有效地运转，不允许任何环节降低创新产品的质量水平，不允许任何环节延迟创新产品推向市场的步伐。也就是说，21 世纪的质量体系既要求有质量保证的功能，又要求有快速形成质量的功能。因此，TQI 的质量体系可能比全面质量管理的质量体系有更多的要求。

6. 更加重视人的作用

全面质量管理的一大特点或一大优点就是重视人的作用，强调全员参加质量管理。TQI 的核心是创新，而创新是由人进行的，是基于人的智力活动的创造发明，因而将更加重视人的作用，特别是人才的作用。创新不仅仅是技术的创新、产品的创新，也包括管理的创新。因此，即使一般员工，也是 TQI 关注的对象，TQI 要充分发挥他们的智力潜力，使其在企业创新过程中起到至关重要的作用。

二、现代信息技术革新对质量管理的影响

现代信息技术革新给企业管理带来了翻天覆地的变化。当今计算机技术、网络技术及多媒体技术的发展都成为服务性企业的重要技术支持。因此，现代技术将给企业全面质量管理带来重要的影响。

（1）信息技术已经成为管理的倍增器。计算机最早是作为管理的辅助手段应用于管理之中的，能有效地提高企业管理效率和降低管理成本。现代信息网络的发展，使

信息网络成为企业管理的战略资源和管理不可分割的重要组成部分。它已不再单纯是提高企业管理效率和降低成本的手段，而是管理的倍增器。它通过管理的科学化和民主化，促进管理业务流程的合理重组，把分散的各种互有联系的管理职能集成起来，使管理工作得到根本改观。因此，随着信息技术的发展，计算机集成质量系统、生产过程的在线控制、质量并行工程（quality concurrent engineering）、质量重建工程（quality reengineering）等将得到飞速发展。

（2）信息技术的发展将使管理的方法得到进一步的发展和完善。管理方法是管理主体根据管理目标作用于管理客体，以实现管理职能的原则、方式、工具和手段。随着信息技术的高速发展，质量控制与抽样检验理论将沿着多元化、小样本化、模糊化、柔性化方向深入发展，并有可能用统一的理论进行描述和处理。质量诊断理论有可能与其他行业的诊断统一为一个综合的诊断理论。

（3）通过决策的信息化改善企业的质量管理，实现质量管理的精确化。运筹学和现代控制理论的发展产生了许多先进的管理理论和方法，但这些理论和方法大多是建立在庞大的计算工作量之上的，用传统的手工计算是根本不可能及时完成的。现代计算机高速准确的计算能力和巨大的存储能力，使利用这些理论和方法从定性到定量方面指导企业进行决策成为可能。因此，现代计算机和网络技术的发展，使得对于生产经营过程中各环节的质量状况进行实时反馈、跟踪和预警成为可能。同时利用现代信息技术，可以对生产经营过程中的质量状况进行准确记录，提供实时在线的查询，并通过分析计算，为质量决策提供可靠依据，实现精确管理。

（4）互联网技术促使电子商务成为企业开拓业务的新领域。在当今市场经济中，传统的以商品价格和质量为主要手段的市场竞争已经日益转变为营销方式的竞争，以经济手段为主的竞争已经日益转变为以技术手段为主的竞争。因此，企业应在电子商务迅猛发展的背景下，抓住机遇，加大投入，迎接电子商务的挑战，大力加强网络基础设施的建设，加快制定相应的政策、标准、法律法规及完备的信息基础设施，使企业产品通过电子商务平台稳步发展。

三、全面质量管理的可持续发展

（一）绿色质量管理

绿色理论是基于人类对全球不良变化的人的因素的反省和人类应负起"管理地球"的责任而产生的。它涉及政治、经济、技术、管理、伦理、文化、哲学等诸多领域，与生态现代化、生态伦理、工业生态系统、生态经济、生态技术和生态工艺等众多问题。绿色浪潮是人类注重绿色、关注环保、保护生态的一种趋势和潮流，包括绿色消费、环保产品生产、绿色贸易壁垒业形成、环境立法、生态农场建设、生态工业园建设、生态工艺与清洁生产商业化、环保产业形成。在这种背景下，质量管理也必须发掘和寻求"绿色"的价值、提高产品的"绿色"含量，生态质量管理就应运而生。

现行质量管理模式是一种社会质量管理模式，生态质量管理模式则立足于人与自然系统。生态质量管理的特点有以下几个方面。

（1）重视产品生态价值和生态质量。

（2）质量管理过程源于自然、终于自然，即自然—生产—消费—自然。

（3）重视生态技术、生态工艺在产品质量形成过程中的作用。

（4）建立生态质量指标的国家体系与质量管理体系。

（5）以可持续发展理论和生态原理作为指导。

2016 年中国酒店品牌高峰论坛下的背景

（二）产品设计质量管理

产品设计质量管理是指重视产品设计阶段的质量控制，采用可信性设计、健壮设计和质量功能配置等新技术。根据现代质量管理理论，产品质量首先是设计出来的，其次才是制造出来的，质量检验只能剔除废旧品，并不能提高产品质量。因此，应将提高设计质量放于质量管理和质量控制工作的首要位置。为了提高产品的设计质量，除对设计结果进行评审外，还应在设计过程中采用各种现代设计技术，如可信性设计、健壮设计、质量功能配置、动态设计、有限分析、仿真技术等，保证产品设计的科学性和合理性，从而满足产品的质量要求。

从用户的观点看质量，一般包括六个方面的特性，即性能、可信性、安全性、适应性、经济性和时间性。以上六个特性中，可信性具有特别重要的意义。在《质量管理体系 基础和术语》（GB/T 19000—2008）中，对可信性下的定义为"表述可用性及其影响因素：可靠性、维修性和维修保障等性能的一组集合术语"。

日本著名质量管理专家田口玄一博士于 20 世纪 70 年代创立了三次设计理论，其核心思想是不片面强调质量控制和提高质量，而是用最低的制造成本生产出满足顾客要求的、对社会造成损失最低的产品。其设计过程分为三个阶段，即系统设计、参数设计和容差设计，重点在参数设计，国外称为健壮设计，即运用正交试验法或优化方法确定系统各元件、器件参数的最佳组合，使系统在内外部因素的作用下，所产生的质量波动最小，即质量最稳定。

质量功能配制又译作质量功能展开（quality function deployment，QFD），即采用一定的方法，保证将来自顾客或市场的需求精确无误地转移到产品寿命循环上每阶段的有关技术和措施中。实施 QFD 后，企业收到的效益是巨大的。例如，日本丰田汽车公司应用 QFD 技术，从 1979 年 10 月到 1984 年 4 月，开发新的集装箱车厢费用累积降低 61%，产品开发周期减少 1/3，而质量有较大的提高。

（三）无形资产管理

20 世纪上半叶，企业质量管理的重点主要是在企业内部，减少费用、降低成本、提高质量、增加产量一直是企业管理的主要课题。20 世纪六七十年代，在第三次科技革命的推动下，产品日益丰富，竞争日益激烈，企业产品能否销售出去成为企业管理的主要课题，因此企业管理中营销地位日益突出。进入 90 年代，随着信息技术的飞速发展，主要发达国家先后进入了"知识经济"时代。这些国家的经济增长越来越主要依靠知识、科技、人力资源开发和信息等无形资产的生产应用及拉动，使得各国都把加快科技进步、发展教育、保护知识产权、加强无形资产管理放在经济发展战略的重要地位上。同时，随着国际竞争日趋激烈，竞争制胜的关键已不再仅仅依靠先进的设备和精湛的工艺技术及高质量的产品等有形资产，更多的是依靠知识产权、名牌商标、企业商誉等无形资产。各国企业无不高度重视无形资产的作用，无形资产管理已成为现代企业质量管理的一项重要内容和任务。同时，企业的无形资产创新也日益重要，成为现代企业管理创新和技术创新的一项新的课题。

我国自加入世界贸易组织以来，企业的名牌产品的传统商标在国外屡屡遭到别国企业的抢注，企业权益受到巨大损害。这就反映出国内企业对无形资产管理的重视程度不够，难以适应当前严峻的国际竞争环境。因此，必须把无形资产管理纳入企业全面质量管理的中心环节，作为重中之重，常抓不懈，才能有效地保障企业的健康发展。

（四）贸易型质量管理

贸易型质量管理是指根据用户的实际需求确定产品的质量标准，注意提高产品的美学质量。产品的质量标准分为生产型标准和贸易型标准。目前，国内企业的产品标准基本是执行由政府有关部门制定的质量标准，即生产型标准，同时接受政府质量监督部门的检查和监督。生产者把生产的产品达到或高于国家标准作为目标。而国际上通行的则是贸易型标准。两者的区别在于，在标准体系的构成上，前者大多为国家标准，后者虽然也包括国家标准，但更多的是生产者根据市场和本企业的情况而制定的。在标准的指导思想方面，前者以指导生产为主要的甚至是唯一的目标，而不注重市场需求的变化，后者则主要以面向市场、面向用户为出发点；在标准的指标方面，前者指标多、项目细，后者只有为数不多的基本指标，其他要求则根据市场的变化而不断改变，因而适应性强，将产品质量标准定位于用户的需求。

在产品的贸易型标准中，有一个重要概念就是产品的美学质量。人们对于商品不仅要求其满足使用需要，更希望在商品及其包装上获得美的视觉满足和享受。不仅看重商品的使用人才价格，而且十分讲究商品和包装的审美价值、情感价值、社交价值等文化能提升商品的附加价值。加强产品的美学质量已成为企业产品质量管理的一个重要方面。

（五）一线员工质量管理

一线员工质量管理应特别重视提高企业员工的个人素质，加强培训和教育。质量控制存在于企业的所有生产经营活动中，与企业的每位员工特别是每位一线员工的工作质量息息相关。因此，在企业的质量管理实施中，应特别注意充分发挥一线员工在保证产品质量方面的主观能动性。

日本企业认为，现代产品的结构越来越复杂，仅靠少数质检或监督人员的努力，无论如何不可能将产品质量控制在满意的水平，而第一线的员工对工作内容和过程最为了解，最容易发现质量的缺陷。因此，将第一线员工纳入质量管理和控制队伍，是提高产品质量的根本途径。

员工参与质量管理和控制的有效办法是与小组化工作方式相结合。质量管理小组的活动除了注重产品质量外，还涉及提高效率、降低成本、安全卫生，甚至包括搞好员工之间的团结互助和开展业余活动等方面。

在实践中，应强调以人为本的质量管理思想。员工的个人素质对质量管理十分重要，为了提高生产者的个人素质，包括思想素质和业务素质，应加强培训和教育，内容包括设备操作规程、全面质量管理、工艺流程等，这是从多年的质量管理实践中总结出的一条宝贵经验。

（六）成本控制质量管理

在质量管理中，对质量成本进行控制，充分反映了现代企业对产品质量和产品成本的重视，也反映了技术与经济相结合的质量管理手段。质量成本控制（quality cost control）是指在既定的技术经济条件下，对质量成本的形成和发生施以必要的、积极的影响，从而实现最佳质量效益的行为。

企业在提高产品质量的问题上，除了要把握好"质量度"外，更重要的是考虑如何将产品质量与降低产品成本有效地结合起来。产品的质量成本是指企业为保证和提高产品质量而发生的一切费用，以及因未达到质量标准而发生的一切损失，包括故障成本、鉴别成本和预防成本等内容。

美国质量管理专家费根堡姆最早提出质量成本的概念，他向公司最高管理层提出了以货币为评议的质量报告，促使企业更深刻地了解比产品质量更深层次的问题，以及其对企业经济效益的深刻影响。随着产品质量的竞争日益激烈，企业为了保证和提高产品在市场上的竞争能力，增加了对产品质量的投入，形成的质量费用支出越来越大。因此，在强调经济效益的今天，企业越来越注意通过质量成本的研究来选择适合的质量管理办法，对质量成本的研究分析也在实践中不断发展和完善起来。

从事质量管理和质量控制活动必然会发生相应的费用，带来相应的成本。从质量管理的发展过程来看，酒店企业质量管理大致经过质量检验、统计质量控制和全面质量管理等阶段，现已进入计算机辅助质量管理阶段。从中可以看出，酒店企业在质量管理中运用的技术和方法是不断发展、完善的，企业在质量管理上的投入也是不断加大的。但增加投入是否会造成质量过剩等问题已引起企业的日益关注。为了能够解决质量管理中遇到的问题，酒店企业应大力推行质量成本管理，使企业在进行质量管理时平衡质量投入和质量效果的关系，选择恰当的质量管理方法，以较小的质量管理投入生产出符合用户质量要求的产品。

（七）个性化质量管理

21 世纪的市场是动态多变的，随着人们生活水平的逐渐提高，人们的需求日趋多元化。因此，在酒店管理中要大力研究并推广应用并行的、实时的、面向消费者个性化需求的质量控制理论和技术。

企业依存于顾客，企业生存的前提在于拥有一定数量的顾客，市场竞争的本质在于企业间对顾客的争夺。企业要赢得顾客，就必须明了顾客的期望并通过自身的经营活动来满足甚至超越顾客的期望。关注顾客、服务顾客已成为企业运行的准则。无数企业的兴衰无不印证这一真理：只有将企业的经营目标和顾客的需求及期望有机结合起来，企业才能生存；只有重视顾客利益、为顾客创造价值，企业才会有旺盛的生命力。目前，顾客满意已成为所有优秀企业追求的重要经营目标之一，因为顾客满意度比利润更能体现企业经营业绩的好坏，顾客满意度不仅可以体现企业当前的经营状况，而且可以更深刻地揭示企业经营中存在的深层次问题，如企业的质量文化、经营理念等。

酒店面对的顾客是个性鲜明的不同的人，而每个人的喜好和习惯都是迥异的。顾客的需求就是酒店产品的发展方向，是质量管理的灵魂。面对不同的顾客需求，传统的酒店管理所提供的标准化服务已经远远不能满足这样的发展趋势，原来的质量控制技术已不再适用。因此，在质量管理中有时需要放弃"工业化"的标准化管理，而对个性化的服务产品采用新的管理控制标准，用动态的质量跟踪管理来进行酒店业质量控制，以满足酒店顾客需求。

（八）服务质量反馈控制管理

反馈控制是指酒店通过质量信息的反馈而进行的过程控制，包括意见征询、损失弥补、经验教训总结、预防措施制定等方面的内容，主要是找出服务工作在准备阶段和执行阶段的不足与缺陷，从而采取措施保证服务过程的质量，使顾客满意。

（1）质量反馈信息控制。服务质量反馈信息是评价服务过程质量的重要依据，也是今后服务改进和质量提高的参考依据。信息反馈系统由外部系统和内部系统构成。外部信息来源包括顾客意见调查表、电话拜访调查、现场访问、顾客小组座谈、神秘顾客法、个别深度访谈法、上门访问法及邮寄问卷调查法等。内部信息来源包括员工意见反馈、现场巡视、经营数据分析和专业的资料等。建立和健全两个信息反馈系统，对每一个反馈信息都做好记录，这样才有利于服务质量的改进和不断提高，更好地满足顾客的需求。

（2）反馈质量控制。反馈质量控制是服务后的检查考核，重点分析三个差距：一是顾客对酒店服务的需求和期望与酒店管理人员对顾客需求和期望的感知判断之间的差距；二是酒店所制定的服务质量标准与酒店管理者所判定的顾客需求期望之间的差距；三是酒店制定的服务质量标准与实际提供给顾客的服务之间的差距。通过分析寻找差距产生的原因，及时采取改进措施。

（3）纠正措施与预防措施控制。纠正措施是指为解决已发现的质量问题，以及消除由于质量问题而引起的影响所采取的措施。预防措施是指为解决潜在质量问题和消除潜在的影响因素而采取的措施。

（4）新标准制定。要把服务过程质量控制的成功方案和有效措施纳入相应的质量标准文件和服务流程书中，使其成为新的服务规范和服务标准。

案例 9-1
HOTEL

个性化服务走向国际化

一些连锁酒店集团利用客人的数据库确保其所属每一家酒店都能为客人提供其喜欢的产品和服务。例如，马里奥特酒店向客人提供客房选择（吸烟客房或非吸烟客房）、早餐饮料选择（咖啡或茶）、晨报选择等服务。数据库营销使酒店把这些服务和其他服务项目准确地提供给特定的消费群体，甚至具体到个人。

就报纸的选择而言，现代技术意味着：如果一位客人入住圣迭戈马里奥特酒店时要了一份伦敦《泰晤士报》，那么之后，他入住迈阿密马里奥特酒店时，这家酒店也会为他准备好一份《泰晤士报》。

（九）精益质量管理

精益质量管理就是在对关键质量数据进行定量化分析的基础上，综合运用多种知识和方法，对关键质量指标持续系统改进，追求达到卓越标准，如 6σ 方法，能实现显著提高企业质量绩效及经营绩效的目的。精益质量管理是企业提高经营绩效的重要战略。

精益质量管理是对全面质量管理的继承和发展。精益质量管理关注对企业质量绩效有重要影响、可以统计度量的工作或职能，通过度量指标波动性或σ值来衡量工作质量水平。精益质量管理借鉴 QC 小组活动的经验与不足，引入项目管理理论和方法，形成了具有自身特色的组织管理模式和项目管理制度，共同推动企业质量绩效的改善。

精益质量管理要求企业改善原有的质量管理习惯，增强指标度量意识，善于发现和运用统计方法进行度量及改进。企业应重视指标波动性对企业竞争力的影响，重视质量指标的持续改进。精益质量管理设立了全新的质量成本概念，用不良质量成本损失代替传统的四项质量成本，为降低质量成本损失和提高质量绩效找到了更多的着力点。

在企业经营过程中，竞争无处不在。竞争从直观上看就是一种比较。能用于比较的指标在企业中多种多样，如产品质量、产品价格、交货期、服务水平等。企业在经营中由于各种原因，不同时期同一指标往往表现出差异性，或称为波动性。不同企业的这种波动性大小将给客户或相关方带来差别明显的感受。

例如，质量性能指标，传统上，企业关注不合格品，对合格品的质量数据往往不再进行分析。同为合格品且都在公差限内，但质量指标波动程度小的企业将更受客户信赖。再如，交货期或服务时间，在客户允许的时间范围内，企业实现了交付，却无视每批产品交货时间的波动，如果竞争对手能在更准确、更窄的时间范围实现每批产品的交付，其在此方面的竞争力将强于该企业。

在管理领域，精益质量管理受到了企业的推崇，其追求生产环节交付数量的准确、交付时间的准确，追求浪费的最小化，结合质量指标波动性概念，就是要追求相关指标在规定限度内的波动性最小。精益生产思想对降低生产成本、节约资金、提高生产效率等具有重要作用，对生产环节工序安排、节拍设置、生产计划等均有重要意义，是精益质量管理应用的重要方面。

在企业经营中，能用于度量的指标非常广泛，但许多指标常被忽略。例如，一个追求"以快制胜"的企业，如果不能认真地度量自己关键业务流程的反应时间，如产品开发周期、新产品试制周期、量产周期、供货周期、信息反馈周期等，企业将不清楚流程的时间瓶颈，不能制定精度更高的竞争对策，企业对快的追求是无基础的，不能对"快"真正有所作为。

精益质量管理强调度量的作用，在6σ方法管理中常常提到：企业不重视不度量的东西，企业对不度量的东西不能有所作为。精益质量管理就是要促进企业不断发现应该度量和改进的关键质量指标，通过系统方法实现持续改进。精益质量管理是提高企业竞争力和经营业绩的重要管理举措，已被国际著名公司证明是企业成功的重要战略。

（十）可持续的全面质量管理

可持续发展是指既满足现代人的需求，又不损害后代人满足需求的能力，换言之，就是指经济、社会、资源和环境保护协调发展，它们是一个密不可分的系统，既要达到发展经济的目的，又要保护好人类赖以生存的大气、淡水、海洋、土地和森林等自然资源与环境，使人类能够永续发展和安居乐业。

全面质量管理的可持续发展必须考虑生态环境质量，应做到全方位质量管理、全过程质量管理、全人员质量管理、全方法质量管理、全效益质量管理。其中，全效益质量管理是指企业进行质量管理时既要讲究经济效益，又要讲究社会效益和环境效益；既要提高包括顾客、企业员工、企业和社会在内的以质量成效为核心的整个社会的经济效益，又要提高企业、企业所在社区的社会效益和环境效益。在追求环境效益方面，要重视企业内外的环境美化和环境氛围创造；要提倡使用可降解的、环保型物品，尽量减少或降低对社区的空气、噪声、固体垃圾物和水质的污染；要提倡生产绿色产品，建立绿色企业。

在生产技术和方法使用上，具有可持续发展下的全面质量管理，首先应该是在最优化技术下选择能适应环境、经济和社会发展的，能实现可持续发展的技术，以节约能源，尽量减少或循环使用各种资源，减少环境污染以促进各地区生态环境的协调。其次，将现代工业与传统文化相结合，最大限度地满足人类最基础的要求，提供创造性的工作。最后，消除经济发展的不均衡状态，提供充分的就业机会和促进区域经济的发展。全面质量管理作为一种现代管理技术必须兼顾自然—经济—社会的持续、稳定、健康的可持续发展理念。

第三节　酒店服务质量管理创新

一、服务质量管理中的主题活动

在酒店服务质量管理实践中，管理主题活动的策划与实施是创新服务质量管理的重要内容之一。一个成功的服务质量主题活动不仅可以提高活动期间的服务质量，还可以促进酒店管理质量的提高，改进不足的服务环节，加强管理者与员工、员工与员工之间的沟通和了解，增加员工在企业的归属感和对企业文化的认同感。

一般服务质量的主题活动有两类，一是保证服务质量的主题活动；二是提高服务质量的主题活动。

（1）保证服务质量的主题活动，首先要强调服务标准的执行和控制，这是基本内容。其次，加强日常管理的检查程序，这是提供标准服务的基础。但实践中，制度和管理并不能随时提供标准化服务，同时，标准也在实际中存在执行是否到位和是否辅以修订等问题。因此，通过保证服务质量的主题活动，促使员工在工作过程中充分贯彻和执行酒店的制度及工作规范，不断提高员工的服务意识和服务技能，以保证服务质量的稳定性，如"用心服务每一天""强化基础，追求满意""推行个性化服务，提升服务品牌"等活动。

（2）提高服务质量的主题活动，其主要目的在于通过对服务质量的管理，促进酒店服务质量的提高。因此，在执行酒店的工作规范的同时，要求从管理者到基层员工都要在提高质量管理主题活动中自查自纠，查漏补缺，提高管理水平，增强服务意识，改进服务环节。以酒店业质量管理主题活动为载体，促使酒店业质量管理水平有较大提高，如"关怀在于殷勤真诚""信心、和谐、信赖构筑温馨之家"等活动。

案例 9-2

长城酒店的主题活动

北京长城酒店是 1979 年 6 月由国务院批准的全国第三家中外合资合营企业。一提到长城酒店的公关工作，人们立刻会想到里根总统的答谢宴会、北京市副市长证婚的 95 对新人集体婚礼、颐和园的中秋赏月和十三陵的野外烧烤等一系列使长城酒店为众人所知的主题活动。长城酒店的大量主题活动工作，尤其是围绕为客人服务的日常公关工作，源于它周密系统的调查研究。长城酒店日常的调查研究通常由以下几个方面组成：日常调查、月调查和半年调查。

这种系统的全方位调研制度，宏观上可以使酒店决策者高瞻远瞩地了解全世界旅游业的形势，进而可以了解本地区的行情；微观上可以了解本店每个岗位、每项服务及每个员工工作的情况，从而使他们的决策有的放矢。

二、服务质量管理中的方法创新

在酒店服务中一般要求保证服务产品的品质。服务产品的品质是指酒店服务产品的品味和质量。有品质就意味着酒店所提供的服务不能有失顾客的身份，而是应通过酒店与顾客接触的活动来凸显和提升顾客的身份及地位。通常，酒店与顾客接触的活动形式称为服务方式。

酒店的服务方式很多，如微笑服务、VIP 服务、主动服务、个性化服务、亲情服务、金钥匙服务等。一般酒店企业有多种服务方式，但并不是每一种服务方式都能够保证符合企业实际情况和客人的需求。根据酒店的实际情况有效选择服务方式有以下几个原则。

1. 原则性与灵活性相结合

一方面，服务标准和要求不能随意更改，也不能随意迁就客人；另一方面，酒店要根据不同客人的需要适时提供有针对性的灵活服务，如客人不能带宠物进入酒店等，这就属于原则，但是如果客人已经将宠物带入酒店，那么酒店就应该提供托管服务。

2. 将培养顾客的忠诚度作为服务的出发点和落脚点

不管采用何种服务方式，最终的目的是让顾客满意。在服务过程中，能提供让顾客满意加惊喜的服务，就能培养更多的忠诚顾客。

3. 在规范化的基础上提升个性化、细微化、情感化的服务

星级酒店就应该向客人提供规范化的服务，但服务规范化还不够，应该在此基础上提供个性化、细微化和情感化的服务，努力增加顾客的满意度。

4. 强调实用性和有效性

选择服务方式的原则是要根据顾客的实际需求和个人喜好来进行有针对性的服务，避免过度服务和服务不到位的现象发生。

顾客的需求不断变化，酒店的服务方式也在不断创新。创新包括酒店的有意识安排、员工的即兴发挥，这些都让顾客感受到了酒店对他们的尊重和酒店的品质服务。只有不断创新服务方式，才可能在服务中使顾客感到满意。服务创新的方式如"专业管家服务""首问责任制""宾客赏识服务""睡眠管家""殷勤带房"服务。

 案例 9-3

四 季 酒 店

四季酒店是加拿大家族酒店的代表，创建于 1960 年，创始人是伊萨督·夏柏。总部位于多伦多。四季酒店通过对豪华酒店几十年的运作，推出并发展了许多独特的服务项目，成为其显著标志，也被许多酒店集团吸收和模仿。

（1）欧式风格的"金钥匙服务"。四季酒店是北美地区第一个应用"金钥匙服务"的酒店，是他们对酒店服务的全过程设置了一个全新的标准。同时，酒店 24 小时为旅游者提供食宿和委托代办业务。

（2）舒适的房内物品。四季酒店是第一个提供名牌洗发水等房内物品的酒店，提供头发干燥剂、印有公司标记的毛料睡衣、护发产品等客人所需房内物品。

（3）私人委托代办业务。为所有客人提供免费的委托代办业务，无论当时旅游者是否住在该酒店内。

（4）私人预订。为常客提供高效的预订服务。

（5）四季高级套房。为官员们提供比普通套房大一半的客房，为他们创造方便的办公和开展非正式社交活动的场所。

（6）"无须行李"方案。四季酒店为住店客人准备了许多必需品，可减少他们随身携带的物品。

（7）免费的儿童监护方案。四季酒店全天为儿童提供免费的照顾，这方便了旅行中的父母，使他们有更多的可自由支配的时间。

（8）免费的早到或晚出休息间。为解决旅游者早到或晚出的不便，四级酒店在其健身房隔壁为客人提供了一间类似图书室的休息间，可摆放行李，使用健身房和娱乐设施，并能够淋浴和盥洗。

（9）"洗毛巾"服务。客人在游泳池或海滩休息时，均能享受提供结晶的冰毛巾的免费服务。

（10）"家常菜"制作。四季酒店提供简单、卫生的家常菜系列，使得旅游者能品尝到像在家里做的一样的饭菜。

（11）"独特的餐厅"。为改变人们印象中的酒店餐饮既贵且质量低的状况，他们特别重视餐饮的质量。

（12）多样化的美食。四季酒店关注宾客的饮食需求，提供低热量、低胆固醇、低盐食物，又保证食物的色、香、味俱全。

（13）免费的送报纸服务。四季酒店是北美第一家免费提供报纸的酒店，他们通常将报纸随同早餐一起送给客人。

（14）装有电话的浴室。四季酒店是率先在其所有客房浴室装上电话的酒店。所有高级套房都有三部电话，分别装在卧室、书桌、浴室，三部电话中有两部是双线的，可以发传真。

（15）全天 24 小时的商务服务，包括室内传真服务及手机出租服务等。

（16）通宵的洗衣服务。四季酒店的客人可以在第二天早上取回昨天晚上送洗的衣服，方便客人参加重要会议和社交活动。

（17）全天 24 小时送餐服务。

（18）1 小时熨衣服务。

（19）设有健康俱乐部和疗养地。四季酒店有很多康乐设施，为注重健身的客人提供健身服务，客人可以按照酒店建议的不同路线、不同距离进行慢跑锻炼，还可以要求酒店将健身器材放于他们的房间。

（20）给客人留下持久的印象。住店客人可以方便地从酒店买到许多价格适宜的小礼品留作纪念或赠送亲友。

（21）专为听力受损的人设计的数码显示系统。四季酒店专门设计了一套有助于听力不便的人发送和接收信息的系统。

（22）一天两次清扫服务。这是四季酒店的一项重要制度。

（23）凉鞋或高尔夫球鞋修理服务。四季酒店为住店客人提供免费的修鞋服务。

（24）免费的通宵擦鞋服务。

（25）在休息室提供免费咖啡。每天上午 5:00～8:00，四季酒店的所有餐厅都会向客人免费提供咖啡。

以上 25 项服务是四季酒店以人为本，首创或不断创新自己服务的特点的概括。

三、服务质量管理中的制度创新

改革是前进的动力，不断改进酒店服务，是指在酒店企业内部，为了满足顾客需求，超越顾客的期望，而不断地改进工作方法，这样就可以为顾客提供比过去更好、更快、成本效益更高的产品和服务。不断改进服务既包括渐进性改进，也包括突破性改进。这两种改进方法的主要区别是变化的规模和结果的大小。渐进性改进活动在酒店或部门的内部改进或优化现行的工作过程方面，其最终结果是有限的，但是在质量、速度和节约方面能得到稳步提高。突破性改进活动重新设计工作流程，其结果是在质量、速度和节省开支方面得到前所未有的提高。酒店服务质量管理制度的创新往往包含这两种改进，并使服务质量在一定时期内持续改进，如肯德基的"神秘顾客"、OEC［O 代表 overall（全方位），E 代表 everyone（每人）、everything（每件事）、everyday（每天），C 代表 control（控制）、clear（清理）］管理模式、奖惩累积分制度等。

不断改进服务质量的管理制度创新主要包括以下几个方面。

（一）确定改进的时机

首先，确定酒店在哪些方面需要改进，哪些产品、服务或工作流程需要改进。改进的内容很多，可以按以下步骤在改进的内容中选择一个或几个集中改进。

（1）辨别改进意见。酒店可以从顾客、管理者和员工的反馈意见中得到各种改进意见，进行分类整理，对问题加以识别。

（2）写出书面意见。将从各种渠道反馈的意见进行详细的阐述，避免误解，为客观分析问题奠定基础。

（3）制定选择的标准。质量管理部门可以根据反馈意见的重要性进行等级评估，对改进领域的资源、稳定性和可实现性进行评估。

（二）对需要改进的目标领域进行分析

确定要解决的问题后，必须对需要改进的目标领域进行分析。分析的广度和深度取决于需要改进的领域的性质或范围。

（1）建立基准评估标准。通过实际调查分析，确定问题的基本情况和改进标准，用以评估改进的效果。

（2）分析过程。用文件资料说明出现问题的过程的具体情况，将解决问题的注意力集中于工作过程上。

（3）识别潜在原因。使用如头脑风暴法等方式找出的潜在原因。

（三）制定实施和改进的措施

在不断改进过程的这个阶段，需要进行以下几个步骤。

（1）确定解决方法。将问题进行客观分析，找出原因，拟定改进的多种方法。

（2）选择最佳解决方法。面对不同的解决方案或方法，以客人的可接受性、管理人员和员工的可操作性、成本效益、措施的及时性等作为选择依据。

（3）进行试验。在可控范围内进行方案实施，对改进领域进行改进尝试。

（4）评估改进效果。定期对改进领域进行改进效果评估，直到改进目标领域质量稳定位置。

四、服务质量管理中的体系创新

酒店任何一项令人满意的服务产品的输出都是因为背后有着强大的服务质量管理体系的支撑，从基础体系到评价体系，都是从酒店内部和外部两个方面完善着每一个体系。很多国内酒店的这四个体系并不完整，尤其是支持体系，对企业文化和员工满意度不够重视。

（一）基础体系

酒店制度规范标准首先要参照 ISO 9000 系列标准、旅游局酒店星级评定标准，在此基础上，酒店还有自己的品牌质量标准，且该标准根据宾客需求的变化每年都会发生动态变化。例如，洲际酒店，该品牌标准有六大类别，包括安全与保障、产品与服务、品牌认知、服务文化与表现、设施设备和清洁程度。每一个类别又按照四个级别划分，第一个级别是构成品牌体验（全球一致）及个人安全保障不可或缺的因素；第二个级别是影响客人入住体验的主要因素；第三个级别是有悖于品牌定位的行为或表现（换言之，必须与品牌定位保持一致）；第四个级别是深入体现品牌定位的细节。每个类别的满分都是 100 分，其中安全与保障是所有类别中最基础、最重要的类别，因此要求这个类别的得分目标是 90%。在四个级别中，第一个级别是其他级别的基石，如果不能达到此类级别的标准，会使整个类别都不合格。

（二）支持体系

企业文化是对整个酒店经营发展最根本的支持。例如，喜来登酒店最核心的就是"喜达屋关爱"，即关爱生意、关爱客人、关爱员工、关爱社区。酒店认为，没有满意的员工就没有满意的客人，没有满意的客人就没有令人满意的酒店收入；回到起点，丰厚的收入是培养优秀员工的物质保证，在整个过程中，社区是酒店存在和发展的外部环境。从喜来登酒店的企业文化可以看出喜来登酒店对员工的重视程度。

（三）监控体系

1. 旅游行政部门

旅游行政部门会不定期地对酒店进行明察和暗访，看其是否符合酒店星级评定标准，以督促酒店不断维护并更新设施设备和改善并提高服务质量。

2. 酒店内部

酒店内部也应该有一套完善的检查体制。每个部门的工作完成质量首先都要进行自查。例如，客房服务员在整理好所有客房以后，首先是客房领班要进行一个全面检查，其次主管进行大部分检查，客房经理进行部分抽查。

3. 顾客

顾客对于酒店的监督同样重要。例如，一些酒店在客人入住的时候会尽量得到客人的电子邮件地址，并询问客人是否愿意通过电子邮件做问卷调查，且客人回复问卷调查以后即可得到奖励。由此可见，在所有监控体系中，很多酒店把顾客监督看作最重要和最权威的监督。

（四）评价体系

1. 酒店自身评价

一些酒店依据服务质量标准对各个部门进行评价，员工再根据绩效评估获得奖金。但是这种评价方法往往带有一定的主观性，在一定情况下可能打击员工的积极性。

2. 顾客评价

酒店通过收集顾客的问卷调查，来了解客人对于酒店服务质量的满意程度。问卷调查覆盖酒店所有的运营部门，酒店根据客人提出的问题进行数据分析，限期整改，并对质量进行持续改进。

3. 第三方评价

为了进一步提高改进质量，一些酒店还会邀请第三方审计公司对酒店的各个项目分别进行审计，对审计不合格或者刚合格的酒店提出高质量的改进计划，并根据不同类别和级别，优先进行改进。

酒店服务质量管理的四个体系互相依存、密不可分。基础体系是依托，支持体系、监督体系和评价体系保证基础体系的实现和完成。我国酒店的发展大多停留在基础体系上，着力于建设高档奢华的硬件设施和制定一套严密的规章制度，但是并没有相应的支持体系、监督体系和评价体系来保证有相应的软文化与之相匹配，从而也就使规章制度成为一纸空文。因而我国酒店的发展急需从硬物质的盲目攀比上跨越到软文化的有力比拼上，建立一套相互衔接的服务质量管理体系，以保证酒店经营活动的有序进行，这也是未来酒店发展的趋势。

酒店服务业产品创新的方法

酒店服务业的产品创新有以下几个方法可以借鉴。

1. 头脑风暴法

头脑风暴法也称集体创造性思考法，其实质就是召开一种特殊形式的小组会，在小组会上广泛地征集想法和建议，然后加以充分讨论、鼓励提出创见，最后进行分析研究及决策。

2. 逆向思维法

逆向思维法亦称反头脑风暴法。其出发点是认为任何产品都不可能十全十美，总会存在缺陷，可以加以改进，提出创新构想。逆向思维法的关键是要具有"吹毛求疵"的精神，善于发现现有产品存在的问题。

3. 戈登法

戈登法又称教学式头脑风暴法。其特点是不让与会者直接讨论问题本身，而只讨论问题的某一局部或某一侧面；或者讨论与问题相似的某一问题；或者把问题抽象化后向与会者提出。主持人对提出的构想加以分析研究，一步步地将与会者引导到问题本身上。

4. 检验法

检验法亦称提问清单法，是指为了准确地把握创新的目标与方向，既能开拓思路，启发想象力，又能避免随意思考而设计的一份系统提问的清单。

5. 仿生学法

仿生学法是通过模仿某些生物的形状、结构、功能、机理及能源和信息系统，来解决某些技术问题的一种创新技术。

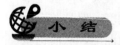 小 结

（1）企业的质量文化是企业领导者大力倡导，由全体员工在长期的实践中提炼出来并自觉遵守的关于产品、服务、工作质量的思想观念、行为准则和领导风格。

（2）质量战略是企业为了设计和生产出顾客所需要的质量特性、达到顾客所要求的质量水平、满足其需要的产品，在对部门或企业自身质量竞争条件进行正确预测的基础上制定的全局性、长期性、根本性谋划和方略。

（3）质量管理的发展趋势主要体现在从全面质量管理到全面质量创新、现代信息技术革新对质量管理的影响、全面质量管理的可持续发展。

（4）在服务质量管理中应注意服务方式和服务管理制度的创新，管理主题活动的策划与实施是创新服务质量管理的重要内容之一。

与工作任务相关的作业

（1）什么是质量文化，它有几个层次？

（2）如何在企业中开展质量文化建设？

（3）企业为什么要实行质量战略管理？

（4）质量战略有哪些类型，各自有什么特点？

（5）实施质量管理战略有哪些具体措施？

（6）质量管理中有哪些新思想、新趋势？

参 考 文 献

安娜．2006．员工满意度测评方法及应用研究．天津大学硕士学位论文：8.

白长虹，黄晶，武永红．2001．服务企业顾客关系与顾客价值感知．第 6 届全国青年管理科学与系统科学学术会议论文
集．大连：大连理工大学出版社．

蔡洪胜，郑莉萍，贾晓龙．2013．酒店服务质量管理．北京：清华大学出版社．

陈嘉敏．2011．酒店服务质量的人力因素控制与管理．华侨大学硕士学位论文：46～55.

陈剑．2004．酒店实施 ISO 9000 质量管理体系的成功因素研究．浙江大学硕士学位论文：4.

崔立新．2003．服务质量评价模型．北京：经济日报出版社．

崔正．2012．中国酒店产业服务质量与管理文化探索研究．北京：经济科学出版社．

富兰克·M.戈，等．2002．酒店业人力资源管理．孙红英，王哲，任恒杰译．大连：大连理工大学出版社．

高林．2008．基于差距模型的酒店服务质量研究．天津商业大学硕士学位论文：69～73.

龚益鸣．2004．质量管理学．上海：复旦大学出版社．

韩经纶，董军．2006．顾客感知服务质量评价与管理．天津：南开大学出版社．

胡敏．2011．酒店服务质量管理．2 版．北京：清华大学出版社．

霍映宝，韩之俊．2004．顾客忠诚研究评述．商业研究，4：76～80.

库博．2003．从质量到卓越经营：一种管理的系统方法．上海质量管理科学研究院译．北京：中国标准出版社．

乐盈，姚源．2002．餐饮服务与管理．北京：旅游教育出版社．

李瑞芬．2006．6σ 与酒店服务质量管理．山东大学硕士学位论文：3.

梁燕．2007．顾客满意度研究评述．北京工商大学学报（社会科学版）．2：75～80.

梁玉社，陶文杰．2010．酒店服务质量管理．北京：格致出版社．

林中燕．2002．论酒店管理的发展趋势．闽江职业大学学报，1：51～53.

刘芳．2007．星级酒店员工满意度研究：以广州市为例．暨南大学硕士学位论文：5.

刘清峰．2008，顾客满意、顾客忠诚和消费情感．广州：中山大学出版社．

刘伟．2001．方便实用的质量工具：6σ 管理战略系列讲座之六．中国质量技术监督，10：50.

刘宇．2003．顾客满意度测评．北京：社会科学文献出版社．

龙居才．2006．酒店业员工满意度对顾客满意度影响实证研究．湖南大学硕士学位论文：10.

陆娟，张东晗．2004．消费者品牌忠诚影响因素实证分析．财贸研究，6：39～46.

孟庆杰，黄海燕．1999．前厅客房服务与管理．大连：东北财经大学出版社．

全国质量管理和质量保证标准化技术委员会秘书处，中国质量体系认证机构任课委员会秘书处．2000．2000 版 ISO 9000
族国际标准草案．北京：中国标准出版社．

邵晓东．2006．S 酒店员工满意度实证研究．山东大学硕士学位论文：9.

绍德春．2006．酒店六常管理．北京：北京大学出版社．

施秀梅．2013．国内游客旅游住宿服务质量感知研究．西南大学硕士学位论文：42～57.

苏国珍．2012．员工满意度和酒店服务质量关系的实证研究．青岛大学硕士学位论文：35～40.

孙晨阳．2008．酒店质量管理．北京：旅游教育出版社．

王大悟．1994．酒店实用服务学．北京：北京燕山出版社．

王利琴．2006．客户关系管理与酒店营销．河南商业高等专科学校学报，1：99~100．

王敏．2010．基于六西格玛的酒店餐饮服务质量改进研究．湖南大学硕士学位论文：32~49．

王书翠，余杨．2013．酒店服务质量管理．北京：中国旅游出版社．

王文君．2012．酒店业服务质量影响因素研究．北京：中国旅游出版社．

韦福祥．2005．服务质量评价与管理．北京：人民邮电出版社．

温碧燕．2010．服务质量管理．广州：暨南大学出版社．

吴媛．2008．员工满意度对酒店服务质量影响研究．天津商业大学硕士学位论文：39~42．

希奇．2011．餐饮卫生质量管理．阎喜霜译．北京：中国旅游出版社．

熊凯，王娟．2005．服务企业顾客期望管理．当代财经，242（1）：62~65．

徐杰华．2007．员工满意与顾客忠诚关系的实证研究：以中等档次酒店企业为例．吉林大学硕士学位论文：4．

杨庆明．2014．质量管理的100种最实用方法．北京：中国经济出版社．

尤建新，张建同，杜学美．2003．质量管理学．北京：科学出版社．

于志鹏．2004．顾客满意的特性及顾客满意度的测量．机械管理开发，79（4）：121~122．

于最兰．2013．游客对酒店服务质量评论的文本分析．山东大学硕士学位论文：23~31．

余园明，余伟萍，谭娟．2007．顾客忠诚研究综述．技术与市场，7：99~100．

臧祎霖．2012．顾客参与、服务质量、顾客满意及顾客公民行为关系研究．清华大学硕士学位论文：17~22．

张宏胜，王丽华．2002．变异管理及其在酒店管理中的应用．东北财经大学学报，20（2）：59~62．

张金成．1999．服务利润链及其管理．南开管理评论，1：18~23．

张璐．2009．酒店服务质量管理成功因素探析．苏州大学硕士学位论文：45~59．

郑向敏．2006．酒店质量管理．北京：旅游教育出版社．

郑向敏．2008．酒店质量控制与管理．北京：科学出版社．

周沛．2012．完全信息下的酒店质量管理博弈分析．当代经济，8：22~24．

朱晓燕．2012．提高酒店服务质量的对策研究．河北师范大学硕士学位论文：27~39．

Woods R T, King J Z. 2003．酒店业质量管理．李昕译．北京：中国旅游出版社．